Copyright © Magali Lopes, 2023

Todos os direitos reservados à Editora Jandaíra e protegidos pela Lei 9.610, de 19.2.1998. É proibida a reprodução total ou parcial sem a expressa anuência da editora.

Este livro foi revisado segundo o Novo Acordo Ortográfico da Língua Portuguesa.

DIREÇÃO EDITORIAL: Lizandra Magon de Almeida
ASSISTÊNCIA EDITORIAL: Maria Ferreira
PREPARAÇÃO: Hellen Suzuki
REVISÃO: Joelma Santos
PROJETO GRÁFICO E DIAGRAMAÇÃO: dorotéia design / Adriana Campos e Pedro Cancelliero
ÍCONES: Pedro Cancelliero
ILUSTRAÇÕES: Adriana Alves

Dados Internacionais de Catalogação na Publicação (CIP)
(Câmara Brasileira do Livro, SP, Brasil)

Lopes, Magali
  Diálogo e conexão : como o action learning pode suprir as necessidades mais urgentes do século 21 / Magali Lopes ; ilustração Adriana Alves. -- 1. ed. -- São Paulo : Editora Jandaíra, 2023.

  ISBN 978-65-5094-033-1

  1. Administração de conflitos 2. Aprendizagem organizacional 3. Insight 4. Liderança - Aspectos psicológicos 5. Mercado de trabalho 6. Relações de trabalho I. Alves, Adriana. II. Título.

23-141239   CDD 158.1

Índices para catálogo sistemático:

1. Administração de conflitos : Psicologia   158.1
Aline Graziele Benitez - Bibliotecária - CRB-1/3129

jandaíra

Rua Vergueiro, 2087 • cj 306 • 04101 000 • São Paulo • SP
editorajandaira.com.br
❍❍❍ | editorajandaira

Diálogo e Conexão:
como o Action Learning pode suprir as necessidades mais urgentes do século 21

Magali Lopes

jbiz.

Porque dEle, para Ele e por Ele
são todas as coisas.
A Deus, toda glória!

Agradecimentos

Como psicóloga, eu sempre acreditei que o ser humano é um universo de possibilidades e que somos potentes, uma potência em si. Ao longo do tempo, fui compreendendo o quanto eu fui criada para ser impulso transformador e ajudar as pessoas a reconhecerem suas possibilidades ao dialogar e se conectar por meio de habilidades e competências, como perguntar, escutar, agregar, colaborar, que fazem parte da essência de cada ser humano e podem transformar negócios, relações, conflitos, vidas.

Apoiar pessoas e grupos no desenvolvimento dessas habilidades é o que melhor descreve minha vocação. O Action Learning serve como veículo facilitador desse propósito, proporcionando estrutura, formato e condição para que as habilidades presentes em cada um sejam somadas e utilizadas em conjunto, a fim de potencializar os resultados desse desenvolvimento.

Desde 2014, quando fiz minha certificação pelo World Institute for Action Learning (WIAL), não parei de me aperfeiçoar e de utilizar o método em diferentes empresas e contextos. Toda vez eu me surpreendo com a simplicidade e eficácia dele. Tornei-me presidente desse instituto no Brasil, com a missão de propagar o método o máximo possível, e sou muito grata por todo o suporte internacional que me foi fornecido, especialmente por Michael Marquardt, uma das minhas principais referências no método e incentivador entusiasmado desta publicação.

Meu coração também se enche de alegria e gratidão às muitas pessoas que, de uma forma ou de outra, contribuíram para que eu chegasse até aqui e me tornasse quem sou.

Cada novo aluno das turmas de certificação me faz crescer e desenvolver; cada novo grupo de mentoria me desafia e instiga; cada novo projeto, com os diferentes tipos de clientes e profissionais, me faz acreditar ainda mais na minha prática profissional. Não seria capaz de mencionar todos os nomes das inúmeras pessoas que já estiveram comigo em alguma intervenção de desenvolvimento, mas reconheço cada contribuição para o aperfeiçoamento da minha prática. Com reverência, agradeço.

Gratidão aos meus amigos e sócios, que empreendem comigo na Eight∞. Vocês me inspiram, desafiam, e cada contribuição de vocês me enriquece e ensina muito.

Gratidão às generosas Helena Miyahara e Marina Mazzi, as primeiras pessoas a acreditarem que eu poderia ser coach de Action Learning. Com coração imenso, elas me trouxeram os primeiros ensinamentos do método. Com generosidade, fizeram também a revisão deste livro. São, até hoje, as minhas mentoras.

Gratidão a todos os amigos e professores que colaboraram para a minha prática, oferecendo generosamente seus saberes, registrados nesta obra, e que são minhas referências. Obrigada a todos e a cada um: André Bretas, Bea Carlson, Bruno Henriques, Carlos Linhares, Conrado Schlochauer, Debora Gaudêncio, Eva Pontes, Fernanda Abrantes, Marina Mazzi, Maurício Bianco, Peter Cauwelier e outras referências citadas nesta obra.

Gratidão especial à contribuição do querido mestre Mauro Oliveira (in memoriam), cujos ensinamentos e amizade ficarão eternizados no meu coração.

Gratidão à Tatiane R. Lima, cujo trabalho dedicado, cuidadoso e diligente tornou possível esta publicação.

À minha família e ao meu companheiro de vida, Cesar Lopes, meu muito obrigada por permitirem que nossas vidas sejam compartilhadas e que nosso compartilhar seja um laboratório vivo de experiências do que ensino.

Nas próximas páginas, compartilho com você, em meio a relatos de experiências e aprendizados pessoais, teorias que me inspiram e cases de aplicação prática, que demonstram como cada ser humano, por meio de seus poderes intrínsecos, e como o Action Learning podem ser uma poderosa ferramenta para suprir as necessidades do mundo. Vamos conversar?

Prefácio
Por Michael Marquardt*

Vivemos atualmente em um mundo de crescente polarização. Perspectivas diferentes são, muitas vezes, tratadas com hostilidade e até ridicularizadas. Organizações, grupos e indivíduos lutam para identificar maneiras de construir parcerias e desenvolver visões e oportunidades compartilhadas. Colaborar se tornou um dos desafios essenciais e existenciais do mundo de hoje. Quando, onde e como podemos construir tal colaboração?

Este livro, felizmente, fornece os principais insights e estratégias para construir colaborações. Como Magali Lopes expõe com eloquência nestas páginas, a colaboração dentro de grupos e organizações não é possível sem diálogo e conexão. A colaboração é necessária para superar a ineficácia, a disfuncionalidade e a hostilidade existentes atualmente em muitos grupos, organizações e sociedades. A autora apresenta de forma persuasiva e contundente as chaves que levam à colaboração, ou seja, os três poderes de pergunta, escuta e Action Learning. O livro está repleto de pesquisas aprofundadas e entrevistas com os principais estudiosos e profissionais em cada um desses três campos.

Magali conclui que a melhor e mais eficaz metodologia para criar uma colaboração significativa é por meio da filosofia e do método de Action Learning. Eu concordo. Nos últimos 30 anos, testemunhei o poder formidável do Action Learning para mudar indivíduos, grupos, organizações, comunidades e até nações.

No Action Learning, pequenos grupos de diversos indivíduos exploram os problemas urgentes em suas vidas e organizações, resolvendo-os de forma criativa e rápida, enquanto aprendem de forma contínua e integrada solução de problemas, liderança e transformação organizacional. Neste livro, a autora ilustra como o Action Learning não apenas cria resultados no curto prazo mas também transforma o indivíduo em longo prazo. Os participantes tornam-se aprendizes ao longo da vida, e as organizações tornam-se organizações de aprendizagem. O Action Learning constitui-se rapidamente como uma ferramenta valiosa de liderança e formação de equipes, usada por milhares de organizações em todo o mundo. É um processo simples que incorpora uma ampla gama de princípios gerenciais, psicológicos, econômicos, políticos e sociológicos, resultando em um poder imenso e profundo que pode literalmente transformar indivíduos, equipes e até organizações.

A longa história da autora e as experiências bem-sucedidas com Action Learning são evidentes em cada página deste livro maravilhoso. A liderança de Magali em Action Learning no Brasil, especialmente como diretora da afiliada brasileira do World Institute for Action Learning, permite que ela incorpore criativamente o Action Learning no desenvolvimento e na aplicação da colaboração. Seus muitos anos de desenvolvimento comunitário e aprendizado ao longo da vida aumentam sua capacidade de conectar todos os elementos importantes deste livro — questionar, ouvir, dialogar, colaborar e conectar.

Colaboração e Action Learning são duas das forças mais importantes para mudar o mundo da hostilidade para a compaixão, o cuidado e a cooperação. Os leitores deste livro ficarão gratos pelo caminho claro e pelos recursos contidos nele. Magali nos fornece um ótimo guia sobre como a colaboração, construída por meio do Action Learning, pode criar um futuro maravilhoso e melhor para nossas famílias, organizações e nações.

* **Michael Marquardt** é ex-presidente do World Institute of Action Learning (WIAL); professor da Universidade George Washington (EUA); autor de 24 livros sobre liderança, globalização e Action Learning e consultor de mais de 100 companhias globais.

LinkedIn: https://www.linkedin.com/in/drmichaelmarquardt/

Sumário

1. Diálogo e conexão: uma necessidade básica e urgente dos tempos em que vivemos. **13**

2. A arte do diálogo: o resgate de uma aptidão inata do ser humano. **45**

3. O poder humano de perguntar: para além da curiosidade, é tempo de interesse e empatia. **83**

4. O poder humano de escutar: fugindo de rótulos e julgamentos para chegar ao diálogo. **119**

5. O poder humano de colaborar: sonho que se sonha junto é realidade. **155**

6. Action Learning: o poder de um grupo com um propósito comum. **197**

7. Novas perspectivas: o poder de solucionar problemas. **237**

8. Aprendizado: um estilo de vida: vencendo o piloto automático da rotina. **275**

9. O poder da confiança: um benefício extra para quem aprende. **311**

10. Diálogo e conexão: agindo juntos na transformação do presente e do futuro. **347**

Diálogo e conexão:
uma necessidade básica e urgente dos tempos em que vivemos

diálogo (s.m.)
é expor minhas inseguranças, jogar à mesa
as cartas de dúvidas e buscar compreensão.
é perguntar sem medo. é responder com
paciência e explicar o que for preciso.
é ser aluno e professor ao mesmo tempo.
é o equilíbrio perfeito entre falar e escutar.
é o que faz amores resistirem ao tempo.
@akapoeta, poeta[1]

---

1. DOEDERLEIN, J. *diálogo*. [*S. l.*], 22 jan. 2021. Instagram: @akapoeta. Disponível em: https://www.instagram.com/p/CKXd9iThiCS/. Acesso em: 28 jan. 2021.

"Magali, você é ótima, mas deixa sangue."

O novo emprego se encaixava perfeitamente nos meus planos. A empresa era uma vitrine para qualquer profissional; a posição prometia autonomia e desafio. Eu faria parte de uma equipe reconhecida pela excelência. Seria a sua representante em outra unidade e uma das responsáveis por implementar novos programas e processos, mantendo a reputação e os resultados.

Jovem e ambiciosa, eu tinha o perfil procurado por qualquer empresa focada em resultados: faca nos dentes e vontade de "fazer acontecer" a qualquer custo. Eu desconfiava que essa experiência poderia ser um divisor de águas em minha vida. Não sabia o quanto.

"Você é ótima."

Pisei naquela fábrica do interior de São Paulo pronta para cumprir a missão que me foi dada. Confesso que me surpreendi com o que encontrei: deixei os escritórios climatizados e organizados da capital paulista por uma estrutura mais simples, até arcaica, com um único telefone por sala.

Não desanimei. Eu tinha uma meta, um objetivo claro.

Sempre fui uma pessoa de movimento. Gosto de ação. Até então, eu não me preocupava em identificar a cultura do lugar, em entender o seu histórico, em descobrir as pessoas. Chegava questionando, mudando, impondo. Não é esta a postura esperada de um líder?

"Você deixa sangue."

É claro que eu notava os olhares. Não estava alheia aos desconfortos que causava, tampouco ao elefante branco que pousava em qualquer ambiente onde eu aparecia. Eu só me preocupava com os resultados — e estes, graças ao meu pulso firme, estavam sob controle. Reportava à minha chefe todos os avanços, e a concordância dela me deixava segura quanto às escolhas feitas.

Um ano depois, chegou o momento da avaliação de desempenho. Eu não tinha um pingo de preocupação — ou remorso. Meta entregue, performance impecável. O que poderia dar errado?

"Sangue."

Lembro-me claramente daquele dia. Sentei-me confiante diante da minha chefe. "Magali, você é toda verdinha", disse ao compartilhar o resultado da minha avaliação.

Ali estava o trabalho de um ano inteiro, resumido em um relatório que avaliava minha capacidade estratégica, meu alinhamento com os valores e com a cultura da empresa, minha performance.

Podia sentir a adrenalina inundando meu cérebro. Eu merecia aquele reconhecimento. Era o meu momento. Tinha desatado nós e solucionado problemas das mais diversas naturezas. So-zi-nha. Tinha vencido sozinha. Sob o olhar e apoio da minha chefe, é verdade. Não é esta a receita para quem quer crescer no mundo corporativo?

Foco, foco, foco, política (com as pessoas certas), resultado, resultado, resultado.

Mas...

Uma sinalização vermelha no painel fez o tempo fechar dentro daquela sala cinza com uma pequena janela lateral. Senti o meu sangue gelar. O que era aquilo?

Eu não entendi. Eu não me relacionava com ela?

O ponto de interrogação em meu olhar fez com que ela se aprofundasse na questão: pela avaliação 360°, minha performance e meu resultado tinham passado pelo crivo de outros líderes e colegas, com os quais não tinha criado vínculos.

A simbologia do vermelho[2]
- Cor contraditória;
- Representa a paixão, a coragem e a força, mas também o perigo, a guerra e a raiva;
- Na Ásia é a cor da sorte e da alegria;
- No esporte é a cor do desagravo, da expulsão;
- No mundo corporativo é a cor da ousadia, do consumo, da juventude; também da baixa performance, da exclusão;
- É a cor do sangue.

É verdade que, durante aquele ano, não fiz amizades nem construí alianças. Entendia, até então, que não estava lá para isso. Tinha números, metas a atingir. A única pessoa que realmente importava era a minha chefe. Ou assim achava.

Além disso, não enxergava meu foco em resultado como deficiência — pelo contrário, eu diria que meu relacionamento com as pessoas era ótimo. Não tinha uma conexão profunda ou verdadeira, mas o contato existia e cumpria o papel de promover uma ação ou resolver uma questão.

No entanto foram aqueles rostos distantes, quase desconhecidos, que me deram o *feedback* mais importante da minha vida corporativa. As pessoas ao meu redor reconheceram minha competência técnica e questionaram, de forma brutalmente honesta, minha competência relacional.

Números não sangram; pessoas, sim[3].

---

2. SIGNIFICADO da cor vermelha. *Dicionário de Símbolos*, [s. l.], c2021. Disponível em: https://www.dicionariodesimbolos.com.br/vermelho/. Acesso em: 26 jan. 2021.
3. CLEMENTE, M. Entenda o que é Psicologia das Cores e descubra o significado de cada cor. *Blog Rock Content*, [s. l.], 22 jul 2020. Disponível em: https://rockcontent.com/br/blog/psicologia-das-cores/. Acesso em: 26 jan. 2021.

Ali, naquele momento, a minha história mudou.

As mudanças mais bonitas
não vêm com calma e sossego
são uma ventania incontrolável
jogando tudo pra cima
nada cai no mesmo lugar
nem as coisas
nem o coração
nem você
- o tempo fechado nos abre

Ryane Leão, poeta[4]

O *feedback* que me partiu ao meio foi também a minha salvação, pois expôs o isolamento em que vivia, o distanciamento que me impunha.

Esse perfil ainda é muito comum no mundo corporativo: o do líder que não sabe criar um ambiente de diálogo, requisito básico para que as conexões se formem e gerem confiança, colaboração, inovação e resultado.

Sabe o que é mais irônico?

É que estas ainda são consideradas características fundamentais de um profissional e de uma equipe de alta performance. É possível buscar resultado sozinho, mas é pesado e solitário, além de bem menos divertido e criativo do que em grupo.

---

4. LEÃO, R. *o tempo fechado nos abre*. [s. l.], 30 dez. 2020. Instagram: @ondejazzmeucoracao. Disponível em: https://www.instagram.com/p/CJcLNpJJULv/. Acesso em: 26 jan. 2021.

{O líder ermitão}

// A jornada ao topo das organizações não precisa ser exaustiva e solitária, muito menos competitiva e punitiva para o líder e para o time. É preciso, e possível, admirar a paisagem, olhar e descobrir pessoas e perspectivas. O Mito de Sísifo pode e deve ser limado da cultura das empresas em nome da segurança psicológica dos times, da colaboração, da produtividade, da inovação e da agilidade necessária para responder aos desafios deste século. //

O que eu fiz?

Busquei uma formação — a primeira de muitas — para aprender a me relacionar em grupo de novo. Entendi, naquele momento, que precisava recuperar uma característica que deveria ser (e é!) natural do ser humano, atrofiada, talvez, na escola, quando a comparação e a competição são inseridas em nossas vidas, e talvez no mundo corporativo, em nome de um cargo, de uma promoção, de um olhar de aprovação de quem, aparentemente, "decide" o futuro. Este é um erro muito, muito comum dos habitantes do mundo corporativo. E tem mais: às vezes, agimos dessa forma sem nem perceber.

Eu, por exemplo, não sentia que estivesse competindo com outra pessoa além de mim mesma. Tinha uma necessidade patente de ser reconhecida pelo meu trabalho. Daí a aprovação da minha chefe ser tão fundamental. Eu pertencia àquele lugar porque "mandava bem", não por fazer parte de um time ou por ter um propósito em comum.

Pense como isso também é irônico: nós nascemos em grupo, no seio de uma família formada por, pelo menos, três pessoas. Logo esse primeiro núcleo se expande pela chegada de outros familiares, vizinhos, amigos, colegas, conhecidos. Antes mesmo de a internet existir, nossa história já era tecida em uma grande rede, cheia de rostos, emoções e experiências.

Deixamos, porém, de viver esse experimento e nos isolamos. Ignoramos todos os sinais de que estamos afundando em responsabilidades, metas, autocobranças, ansiedade, resultados, vitórias, medos, fracassos. Nem percebemos o quanto perdemos ao deixar de enxergar pessoas, de conhecer outras perspectivas, de escutar, de brincar...

O teólogo e conferencista Ed René Kivitz ressaltou, durante o Eight∞ Road Show 2020, organizado pela rede de diálogos da qual sou cofundadora, como o encolhimento do horizonte de relações e reflexões é uma característica destes novos tempos[5]. Vivemos dentro das nossas bolhas, sem reconhecer a legitimidade das demais, sem abertura para descobrir e nos relacionar com as demais. É isso que faz com que os diálogos, quando existem, se tornem confrontos. Onde há insegurança ou guerra, não há conexões reais, não há troca, não há verdade: só críticas, julgamentos, farpas. Típico da sociedade industrial, esse comportamento tornou-se extremamente nocivo para o *Homo sapiens* do século 21, que tem diante de si desafios sem precedentes na história da humanidade.

É por isso que a conversa que inicio agora com você é tão importante.

Vamos mais fundo?

---

5. DIÁLOGOS para novos tempos | Ed René Kivitz #RoadShow2020. [S. l.: s. n.], 2020. 1 vídeo (71 min). Publicado pelo canal EIGHT Diálogos Transformadores. Disponível em: https://www.youtube.com/watch?v=nXGKMWWkphI. Acesso em: 04 fev 2021.

{Um ditado incompleto}

// Em boca fechada não entra mosquito"
diz o ditado que nada tem de erudito
boca muito aberta ou fechada
não gera diálogo
e quando ele não é análogo
ou tem respeito implícito
vira um suplício
só gera exaustão
e não a combustão
advinda do poder da conexão //

Os linguistas dizem que uma pessoa conhece, em média, de 15 a 20 mil palavras em sua própria língua materna[6]. Como cada palavra tem sua própria família, isto é, se desdobra em outras similares, esse universo se expande. Mas será que nós exercitamos esse repertório? Nós o usamos para nos comunicarmos com aqueles que nos rodeiam quando mais precisamos?

Durante a crise do coronavírus, que agravou a situação financeira do Brasil, conheci um líder que estava se afogando em palavras não ditas. Ele tinha um cargo estratégico em uma indústria pesada — era responsável por interagir com os departamentos e encontrar projetos que pudessem otimizar esforços e processos, gerando possíveis economias para a empresa. Sua posição era, portanto, vital para que esse organismo se mantivesse sustentável.

Em 2020, sua meta era ambiciosa: promover uma lipoaspiração de, pelo menos, R$ 10 milhões na empresa. Antes mesmo de a quarentena começar, o plano já era ambicioso. O Produto Interno Bruto (PIB) do país

---

6. SAGAR-FENTON, B.; MCNEILL, L. How many words do you need to speak a language?. *BBC*, [s. l.] 24 jun. 2018. Disponível em: https://www.bbc.com/news/world-44569277#: :text=We%20considered%20dusting%20off%20the,to%20mention%2047%2C156%20obsolete%20words. Acesso em: 27 jan. 2021.

vinha patinando, indicando uma recessão econômica capaz de se estender por muitos anos.

No início, aquele executivo se manteve otimista. Já tinha identificado boas perspectivas de *savings* em diferentes áreas da empresa. Contudo, sua animação foi minada, como a de muitos líderes, diante dos acontecimentos. Seu mapeamento foi, gradualmente, ganhando bandeiras vermelhas, com o cancelamento em série de vários projetos. Dois deles respondiam por mais de 50% da sua meta.

Quando o primeiro caiu, ele sentiu aquele frio no estômago. "Há ainda salvação", pensou. "O rombo não é tão grande assim." No segundo semestre, quando o segundo projeto teve o mesmo destino, o copo transbordou de vez.

Embora a sua missão fosse conhecida por todos, do RH à diretoria, ninguém sabia da gravidade da situação. O *update* perdia relevância na pauta das reuniões, de onde aquele líder saía em uma mistura de alívio e aflição. Afinal, mais cedo ou mais tarde, aquela bomba explodiria.

{De quem é a culpa?}

// Este é o jogo mais conhecido do mundo corporativo, uma dinâmica que se estabeleceu dentro das mais diferentes companhias, sem necessidade de qualquer formalização. A regra é clara e única. Se reparar, ela tem, pelo menos, duas similaridades com algumas brincadeiras infantis. A responsabilidade é transferida de mão em mão, como o "passa anel". A "batata assa" nas mãos daquele que não larga o problema. A diferença é que, na vida real, as consequências são gravíssimas, para o indivíduo e para o grupo, e vão de burnout a prejuízos financeiros. //

Aquele líder só trouxe o assunto à tona em uma sessão de Action Learning, método que lhe apresentarei em breve. Ele foi convidado para a iniciativa pelo head de RH, que escolheu aleatoriamente os membros a participarem da ação, ainda em teste naquela empresa. O grupo era formado por apenas sete pessoas — de estagiário a diretor, funcionários de diferentes departamentos. Cada um foi convidado a pensar em um problema real, importante e urgente, mas o dele foi o escolhido pelo grupo para ser discutido naquele momento.

Após anos conduzindo tais sessões, sei que este pode ser um momento de muito desconforto, um convite quase indiscreto. Expor um problema real, importante e urgente é, para alguns, colocar-se na forca e sentir a corda apertar o pescoço a cada palavra que sai da boca — seja da sua, seja da dos demais. É desesperador!

Em nossa sociedade, a vulnerabilidade tornou-se uma nudez: gera ansiedade e medo de julgamento. Poucas pessoas entendem que, dela, pode nascer reconhecimento, aceitação, pertencimento, colaboração e, o que toda companhia hoje busca, inovação.

> **Em um mundo cheio de problemas complexos e possibilidades intermináveis, precisamos de líderes corajosos, de uma cultura de coragem. E só chegaremos lá quando aceitarmos e usarmos nossa vulnerabilidade.**
> **Brené Brown, pesquisadora**[7]

Aquele líder não foi o primeiro a se abrir. Observei como espremia as mãos e movia os olhos entre os participantes, captando reações e tentando prever como os demais reagiriam à sua história. O corpo estava presente, mas a mente...

---

7. AQUINO, M. Vulnerável, sim. *TPM*, [s. l.], set. de 2019. Disponível em: https://revistatrip.uol.com.br/tpm/brene-brown-do-ted-o-poder-da-vulnerabilidade-fala-da-importancia-de-se-reconhecer-imperfeito. Acesso em: 28 jan. 2021.

MAGA PERGUNTA
- Quem pode julgá-lo?
- Não é isso que fazemos o tempo todo?
- Ouvimos familiares, amigos, colegas e clientes já formulando cenários e, principalmente, respostas.

Em momentos como este, a respiração parece não existir. Tensionamos o corpo e colocamos todo o nosso foco na proteção da nossa ideia ou da nossa reputação. O estresse gera um desequilíbrio químico com consequências brutais: de ansiedade à depressão, duas das principais causas de afastamento laboral, ou a desordens cognitivas, que podem se tornar irreversíveis.

De acordo com neurocientistas de Harvard[8], o treinamento do cérebro não é diferente de qualquer músculo do corpo humano. Isso quer dizer que o estresse aciona partes mais primitivas do cérebro, como a amígdala, que ativa nosso instinto de sobrevivência. Vemos mais ameaças e buscamos constantemente saídas, deixando de nos relacionar, de interagir e de aprender. Sem presença, não há diálogo, conexões, soluções, só mais conflitos.

Foi nessa posição de insegurança e de constrangimento que aquele líder expressou o seu problema. Ali, diante do grupo, em um momento de vulnerabilidade e coragem pouco comuns no ambiente corporativo, ele compartilhou uma necessidade que já não conseguia mais suprir sozinho. Fez tudo que podia, tudo que sabia: revisou projetos, fez e refez as contas várias vezes, sem saber como atingiria a economia de R$ 10 milhões. Todos os dias ele se lembrava

---

8. PROTECT your brain from stress. *Harvard Health Publishing*, [s. l.], 15 fev. 2021. Disponível em: https://www.health.harvard.edu/mind-and-mood/protect-your-brain-from-stress. Acesso em: 27 dez. 2022

da sua corrida contra o relógio — a data para apresentar um relatório atualizado ao *board* da organização estava cada vez mais próxima, deixando a situação ainda mais crítica.

O que aconteceu ao finalmente pedir ajuda ou expor a situação?

> - "Como não vai bater a meta?"
> - "Como assim não compartilhou isso com ninguém?"
> - "Como deixou chegar a esse ponto?"
> - "Como não correu atrás do prejuízo ainda?"
> - "Por que não pediu ajuda?"
> - "Que incompetente!"

O que ele temia, de fato, aconteceu. Só que as frases acima ficaram restritas às mentes dos participantes, que só revelaram a primeira reação ao problema exposto pelo colega no fim da sessão. Eles aprenderam que ignorar essas vozes é primordial para criar um diálogo "honesto", capaz de contribuir para a resolução de problemas. "Pouquíssimas pessoas são ensinadas a expressar as próprias necessidades. Em vez disso, somos ensinados a criticar, a insultar e a nos comunicarmos de um modo que nos distancia uns dos outros. Em consequência, não conseguimos encontrar soluções para os conflitos", ressalta o psicólogo Marshall Rosenberg, em *Vivendo a comunicação não violenta: como estabelecer conexões sinceras e resolver conflitos de forma pacífica e eficaz*[9].

Será que isso tem acontecido dentro da sua casa ou no seu ambiente de trabalho?

---

9. ROSENBERG, M. *Vivendo a comunicação não violenta:* como estabelecer conexões sinceras e resolver conflitos de forma pacífica e eficaz. Rio de Janeiro: Sextante, 2019. E-book.

{Falta de diálogo pelo mundo}

Nas sociedades humanas, sempre haverá diferenças de pontos de vista e interesses. Mas a realidade hoje é que somos todos interdependentes e temos que coexistir neste pequeno planeta. Portanto, a única forma sensata e inteligente de resolver diferenças e choques de interesses, seja entre indivíduos ou nações, é por meio do diálogo.

Dalai Lama, líder espiritual tibetano[10]

Esse lugar de insegurança e constrangimento, por vezes hostil e cruel, que impede o diálogo e a conexão, não se limita a corporações ou a terras brasileiras. Em 2020, viajei até Burkina Faso, país da África Ocidental, vizinho a Mali, Níger, Benim, Togo, Gana e Costa do Marfim. Com um dos piores índices de desenvolvimento humano (IDH) do mundo, a ex-colônia francesa tornou-se independente na década de 1960 e escolheu para si um nome originário dos dialetos locais, cujo significado é "terra dos homens dignos". Na capital, Uagadugu, eu conheci vários deles, mas a história de um desses homens nunca mais deixou minha memória.

Ele era líder apoiador de uma tribo que sofria há anos com a falta de água em suas terras. Compartilhou, durante a sessão de Action Learning, todas as tentativas frustradas: os poços cavados, os apelos às autoridades, as visitas à comunidade vizinha, que não padecia do mesmo mal, tudo em vão. Nem uma gota de água era extraída do seu solo pedregoso, que drenava de si e de seu povo

---

10. DALAI LAMA. Statement of His Holiness the Dalai Lama on the Thirty-Eighth Anniversary of the Tibetan National Uprising Day, 1997. Disponível em: https://www.dalailama.com/messages/tibet/10th-march-archive/1997. Acesso em: 29 jan. 2021.

algo muito mais valioso — a esperança. "Depois de tanto fracasso", disse o líder comunitário, "eles acreditam que esta é a nossa sina: viver sem água. Eu já não tenho mais argumentos para convencê-los do contrário."

Ali, em meio àquele pequeno grupo, ele não expôs somente um problema real, importante e urgente. Visivelmente constrangido, ele teve coragem de abrir um diálogo com outras pessoas. Contou a sua experiência a partir das perguntas feitas pelos demais participantes. Aquela troca pode não ter feito a água jorrar da terra, mas se transformou em uma fonte de energia para o líder, que vislumbrou oportunidades onde parecia não haver mais.

Saiu daquela roda de conversa com novos argumentos para apresentar à comunidade e para pressionar as autoridades. Saiu, acima de tudo, revigorado pela conexão com pessoas que se dispuseram a ouvi-lo e a pensar juntas em uma solução. Diante da importância desse líder para aquela comunidade, o problema mais urgente talvez não fosse a falta de água. Afinal, sem esperança e motivação, ele nada mais poderia fazer pelo seu povo, colocando a sobrevivência e a qualidade de vida da tribo em risco.

Parece exagero?

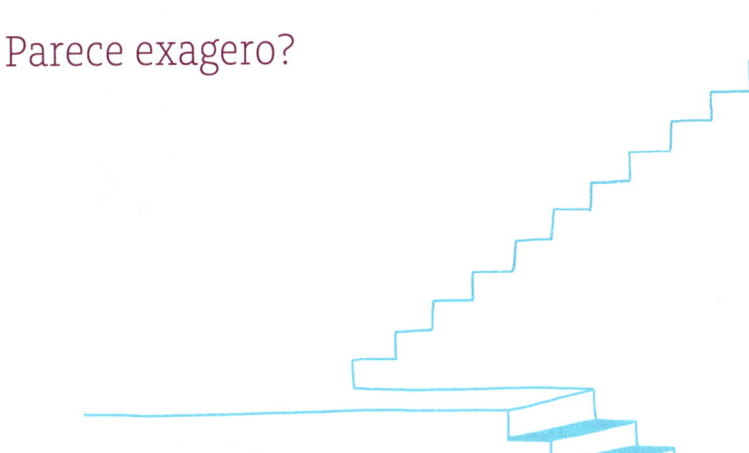

As respostas do nosso cérebro ao mundo atual

Amishi Jha é neurocientista e professora associada de Psicologia na Universidade de Miami. Seus estudos[11], dos quais líderes organizacionais também participaram, buscam entender a influência desse mundo volátil, incerto, complexo e ambíguo na capacidade cognitiva do ser humano — em especial, na atenção. Alguns dos resultados foram:

Nossa atenção é limitada, mas também é um superpoder. Ter consciência de como estamos aproveitando esse recurso é fundamental. Quando nos estressamos demais com uma situação e focamos nossa atenção nas ameaças ou nas emoções, não há espaço no nosso HD cerebral para acessar outras informações ou mesmo, como disse Ed René, expandir horizontes.

Em tempos incertos, nossa atenção se volta para cenários ainda mais negativos ou críticos, que se multiplicam na nossa mente. Deixamos não só de ver soluções mas também nos descolamos da realidade, esquecendo que pensamentos não são fatos. "Tenha em mente que às vezes sua atenção pode direcioná-lo a fazer algo que não é do seu interesse", alerta a neurocientista.

A atenção é fundamental para criar conexão, empatia e colaboração. Sem ela, não há diálogo. "Prestar atenção é uma das maneiras mais convincentes pelas quais podemos mostrar nosso interesse, cuidado e amor pelos outros", explica a especialista.

---

11. JHA, A. The Brain Science of Attention and Overwhelm. *Mindful*, [s. l.], 5 nov. 2020. Disponível em: https://www.mindful.org/youre-overwhelmed-and-its-not-your-fault/#: :text=The%20reason%20we%20have%20%E2%80%9Cattention,overloaded%2C%20incapable%20of%20functioning%20effectively. Acesso em: 28 jan. 2021.

A psicóloga Paula Green especializou-se em resolução de conflitos. Fez carreira em países em guerra, ajudando não só na superação de traumas mas também na reconexão humana. A tensão social gerada pela polarização política na sociedade americana fez Paula retornar ao seu país para tentar reativar o diálogo. Este também foi o caminho escolhido por outros especialistas, como Daniel Noah Moses, diretor da ONG Seeds of Peace (Sementes da Paz). Ele desembarcou nos Estados Unidos com a experiência e os programas usados em Jerusalém e em outros países do Oriente Médio. Seu objetivo, segundo revelou ao *The New York Times*,[12] não era mudar mentes, mas expandi-las. "Fomos preparados e educados para ter muitas opiniões, mas tudo isso deve ser colocado de lado no diálogo", disse. "Não se trata de opiniões, mas de uma escuta profunda."

A falta de diálogo cria distanciamento dentro das empresas, das comunidades, das famílias, dos países. Os motivos de competição são muitos: meta ou promoção, política ou religião, crenças e julgamentos. Ed René Kivitz, que também é pastor batista, sabe bem disso. Foi alvo de protestos em 2020 ao sugerir em um sermão, transmitido pela internet, a atualização da Bíblia Sagrada para os dias atuais. Foi chamado de "herege" e condenado pelo tribunal das redes sociais. "Muitos pastores progressistas sofrem isso", disse à *BBC Brasil*[13], que cobriu o caso, chamado de "cisão no mundo evangélico", tamanha a proporção que as declarações do teólogo e pastor tomaram. Até um rap foi criado em protesto à visão nada conservadora e

---

12. TAVERNISE, S. They Have Worked on Conflicts Overseas. Now These Americans See 'Red Flags' at Home. The New York Times, Nova York, 4 fev. 2019. Disponível em: https://www.nytimes.com/2019/02/04/us/conflicting-experts-peacebuilders.html. Acesso em: 29 jan. 2021.

13. VASCONCELOS, M. Visões diferentes de Deus são origem de cisão entre evangélicos conservadores e progressistas no Brasil, diz pastor Ed Kivitz. BBC News Brasil, Londres, 17 dez. 2020. Disponível em: https://www.bbc.com/portuguese/brasil-55320830. Acesso em: 29 jan. 2021.

fundamentalista, que repudia a homofobia, a xenofobia e o racismo presentes na nossa sociedade. "Cristo ama todas as pessoas indistintamente e independentemente de sua condição existencial, do seu gênero e inclusive de suas transgressões, quaisquer que sejam elas", esclareceu à reportagem Ed René. Os oito minutos polêmicos, em um sermão de 50 minutos, provocaram o desligamento dele da Ordem de Pastores Batistas em dezembro de 2021[14].

{A força e a energia que brotam da diferença e da união}

// Assim como uma pilha, uma sociedade verdadeiramente democrática e empática não funciona somente com a força de um extremo. A diferença e a união fazem a força. //

Pesquisas e estudos apontam que as redes sociais acentuaram os efeitos nocivos das bolhas. No entanto, a animosidade entre seres humanos, inclusive aqueles que até então eram vistos como cordiais, como é o caso dos brasileiros, sempre existiu. "A nossa história é uma história de extrema violência e de extremo ódio", ressaltou o historiador Leandro Karnal, em um *Roda Viva*[15]. "Episódios como Canudos, [Guerra do] Contestado, a Revolta da Vacina são de uma violência espantosa até para padrões mundiais. Só que a internet colocou em contato pessoas que sempre se odiaram, acabou com uma política de guetos e fez com que pessoas pudessem se enfrentar e descobrir que nós não somos tão cordiais e simpáticos, nem tão afetivos."

---

14. SOBRE meu desligamento da Ordem dos Pastores Batistas do Brasil/SP. [*S. l.*: *s. n.*], 2021. 1 vídeo (17 min). Publicado pelo canal Ed René Kivitz. Disponível em: https://www.youtube.com/watch?v=m2ivGEMK2rE. Acesso em: 19 jan. 2022.
15. RODA Viva | Mario Sergio Cortella, Leandro Karnal e Luiz Felipe Pondé 16/12/2019. [*S. l.*: *s. n.*], 2019. 1 vídeo (91 min). Publicado pelo canal Roda Viva. Disponível em: https://www.youtube.com/watch?v=8y3Q_PnhQYo&feature=youtu.be. Acesso em: 01 fev. 2021.

Ao mergulhar na história, fica mais claro que, há muito tempo, o *Homo sapiens* escolheu atrofiar suas características intrínsecas e embaralhar o significado das palavras conflito e confronto.

A primeira pode ser usada como sinônimo da segunda, mas não se resume a isso. A definição principal trazida pelo dicionário *Houaiss*[16] para conflito é: "profunda falta de entendimento entre duas ou mais partes".

O que o dicionário não explica é que conflito se resolve com diálogo e pode ser um motor de mudanças extremamente positivas. Assim funciona na ficção: uma história sem conflito não tem emoção. Reside aí a alma do Storytelling. O conflito faz o herói.

Na "vida real", ele deveria ser o propósito de um encontro, o fio condutor de uma conversa. Ao corromper essa lógica, degeneramos justamente o que nos torna mais humanos. "É da nossa natureza gostarmos de dar e receber com compaixão. Entretanto, aprendemos muitas formas de 'comunicação alienante da vida' que nos levam a falar e a nos comportar de maneiras que ferem aos outros e a nós mesmos", reforça Rosenberg no livro *Comunicação não violenta: técnicas para aprimorar relacionamentos pessoais e profissionais*. "Uma forma de comunicação alienante da vida é o uso de julgamentos moralizadores que implicam que aqueles que não agem em consonância com nosso valores estão errados ou são maus. Outra forma desse tipo de comunicação é fazer comparações, que são capazes de bloquear a compaixão tanto pelos outros quanto por nós mesmos."[17]

A comunicação alienante é desumana e, infelizmente, faz cada vez mais parte do nosso dia a dia. "Quando pensamos

---

16. CONFLITO. *In*: DICIONÁRIO Houaiss. [*S. l.*]: Dicionário Houaiss, c2022. Disponível em: https://www.houaiss.net/corporativo/apps/www2/v6-3/html/index.php. Acesso em: 28 dez. 2022.

17. ROSENBERG, M. *Comunicação não violenta*: técnicas para aprimorar relacionamentos pessoais e profissionais. 5. ed. São Paulo: Ágora, 2021. E-book.

sobre nutrir ou atrofiar o nosso espírito, precisamos considerar de que forma os comportamentos entorpecedores causam impacto nas pessoas à nossa volta – até mesmo os estranhos" destaca Brené Brown em *A coragem de ser imperfeito*[18]. Na adolescência, trabalhei em um restaurante onde vivi uma das cenas relatadas pela pesquisadora. Meu papel era anotar o peso do prato dos clientes, que não dirigiam a mim o olhar ou quaisquer palavras. Nossa rotina está cheia dessas pessoas invisíveis – o porteiro, a caixa do supermercado, o faxineiro da empresa. Quando deixamos de enxergar quem está por trás daquele papel social, nós os desumanizamos, negando inclusive a nossa interdependência. Para Brené, perdemos, como consequência, parte da nossa missão aqui. "Após passar mais de uma década estudando aceitação, autenticidade e vergonha, posso afirmar que fomos projetados para criar vínculos – emocional, física e espiritualmente."[19]

Se vamos ter uma conversa honesta, preciso admitir aqui o quanto é desafiador olhar com compaixão uma pessoa que não é "parecida" comigo. Como humana, também tenho limitações — e algumas delas, em um primeiro momento, parecem intransponíveis.

Tive a oportunidade de refletir sobre isso em várias ocasiões — uma delas foi em um retiro de CNV em Tenerife, na Espanha, com Roxy Manning, especialista em construir pontes entre diferentes. Em um dos exercícios, ela mudou seu sotaque, sua voz, suas ideias e ideais para representar um homem com inclinações políticas polêmicas. Ele se colocou contrário à abertura dos Estados Unidos a estrangeiros e defendeu veementemente uma das medidas mais drásticas tomadas pelo ex-presidente Trump, que separou pais e filhos antes da extradição para os seus países de origem. Em seu discurso, aquele homem utilizou palavras ásperas,

---

18. BROWN, B. *A coragem de ser imperfeit* : como aceitar a própria vulnerabilidade, vencer a vergonha e ousar ser quem você é. Rio de Janeiro: Sextante, 2016. E-book.
19. *Ibid.*

impiedosas, "de ódio" para legitimar o sofrimento gerado nas crianças. "É um mal necessário", repetiu diversas vezes.

A minha tarefa, assim como a dos demais participantes, era vencer a repulsa e enxergar o ser humano por trás daquelas palavras, daquela atitude, daquelas crenças.

MAGA PERGUNTA
- Quantas vezes você fez isso no seu trabalho, na sua casa ou na sua vida?

Meu desafio era vestir a lente da curiosidade para entender os sentimentos e as necessidades daquela pessoa. Quantas vezes você se permitiu conhecer, realmente, a pessoa à sua frente, mesmo que você não concorde com o que a pessoa fala?

O objetivo não era gerar concordância, mas transpor as divergências para criar um caminho de solução, pelo menos, razoável para os dois lados. Quantas histórias teriam se desenrolado diferente se esse caminho fosse buscado? Consegue imaginar quanto ruído, estresse e discussão teria evitado? O que teria aprendido? Que soluções teriam surgido?

Este é o ponto de partida para uma convivência pacífica e democrática, capaz de resolver problemas e de construir um futuro menos desigual e mais harmônico. Com o seu trabalho, uma pesquisa do Boston College[20] explicou a vivência proposta por Manning, tão presente no nosso dia a dia. De acordo com ela, nós entendemos conflitos como confrontos por não compreender, nem querer enxergar, a motivação por trás de quem não faz parte do nosso grupo, da nossa cultura ou da nossa bolha. "É interessante ver que as pessoas podem não enxergar a origem do comportamento do outro lado, a ponto de você poder dizer que é motivado por amor ao seu próprio grupo sem conseguir aplicar esse mesmo raciocínio ao outro", diz Liane Young, PhD e professora assistente do

Boston College[20], além de coautora do amplo estudo que identificou a chamada *assimetria de atribuição de motivação*. "O que também descobrimos foi que essas atribuições tendem a acompanhar outros tipos de consequências. Então, se você acha que as pessoas do outro lado são motivadas por ódio ao seu grupo, você também não está disposto a negociar. Você tende a pensar que elas são menos razoáveis, o que sugere que as atribuições incorretas a outros grupos podem ser a causa de conflitos intratáveis."

{Cabo de guerra: nós ou eles?}

// Essa é outra brincadeira infantil que carregamos para a vida adulta, de uma forma ainda mais virulenta. Quanto mais velhos ficamos, mais a derrota tem gosto mais amargo. A competição também é mais acirrada. Por uma outra perspectiva, a corda pode ser vista como o símbolo

20. BOSTON College. Study finds intractable conflicts stem from misunderstanding of motivation. Science Daily, [s. l.], 4 novembro de 2014. Disponível em: https://www.sciencedaily.com/releases/2014/11/141104083946.htm. Acesso em: 29 jan. 2021.

de algo em comum entre dois grupos. Ela pode ser uma ferramenta para encurtar distâncias, o ponto de conexão para futuros inimagináveis ou... possíveis. Já pensou? //

Desde que recebi aquele *feedback*, tornei-me obcecada por destravar diálogos. Embora tenha experimentado várias abordagens, encontrei no Action Learning não só um método para abrir espaço em estruturas rígidas, mentais ou organizacionais, mas também uma forma de fomentar vínculos e atender a necessidade humana mais básica de todas: a conexão. Afinal, é ela a ponte para a criatividade, a colaboração, a inovação e um resultado de impacto positivo e compartilhado.

Se você parar para pensar, boa parte das decisões são feitas em salas fechadas por uma pessoa ou um grupo

pequeno, que pensa da mesma forma e tem um objetivo em comum. A essas pessoas é dado o poder de decidir o futuro dos demais — funcionários, fornecedores, clientes e, às vezes, até de um país. É uma responsabilidade grande, dada no passado somente a monarcas e ditadores.

Ora, o que você acha que acontece durante aquelas exaustivas maratonas de apresentações nas empresas em que não há debate ou diálogo? Pense bem: o gestor de uma área apresenta o plano ou o resultado de um trabalho a uma sala cheia, em que só uma pessoa, geralmente sentada na ponta da mesa, tem o poder da fala e da decisão. "Normalizamos" essa cena, mas será que ela é realmente "normal"?

Já cansei, também, de escutar reclamações de equipes sobre a falta de recursos para bater metas utópicas. Lá se foram noites de sono, disposição e saúde para provar constantemente o valor ou entregar o resultado. Necessidades, inclusive fisiológicas, foram ignoradas, enquanto aspirações foram lentamente extinguidas para cumprir os objetivos dos chefes ou satisfazer o apetite voraz dos investidores, também descolados da realidade. É a cultura *top-down*, monarquista, ditadora, cruel, que, embora tenha perdido espaço em muitas organizações, ainda é muito real em várias outras.

Em *Empresas feitas para vencer*, Jim Collins relata que, após cinco anos de estudos, conseguiu identificar o que torna uma empresa excepcional e a mantém no topo no longo prazo. O fator principal é o líder, cujo perfil tem as seguintes características:

- não se coloca como superior aos demais, apesar da hierarquia;
- não vê a empresa como uma vitrine profissional – embora ela seja;
- tem fome de perguntas para entender cenários e situações;
- tem coragem para correr riscos e tomar decisões não-convencionais;

- tem coragem para admitir erros e fracassos;
- tem desprezo pelo poder e apreço pela colaboração;
- distribui créditos e elogios;
- tem curiosidade e preocupação com o desenvolvimento humano;
- tem disposição ao *Lifelong Learning*, isto é, a uma mentalidade de desenvolvimento contínuo.[21]

Ele chegou a citar, em sua obra, o exemplo de um CEO, que promovia debates entre os membros da diretoria no intuito de não só compreender a raiz dos problemas, mas também de aprender com cada um deles – desafios e pessoas. Líderes e pessoas com essa mentalidade não operam no piloto automático. Sabe por quê?

Há alguns motivos para isso:

1. reconhecimento a um mundo em constante movimento;
2. reconhecimento à necessidade de se transformar o tempo todo, de acordo com o contexto e a demanda;
3. reconhecimento de que não precisa nem deve fazer tudo sozinho;
4. reconhecimento ao potencial da inteligência compartilhada e coletiva.

---

[21]. COLLINS, J. *Empresas feitas para vencer:* por que algumas empresas alcançam a excelência... e outras não. Rio de Janeiro: Alta Books, 2018.

O lugar em que você trabalha é de *mindset* fixo ou de crescimento? Você acha que as pessoas estão simplesmente julgando você ou o ajudando a se desenvolver? Talvez você possa transformar seu ambiente de trabalho, fazendo-o ter mais *mindset* de crescimento, a começar por você mesmo. Há formas pelas quais você possa ser menos defensivo em relação a seus erros? Poderia aproveitar melhor as informações que recebe? Há formas pelas quais você possa criar mais experiências de aprendizado para si?

Carol Dweck, psicóloga[22]

Ao ser convidado para uma sessão de Action Learning, o líder daquela indústria pesada, com um "pepino" de R$ 10 milhões no colo, foi incentivado a abrir um diálogo com colegas da mesma empresa. Ali, naquele círculo, não havia mais hierarquia. Escudos e julgamentos foram logo desativados. Como na meditação, os pensamentos não devem ser agarrados logo na primeira oportunidade — há um propósito maior em jogo. Na horizontalidade, há somente seres humanos dispostos a perguntar, a ouvir, a aprender, a colaborar, a construir e a se ajudar mutuamente. Não há nem a obrigação de chegar a uma conclusão, embora soluções práticas sempre se manifestem como efeito colateral natural de um processo estruturado e orgânico.

Aquele líder passou por um desbloqueio interno ao ter coragem de expor a sua situação. Abriu mão do receio de ser julgado e do peso de ter respostas para tudo em nome de novas perspectivas e novas possibilidades. Ao ter uma conversa franca, ele criou e fez conexões — com pessoas e ideias. Isso tudo aliviou a bagagem que carregava, revigorou sua energia e o fez criar uma lista de possibilidades para contornar a situação crítica em que estava. Entre elas estavam:

---

22. DWECK, C. S. *Mindset:* a nova psicologia do sucesso. Rio de Janeiro: Objetiva, 2017. E-book.

- buscar apoio interno, em outras áreas, para tapar os buracos do seu plano e/ou desenvolver projetos com rápido retorno;
- ser mais transparente com a diretoria diante dos desafios impostos pelo contexto nacional e internacional;
- ter uma agenda fixa com a área financeira de forma a estreitar laços e ter um aliado para responder com mais agilidade à confecção dos relatórios necessários.

Contudo, naquele encontro de apenas três horas, o *output* mais importante talvez tenha sido aprender a importância do trabalho colaborativo, uma quebra de paradigmas enorme no mundo em que vivemos. "Existe claramente um *gap* na capacidade de resposta do indivíduo e da sociedade em relação à dinâmica exponencial. Suprir esta lacuna é imprescindível. Como? Fazendo juntos. O século 20 foi o século do empreendedor individual. O século 21 é o século do fazer junto", profetiza a futurista Lala Deheinzelin, criadora da Fluxonomia 4D, que defende o reconhecimento das diversas forças atuantes para criar impacto além do financeiro. "Pela primeira vez na história da humanidade, estamos conectados em rede e temos pessoas, conhecimentos e recursos suficientes para moldar o mundo desejável. Pense nisso e amplie o campo das possibilidades", reforça em seu livro *Novas economias viabilizando futuros desejáveis.*[23]

---

23. DEHEINZELIN, L.; CARDOSO, D. *Novas economias viabilizando futuros desejáveis:* introdução à fluxonomia 4D. São Paulo: edição da autora, 2019. E-book.

Quando falo em conexão em rede, talvez você pense na internet. É essa a associação mais comum, ainda mais diante de toda a inovação que as mídias sociais e as startups estão aportando ao nosso mundo. No entanto, a tecnologia potencializa uma aptidão do cérebro humano que dá vida a números, ilustra contextos e, claro, vislumbra oportunidades nos cenários mais áridos. Ela é complementar a algo que somente a conexão humana é capaz de criar. E até quem empreende nessa área confirma isso.

Em 2020, o iFood adotou o Action Learning como um dos métodos ágeis do seu time de inovação. O encanto da empresa pelo método foi tanto que já não bastava rodar sessões dentro da empresa — os executivos tornaram-se coaches de Action Learning, aprofundando o conhecimento para dar mais autonomia e proporcionar mais agilidade, visando conversas dentro e fora da companhia. Bruno Henriques, vice-presidente de Growth do iFood, conta:

O iFood é uma empresa nascida no ambiente digital, onde o diálogo sempre aconteceu e a comunicação tem se tornado cada vez mais precisa. Eu tenho ferramentas para tratar melhor os dados e conversar de maneira individualizada com cada um dos clientes. No entanto, mesmo com a inteligência artificial e um time altamente qualificado, os dados não trazem toda a informação — não revelam os motivos, os porquês, o que está por trás das ações dos clientes. A maneira mais fácil de coletar mais dados e aprender rápido sobre o cliente é falando com ele.
Na minha visão, isso acelera o processo de inovação, pois a conversa com ele me faz entender como ele pensa, como toma uma decisão, quais são seus hábitos, o que faz, o que valoriza ou não no meu produto. O Action Learning traz isso de uma maneira estruturada: é fácil de executar e, em uma ou duas horas de sessão, com poucas pessoas, eu consigo criar essas conexões.

Outro ponto é que essa ferramenta é ágil: geralmente pesquisas com clientes demoram e o Action Learning se encaixa no nosso ciclo dinâmico de descoberta e geração de insights, que exige resultados e evolução a cada 15 dias. Os dados nos dão diretrizes claras de para onde seguir ou não, mas, para ter efetivamente produtos que fazem diferença, é fundamental se conectar com os clientes. E isso se aplica às empresas de tecnologia, que ganham cada vez mais relevância não só em termos de valor mas também pelas melhorias que aportam. Conforme o papel cresce na sociedade, não é possível ficar isolado no escritório, com os algoritmos. É preciso abrir um diálogo direto, criar uma conexão. O diálogo traz perspectivas que você não consegue enxergar. Quando há conexão, de uma maneira franca e cuidadosa, abre-se a mente para decisões mais inteligentes.

Matthew D. Lieberman é neurocientista, professor da Universidade da Califórnia e autor de *Social: Why Our Brains Are Wired to Connect*. É responsável por uma nova ciência chamada *social cognitive neuroscience*, isto é, neurociência social cognitiva, que estuda a reação do cérebro humano ao mundo social. Através de ferramentas como a ressonância magnética, ele e outros colegas descobriram nossa ânsia por conexões, tão pujante quanto a necessidade por comida ou abrigo[24]. Parte desse cérebro social é mais recente, além de exclusivo do ser humano.

De acordo com os estudos de Lieberman, quanto mais nos fixamos em ameaças, mais alienados ficamos, atrofiando a rede cerebral que promove a cognição social. "Apesar da nossa tendência a pensar que a nossa capacidade de

---

24. SMITH, E. E. Social Connection Makes a Better Brain. *The Atlantic*, [s. l.], 29 out. 2013. Disponível em: https://www.theatlantic.com/health/archive/2013/10/social-connection-makes-a-better-brain/280934/. Acesso em: 011 fev. 2021.

raciocínio abstrato é a responsável pela dominação do planeta pelo *Homo sapiens*, há evidências crescentes de que nosso domínio como espécie pode ser atribuído à nossa habilidade de pensar socialmente. As grandes ideias quase sempre requerem trabalho em equipe para serem concretizadas; o raciocínio social é o que nos permite construir e manter as relações sociais e a infraestrutura necessária para o sucesso das equipes", reforça o pesquisador[25]. Assim, a proposta deste livro é resgatar o diálogo dentro das nossas organizações, das nossas comunidades, das nossa famílias e, por que não dizer, das nossas nações. Esta é, na minha opinião, uma necessidade urgente e a melhor forma de enfrentar e solucionar as incertezas e complexidades dos negócios, da vida e do mundo.

Se somos seres sociais, como a ciência prova, a tarefa é mais fácil do que parece. Cabe-nos, somente, recuperar nossas características e habilidades "de fábrica" para nos conectarmos e, enfim, evoluir.

Se você não sabe nem por onde começar, vem comigo. Eu te mostro um caminho possível.

Pronto para este diálogo?

---

[25]. LIEBERMAN, M. D. *Social*: why our brains are wired to connect. Nova York: Crown Publishers, 2013. E-book.

> **! Dicas da Maga**
>
> O que você não pode se esquecer deste nosso papo:
>
> 1. A raiz de muitos dos nossos problemas é a falta de diálogo;
> 2. Seres sociais como nós têm características intrínsecas que favorecem a formação de vínculos e a colaboração;
> 3. O objetivo de um diálogo não é necessariamente criar concordância, mas enxergar e agir apesar das divergências para construir um futuro em comum;
> 4. O diálogo é a fonte para gerar mais conexão, colaboração, inovação e resultado.

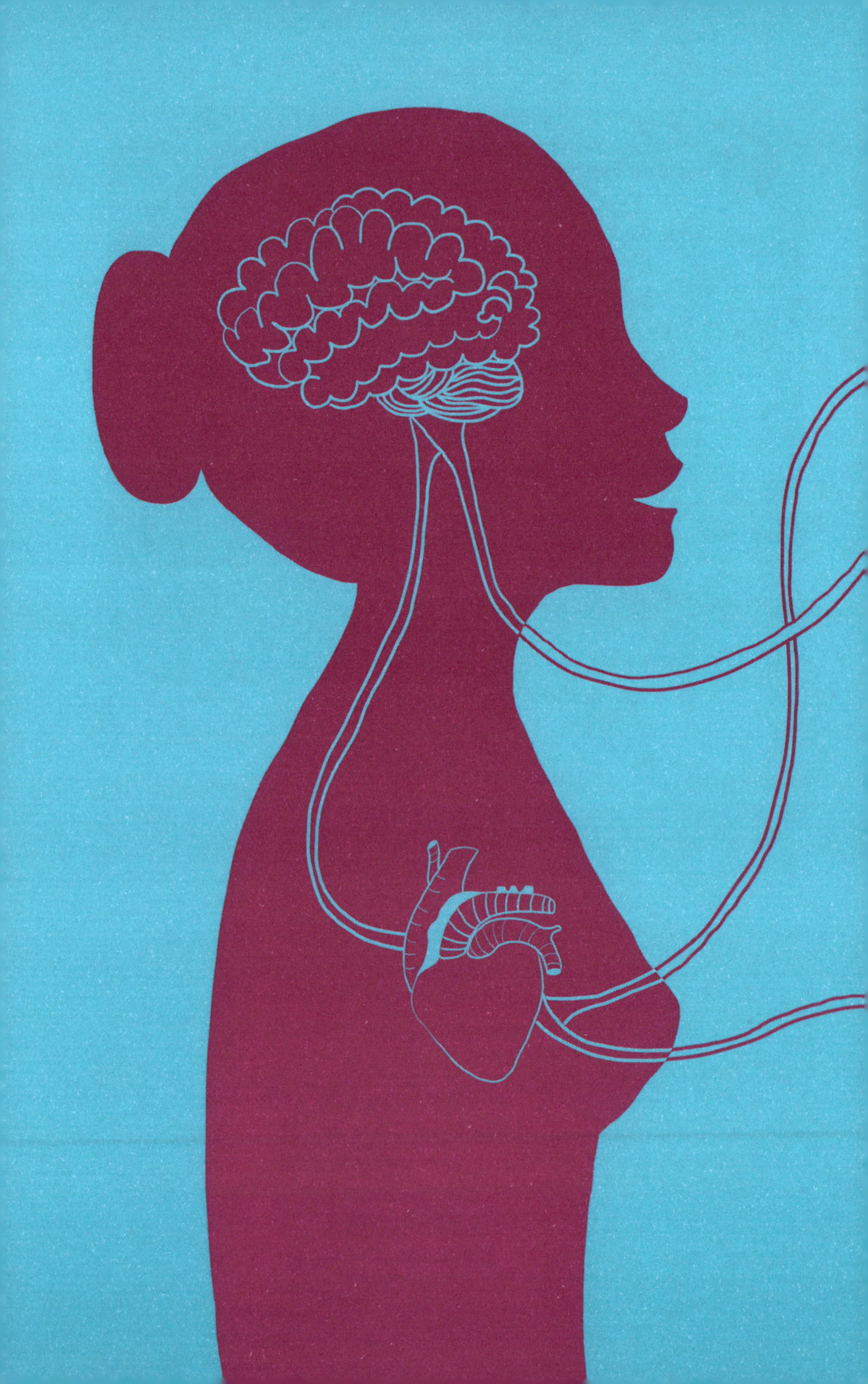

2

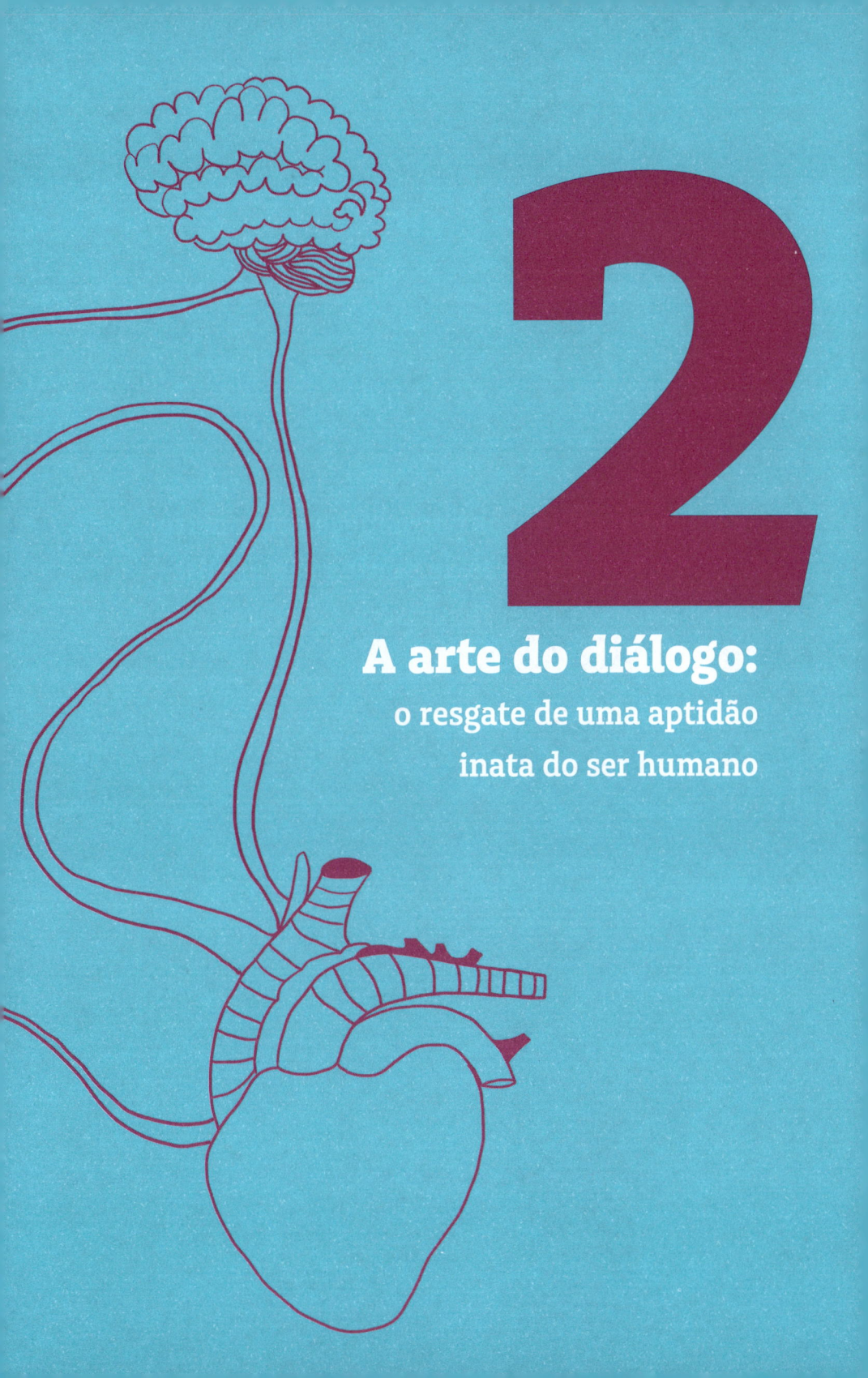

A arte do diálogo:
o resgate de uma aptidão
inata do ser humano

Quem constrói muros permanece prisioneiro deles. Os construtores de pontes vão avante.
Papa Francisco, líder religioso[26]

---

26. TORNIELLI, A. "Quem constrói muros permanece prisioneiro deles. Os construtores de pontes vão avante". *Vatican News*, [s. l.], 31 mar. 2019. Disponível em: https://www.vaticannews.va/pt/papa/news/2019-03/quem-constroi-muros-permanece-prisioneiro-papmar.html. Acesso em: 4 fev. 2021.

Qual o caminho a seguir?

Era este o dilema de uma *fintech*, com cinco anos de mercado, pronta para dar o próximo salto. A essa altura, o negócio já tinha vingado — tinha atraído investidores e se mostrado muito mais do que "uma ideia maluca de jovens empreendedores". Eles integravam um grupo de elite de um ecossistema que não se tornou a joia da coroa à toa:

O atrativo mercado brasileiro

1 em cada 3 brasileiros não tem conta bancária, segundo o Instituto Locomotiva.[27]

R$ 800 bilhões de reais são movimentados anualmente por 45 milhões de desbancarizados.[28]

64% da população digitalmente ativa no Brasil usou os serviços de uma *fintech*, de acordo com estudo do Banco de Compensações Internacionais (BIS).[29]

66 milhões de clientes era a carteira estimada de PicPay, Nubank e Inter, três das *fintechs* mais conhecidas do Brasil, em 2020.[30]

---

27. AGÊNCIA Brasil. Um em cada três brasileiros não tem conta bancária, diz pesquisa. *Exame*, [s. l.], 28 ago. 2019. Disponível em: https://exame.com/invest/minhas-financas/um-em-cada-tres-brasileiros-nao-tem-conta-bancaria-diz-pesquisa/. Acesso em: 4 abr. 2021.
28. *Ibid*.
29. BRASIL é o maior mercado de fintechs na América Latina, diz estudo. *Febraban tech*, [s. l.], c2021. Disponível em: https://febrabantech.febraban.org.br/blog/brasil-e-maior-mercado-de-fintechs-na-america-latina-diz-estudo. Acesso em: 4 abr. 2021.
30. MONTESANTI, B. Com pandemia e 'revolução das fintechs', consumidores online devem crescer 25% no Brasil. *Folha de S.Paulo*, São Paulo, c2021. Disponível em: https://www1.folha.uol.com.br/mercado/2020/12/com-pandemia-e-revolucao-das-fintechs-consumidores-online-devem-crescer-25-no-brasil.shtml. 4 abr. 2021.

Enquanto escrevo este livro, o mercado brasileiro de *fintechs* se consolida como o maior da América Latina em termos de investimento, volume de financiamento alternativo e número de negócios[31] — um afrodisíaco para mais de 700 empresas desse ecossistema, que apostam na inovação para revolucionar os serviços financeiros no país.

Para sobreviver, não dá para ficar parado — é preciso continuar quebrando paradigmas, otimizando processos e derrubando os muros construídos pelo sistema bancário tradicional, que dificultam a inserção de uma parcela da população e geram, na outra, muito desgaste, além de taxas, se não abusivas, contestáveis.

Aquela *fintech* encontrava-se em uma bifurcação: continuar quebrando muros e desbravar um caminho quase inexplorado, imprimindo ainda mais a sua marca e originalidade nesse mercado, ou buscar uma solução mais fácil, com rentabilidade garantida em curto prazo, o que reduziria a pressão dos investidores, afoitos por *return on investment (ROI)*.

Pela primeira vez, os dois principais líderes, parceiros de longa data, batiam cabeça: o CEO queria ir para um lado; o CTO, para outro. Os argumentos de ambos eram sólidos, mas um era incapaz de convencer o outro sobre o melhor caminho a seguir. O primeiro poderia usar sua autoridade para tomar a decisão que considerava melhor. Não é isso que sempre acontece dentro das organizações? O "grande líder" não é aquele que toma as decisões mais difíceis, apesar de tudo e de todos?

---

31. BRASIL c2021.

> **MAGA PERGUNTA**
> - Como as decisões são tomadas na sua organização?
> - Como a sua família lida com divergências?
> - "Manda quem pode, obedece quem tem juízo"?

Bem, esta não era a visão do *head* dessa *fintech*. Ninguém sentia mais a pressão dos investidores do que ele, que acreditava na força do coletivo e sabia dos riscos de uma decisão *top-down*. Ele também pressentia que a raiz de tal divergência não estivesse, talvez, exposta. Por isso, decidiu investir em uma sessão de Action Learning.

Não pense que ele não tinha mais diálogo com o seu CTO ou com o resto da equipe. Ele só entendeu que havia chegado a hora de ampliar o diálogo, e esse método poderia estruturar a conversa de uma forma diferente, trazendo *insights* e, principalmente, fôlego. Seu "braço direito", também presente na sessão, estava pronto para responder às perguntas e demonstrar o seu ponto de vista sobre a questão. Eles não discordavam de tudo; algumas dúvidas eram comuns:

- O que eles não estavam enxergando?
- Haveria uma terceira via de crescimento?
- O que seria melhor para a empresa?

É preciso coragem para se questionar e questionar os demais. É preciso coragem para ouvir. É preciso coragem para se abrir e entregar à inteligência coletiva uma decisão estratégica.

{Coração + Ação}

Você já deve ter ouvido que coragem é uma palavra de origem latina: *coraticum*. O prefixo *cor* remete a "coração", enquanto o sufixo *atĭcum*, à "ação". Por isso gosto de pensar que a coragem para abrir um diálogo depende de colocarmos coração e cérebro para se exercitar juntos. Em sintonia, trabalhamos melhor as habilidades intrinsecamente humanas.

A coragem é a semente de um diálogo franco, de uma boa liderança e de uma equipe de alto impacto.

Pouca gente sabe, mas aí se encontra também a fonte de, pelo menos, três poderes humanos:

1. O poder de perguntar
2. O poder de escutar
3. O poder de agregar

Michael J. Marquardt, um dos maiores disseminadores do Action Learning no mundo, explica em *Leading with questions* como a coragem dos líderes de abrir um diálogo sobre suas dúvidas e preocupações pode evitar desastres — de falências corporativas, como ocorreu com a Enron e o Lehman Brothers, a outros acidentes e incidentes que se tornaram marcos da nossa história. "Por que o Titanic afundou?", recorda Marquardt. "Após investigação, foi descoberto que vários dos planejadores e construtores do navio ficaram realmente preocupados, embora nenhum deles tenha expressado suas preocupações na companhia dos colegas. Por que não? Por causa do medo de parecerem tolos fazendo perguntas idiotas. Se nenhum outro 'especialista' parecia inseguro sobre a estrutura e a segurança do navio, então tudo devia estar ok."[32]

---

32. MARQUARDT, M. J. *Leading with questions:* how leaders find the right solutions by knowing what to ask. São Francisco: Jossey-Bass, 2014. E-book.

{Um Titanic de perguntas}

> // A 3,8 mil metros de profundidade no Oceano Atlântico, a 645 quilômetros da costa da província canadense de Newfoundland, encontram-se os destroços de um sonho que se tornou pesadelo. A estrutura enferrujada do Titanic é uma lembrança das mais de 1,5 mil vidas perdidas e de inúmeras palavras não ditas e perguntas não feitas. //

Não seria por falta de diálogo, porém, que a operação daquela *fintech* naufragaria. Os dois líderes se colocaram diante de pessoas que nunca tinham visto antes: uma professora universitária e três executivos, de áreas e setores diferentes, além da *coach* de Action Learning. Nenhum deles era cliente da startup. Eu sei o que você está se perguntando: o que aquelas pessoas poderiam agregar à questão?

> **Quando não está claro o porquê**
> **há mais fuzuê**
> **parece que a gente não vê**
> **e nem é por falta de querer**
> **o que há, afinal, para fazer**
>
> **Ora, para avançar**
> **é preciso dialogar**
> **e divagar**
> **devagar**
> **até afinar o olhar**
>
> **Porque entre perguntas e respostas**
> **aparece uma proposta**
> **nem sempre em via oposta**
> **mas bem mais preciosa**
> **a ponto de valer qualquer aposta**

Abrir diálogo sobre problemas e dilemas internos é uma quebra de paradigmas muito grande no mundo corporativo. Essas questões, muitas vezes, não são discutidas nem mesmo dentro de casa, com quem "veste a camisa" da empresa e a enxerga de diferentes ângulos. Muitos de nós não fazemos isso nem mesmo na vida pessoal, confiando somente em ajuda especializada ou em poucos amigos confidentes para desatar os nós.

MAGA PERGUNTA
- Quantas vezes você se calou diante de uma decisão importante para o seu negócio ou para a sua vida?
- Quantas perguntas importantes não fez?
- Já parou para pensar em quantas possibilidades criativas deixou de explorar?

Confesso que eu mesma me fiz essas questões quando recebi aquele fatídico *feedback*. No primeiro momento, pensei que meu erro tinha sido apostar todas as fichas em uma só pessoa: a minha chefe. Para entender a dinâmica dos grupos e desenvolver uma habilidade que, até então, eu achava que desconhecia, fui atrás de uma formação específica. Carreguei comigo, porém, uma bolsa de julgamentos silenciosos. Sabe aqueles que você não gosta de admitir nem para si mesmo?

Pois um desses julgamentos saltou assim que um colega entrou na sala. Sua postura não me inspirava confiança. Ao longo do curso, as perguntas que levantava minavam minha paciência. "Eu jamais poderia trabalhar com ele", repeti para mim mesma várias vezes. Não é assim que funciona?

Nós clamamos por criatividade e inovação, desde que venham na forma de uma ou mais pessoas com os nossos valores, crenças e até humor. Será mesmo que só assim há sintonia?

{Do que é feita uma orquestra?}

// A Orquestra Sinfônica do Estado de São Paulo (Osesp) foi criada em 1954 e é formada por músicos que tocam cerca de 20 instrumentos diferentes. São homens e mulheres, com diferentes formações e histórias. O mesmo vale para os regentes. Em 2020, o maestro suíço Thierry Fischer assumiu a regência titular e a diretoria musical da orquestra, substituindo a maestrina norte-americana Marin Alsop, que se tornou regente de honra. A excelência de uma orquestra também depende dessa mistura de talentos e instrumentos. Por que, em uma empresa ou comunidade, isso seria diferente? //

A Magali que se apressava em fazer julgamentos contrastava seriamente com a menina e a adolescente curiosa que adorava descobrir e aprender com outras pessoas. Essas características marcaram o início da minha trajetória profissional. Cada novo contato me trazia uma experiência nova; de cada experiência, brotavam oportunidades.

Foi assim quando acompanhei minha mãe em um curso de pintura. O interesse era do meu irmão, mas quem acabou inscrita fui eu. O que eu aprendi ali me ajudou a comprar roupas e acessórios para as aulas de dança. Com ajuda da minha mãe, eu pintava e vendia panos de prato. Mesmo sem técnica, meus desenhos chamaram a atenção da dona do armarinho, que deixou de me cobrar os pincéis e as tintas em troca de aulas particulares de pintura. Foi por meio do diálogo que aprendi, aliás, a negociar. O que é, afinal, uma negociação senão duas pessoas diferentes com um propósito em comum?

A vontade de ser independente financeiramente me fez procurar outros empregos. Trabalhei em restaurante de comida por quilo, anotando o peso dos pratos, e em um jornal, onde aprendi a mexer no Corel Draw, programa de design gráfico, de tanto que funguei no pescoço da diagramadora. Quando ela arrumou outro emprego, falei sem medo para o dono: "Deixa comigo".

Por mais que sempre tivesse um objetivo em mente, o contato com as pessoas sempre foi uma grande motivação. E foi ela que me fez escolher a faculdade de Psicologia. Eu queria saber mais sobre esse tal ser humano.

{*Homo sapiens*: uma história entrelaçada em muitas}

Quem são?
O que fazem?
Como vivem?
Como se relacionam?
Como e quando eu perdi essas características?
Quando isso aconteceu com cada um de nós?
Por que é que a nossa comunicação ficou tão truncada a ponto de nos esquecermos de que o humano sempre foi um ser social e relacional?
Não seria esta a raiz do desafio que enfrentamos atualmente, de um progresso construtivo e colaborativo?

Fui atrás da nossa história para tentar responder, pelo menos, a algumas dessas perguntas. "Outros membros do reino animal têm a capacidade de se comunicar por meio de ruídos vocais ou por outros meios, mas a característica mais importante que caracteriza a linguagem humana (ou seja, cada linguagem individual), contra todos os modos conhecidos de comunicação animal, é sua infinita produtividade e criatividade. Os seres humanos não têm restrições no que podem comunicar; nenhuma área de experiência é aceita como necessariamente incomunicável, embora possa ser necessário adaptar a linguagem de uma pessoa para lidar com novas descobertas ou novos modos de pensamento. Os sistemas de comunicação animal são, em contraste, estritamente circunscritos ao que pode ser comunicado", explica a *Enciclopédia Britânica*.[33]

Foi essa engenhosidade humana que fez com que nossos ancestrais sobrevivessem a condições adversas. Foi ela que provocou a expansão de recursos para expressar uma ideia ou mensagem — das rodas de conversa em volta do fogo, ou dos desenhos nas cavernas, à agilidade do WhatsApp e à magia da realidade virtual.

A questão é: estamos aproveitando ou desperdiçando esse potencial?

> **MAGA PERGUNTA**
> - Qual é o seu objetivo com um *post* nas redes sociais (Facebook, Instagram ou LinkedIn)?
> - É realmente uma rede de conversas, pessoal ou profissional, ou uma vitrine?

Vários estudos discutem se as redes sociais realmente estão nos conectando ou não. Um deles, feito por um consultor de comunicação americano durante três anos, sugere que até o compartilhamento de fotos de comidas pode gerar pertencimento ou competição e isolamento. "Muitas pessoas começam compartilhando imagens de alimentos apenas com quem conhecem bem. Mas, uma vez que elas se expandem para um grupo mais amplo nas redes sociais, várias coisas inesperadas e surpreendentes começam a acontecer", explicou Robert Kozinets em artigo publicado no portal *The Conversation*.[34]

---

33. ROBINS, R. H. Language. *Britannica*, [s. l.], [2021?] Disponível em: https://www.britannica.com/topic/language. Acesso em: 4 abr. 2021.

34. KOZINETS, R. How social media fires people's passions – and builds extremist divisions. *The Conversation*,[s. l.], 14 nov. 2017. Disponível em: https://theconversation.com/how-social-media-fires-peoples-passions-and-builds-extremist-divisions-86909. Acesso em: 5 fev. 2021.

"Primeiro, elas encontram sites nos quais podem se sentir confortáveis para expressar suas opiniões a um 'público' com ideias semelhantes. Esse público cria um sentimento de comunidade, expressando respeito e pertencimento a certos tipos de mensagens e indignação ou desprezo por outros."

Para o historiador israelense Yuval Noah Harari, boa parte das pessoas continua alheia a uma série de rupturas em curso. "Mesmo que no século 21 os humanos possam ser elevados à categoria de deuses, em 2018 ainda somos animais da Idade da Pedra. Para podermos florescer, precisamos nos basear em comunidades íntimas. Durante milhões de anos, os humanos adaptaram-se a viver em pequenos bandos de não mais de algumas dezenas de pessoas. Mesmo hoje em dia, para a maioria de nós é impossível conhecer de fato mais de 150 indivíduos, não importa quantos amigos no Facebook alardeamos ter. Sem esses grupos, os humanos sentem-se solitários e alienados. Infelizmente, nos dois séculos passados as comunidades íntimas se desintegraram", destacou em *21 lições para o século 21*[35].

Criação do próprio homem, a tecnologia tem um papel relevante na nossa evolução, mas também gerou efeitos colaterais com os quais ainda precisamos aprender a lidar. Entre eles está o distanciamento de quem somos. "Durante o século passado a tecnologia nos distanciou de nossos corpos. Perdemos a capacidade de dar atenção ao que tem cheiro e gosto. Em vez disso, ficamos absorvidos com nossos smartphones e computadores. Estamos mais interessados no que está acontecendo no ciberespaço do que no que está acontecendo lá embaixo na rua", destaca Harari.[36]

O historiador recorda, ainda, que esse comportamento seria completamente impensável para os nossos ancestrais. "Nossos ancestrais coletores estavam sempre alertas e atentos.

---

[35]. HARARI, Y. N. *21 lições para o século 21*. São Paulo: Companhia das Letras, 2018. E-book.
[36]. HARARI, 2018.

Percorrendo a floresta em busca de cogumelos, observavam o solo buscando qualquer protuberância reveladora. Prestavam atenção ao movimento no capim para saber se não havia uma cobra de tocaia. Quando encontravam um cogumelo comestível, o provavam com a maior atenção para distingui-lo de seus primos venenosos. Os membros das atuais sociedades afluentes não precisam dessa atenção tão apurada. Podemos caminhar pelos corredores de um supermercado enquanto digitamos mensagens, e podemos comprar qualquer um de mil itens de alimentação, todos supervisionados pelas autoridades sanitárias. Porém, o que quer que escolhamos, acabamos comendo diante de uma tela, verificando e-mails ou vendo TV, mal prestando atenção ao gosto."[37] Nem vou entrar no mérito da realidade escabrosa que o documentário *O dilema das redes*, da Netflix, nos expôs.

Seres conscientes ou fantoches?

O dilema da saúde mental	O dilema da democracia	O dilema da discriminação
Um estudo com 5 mil pessoas descobriu que o uso maior de mídia social está relacionado a declínios autorrelatados na saúde mental e física e na satisfação com a vida (*American Journal of Epidemiology*, 2017).	O número de países com campanhas de desinformação política nas redes sociais dobrou nos últimos dois anos (*The New York Times*, 2019).	64% das pessoas que se juntaram a grupos extremistas no Facebook o fizeram porque os algoritmos as direcionaram para lá (Relatório interno do Facebook, 2018).

Fonte: Adaptado de The Social Dilemma[38]

---

37. *Ibid*.
38. THE SOCIAL dilemma. [*S. l.*], [2020]. Disponível em: https://www.thesocialdilemma.com/. Acesso em: 5 maio 2021.

À revista *Spectrum*, do Massachusetts Institute of Technology (MIT), o especialista em diálogos William Isaacs[39] explicou a dinâmica das redes sociais de forma bem simples: "Até agora a revolução digital está nos dando conexão, mas não contato. Podemos enviar mais informações uns para os outros, mas não somos necessariamente mais capazes de compartilhar entendimento, *insights*, sabedoria ou nossos corações".

Estamos na rede, mas não escutamos o outro, só fazemos barulho.
Byung-Chul Han, filósofo[40]

Tenho a sensação de que nos armamos tanto de recursos que nos perdemos de nós mesmos. Deixamos de perceber, apreciar e desenvolver poderes humanos, como aqueles três que citei anteriormente, tão vitais para a sobrevivência da nossa espécie, como a própria história conta. Qual o caminho para resgatar algo intrínseco a cada um de nós?

Bem, para expandir meu conhecimento sobre o tema, resolvi conversar com um especialista no tema. Carlos Linhares é psicólogo, antropólogo e professor universitário. Sou uma grande admiradora da sua inteligência, cujo saber me inspira profundamente.

---

39. KARAGIANIS, L. The art of dialogue. *Spectrum*, Cambridge, 2001. Disponível em: https://spectrum.mit.edu/winter-2001/the-art-of-dialogue/. Acesso em: 8 fev. 2021.
40. GELI, C. Byung-Chul Han: Hoje o indivíduo se explora e acredita que isso é realização. *El País*, Barcelona, 7 fev. 2018. Disponível em: https://brasil.elpais.com/brasil/2018/02/07/cultura/1517989873_086219.html. Acesso em: 4 fev. 2021.

Diálogo e Conexão com Carlos Linhares

Magali: Gostaria de conversar com você sobre diálogo, essa habilidade inata que nós seres humanos precisamos resgatar nos nossos lares, comunidades, empresas e nações.

Linhares: A primeira palavra que vem à tona é *persona*, que gerou "personalidade" e "personagem". O *sona* é o "soa", é a voz que soa; e o *per* é a "preposição", é o por, é o buraco, é o furo pelo qual soa. O que eu quero dizer com isso? A máscara que se chama persona contém o furo da tragédia, que é a boca para baixo, e a da comédia, para cima. É a boca que solta o som. E atrás da máscara existe o dono da voz, o dono da lógica. A palavra "diálogo" vem do grego e, como ocidentais, somos herdeiros desse legado. É o atravessamento de uma lógica que precisa ser infiltrada, isto é, eu preciso derrubar a sua palavra, a sua lógica, na prepotência que ela tem. Por isso o teatro grego é uma escola de diálogo. Nos bastidores, você diz uma coisa; no palco, com a máscara, outra. Você segue o *script*. Nós herdamos esse imperativo dramatúrgico: para permanecer ligado, é preciso dizer *isso* ou *aquilo*. No *coaching* ou na psicoterapia, a gente percebe o sofrimento da pessoa marcada pelo discurso. Atrás da máscara, ela gostaria de dizer outra coisa, gostaria de ser a sujeita da voz.

Magali: Isso pode explicar essa sociedade polarizada, muito barulhenta, divergente ao extremo. Parece que ficou difícil compreender o ser humano como um ser social e grupal, ainda que essa seja a nossa origem, não é?

Linhares: Nós somos gregários e interdependentes, mas também carentes de avaliação. Qualquer psicólogo social diria que temos uma fome secreta de saber qual é o nosso lugar na hierarquia. O que a gente está vivendo agora é talvez o medo desse afeto, no sentido de afetar mesmo, porque a gente aprendeu algo louco, a questão da bolha, de querer ficar sempre na concordância, de receber aplausos. Nós perdemos o senso de diferença, que é o conflito que gera crescimento.

Magali: O que poderíamos aprender com os nossos ancestrais sobre comunicação?

Linhares: Ah, eu diria que muita coisa. Primeiro de tudo é a potência, porque a comunicação aumenta exponencialmente as possibilidades. Se você trabalha com especialização, a divisão de tarefas é o grande segredo da força. Gera sinergia — essa é a palavra mágica. A nossa conectividade verbal e a expressão corporal geram força e potência. Ninguém bate meta desafiadora sozinho. Ninguém tira uma medalha de ouro em uma Olimpíada sem se lembrar do que aconteceu antes, do técnico e de todo o grupo por trás, mesmo em um esporte individual. A psicologia social diz claramente que a gente precisa de coesão de equipes. Como elas são mais comunicacionais, a tarefa flui. Cria-se potência, sentido e compartilhamento de direção, que é uma crise que estamos vivendo agora. Contardo Calligaris, famoso psicanalista, fala que a gente não consegue mais trocar quando não sente mais âncora e pulso. Na nossa cultura atual, perdemos esse sentido de compartilhamento. Somos lembrados pelos ditados populares, como "de grão em grão, a galinha enche o papo", "água mole em pedra dura tanto bate até que fura", que mexem com a memória ancestral, carregada da ética de compartilhamento.

Magali: Como podemos trabalhar isso?

Linhares: Precisamos resgatar o argumento da interdependência. O grupo precisa existir para instituir e organizar a vida na complexidade que ela exige. Eu não consigo bater a meta desafiadora sem a sinergia, que vem da física. O somatório das partes não equivale à mera justaposição, mas surpreende com um resultado eminentemente maior.

Magali: Essa complexidade que a gente vive, com tantos valores, símbolos, com tanta diversidade de identidade, tem dificultado a compreensão do papel social?

Linhares: É preciso entender que há uma ruptura de um compartilhamento de algo muito imperativo, inclusive na língua portuguesa, de algo que aprendemos ainda na infância. Lembra-se da voz imperativa? "Faça." "Vá." A voz imperativa não gosta do sujeito, nem tem sujeito na estrutura verbal. A diversidade nas organizações resgata vozes que dizem "gente, eu não posso fazer esse discurso, seja da voz, seja do que for". Eu tenho aprendido muito com os meus alunos. Eu passei três anos em uma faculdade cuja população é negra e me ensinou coisas importantes. Uma vez eu usei o verbo "denegrir" na sala, e minhas alunas me fizeram lembrar de um dia na cantina, quando um homem quis jogar café quente no cachorro. Quando uma delas disse "pare de judiar do cachorro", eu chamei a atenção dela para o fato de que esse verbo significa "fazer que nem judeu", como se ser judeu fosse negativo. O mesmo vale para denegrir. É como se estivesse em curso um download de mais de 500 anos, que a gente repete sem perceber coisas que não ajudam na cooperação nem na colaboração. Então, a gente precisa dedicar um tempo, ficar atento ao download e dizer: "Essa carga aqui não dá mais".

Magali: Dialogar também gera conflito e desconforto, ainda mais quando estamos habituados a um contexto de 500 anos de temas não discutidos. Somos, afinal, muito mais diversos do que a gente pode imaginar.

Linhares: É por isso que os discursos motivacionais perderam a eficácia. Na verdade, a grande motivação não passa de respeito. Uma grande empresa petroquímica da Bahia decretou que todos os dias as pessoas podem ir trabalhar como bem quiserem. Há dez anos isso era impensável.

Magali: Eu me lembro bem do *dress code* dos meus tempos de executiva.

Linhares: Agora o pessoal vai de sandália Havaianas e bermuda porque isso também diz algo. A complexidade, no início, gera cansaço porque é ameaçadora. A gente se acostuma com a dualidade, com aquela coisa de sim e não, da luz e da sombra.

Magali: Você acha que o diálogo pode ser uma prática regenerativa ao criar um lugar de franqueza, de transparência e de verdade?

Linhares: Olhe, você trouxe a resposta sem querer. Essa palavra "regenerativa" é o encontro humano, é o essencial, é a nudez que precisamos reaprender. Não é à toa que nas trilhas as pessoas se reconhecem. Esse é um exercício pesado em que as pessoas se desnudam, deixam de carregar peso, se libertam das máscaras sociais. Quanto mais simples fica, mais a gente se reconcilia e fala o essencial. Uma vez eu comentei com a já falecida amiga e educadora Dulce Magalhães que o *happy hour* era um rito de passagem: a pessoa chega com as máscaras e, durante o *happy hour*, amolece o ego, fica mais leve. Para a empresa é bom que as pessoas digam: "Olha, por detrás dessa máscara, dessa gerente, existe essa mulher que é gente boa e doida como você". Na verdade, é preciso sempre lembrar que todos somos metamorfoses ambulantes. Salve Raul Seixas!

Magali: Você concorda que o diálogo e a conexão são necessidades humanas?

Linhares: Sim, e isso é provado pela biologia, que diz que a gente é o único mamífero que é precoce demais. A elefanta ou a girafa dá à luz, e o bichinho sai andando na mesma hora. A gente, por causa do cérebro e de toda a preparação necessária, passa nove meses na barriga da mãe, quando qualquer cálculo biológico diria que seria necessário o dobro do tempo. Freud fala do umbigo — passe a mão no umbigo e lembre-se da sua interdependência. O umbigo é a cicatriz da nossa interdependência. No MBA, com aquelas pessoas cheias de máscaras, eu faço esse exercício: sugiro que todo mundo passe a mão no umbigo e diga o nome da mãe. Quando eles falam, sempre cai uma lágrima. Porque se lembraram do nome da pessoa com quem sempre estiveram conectados. Isso é ancestralidade, a memória da nossa interdependência, a fundação da nossa identidade.

Magali: Para navegar nesses tempos incertos, qual é a pergunta que todo mundo deveria fazer?

Linhares: Vou pegar uma grande filósofa, a Hannah Arendt, que inventou a expressão "banalização do mal". Ela esteve no julgamento do nazista Adolf Eichmann e ficou pasma quando ele respondeu por que fez tudo aquilo. Ele se declarou um "bom gestor", sem atribuir sentido algum às ações cometidas. Para ela, ele não tinha cara de mau, nem de demônio, era igual a qualquer um de nós. Ele foi levado por uma série de práticas de consenso, o que me leva de novo ao compartilhamento. O que é que a gente está compartilhando? Na antropologia, a cultura é isso, é compartilhamento. Logo a pergunta que faço é: o que eu estou levando do espaço privado para o espaço público e vice-versa?

Magali: Dá para resgatar nossas raízes em relação à cooperação e à colaboração?

Linhares: Para isso, acho importantíssimo ter a sensação de fecundidade, sensação de que está plantando, sensação de herança, de que tudo isso faz parte também da gente. A palavra "seminário" vem de sementes, espalhar as sementes. A gente cria uma obra para o outro. A psicanálise mais antiga tem algo muito forte: quando você não devolve, ocorre uma psicopatologia. Logo a maior demonstração de que você é um humano saudável é que você devolve e entrega uma obra. Homens e mulheres criativos não querem o mundo dado. Por que Picasso pintou *Guernica*? Por que Salvador Dalí fez aquelas maravilhas? Por que Caetano Veloso faz as letras que faz? Porque não quer a obra dada. O psicopata destrói o mundo que o hospeda. O artista reconstrói e propõe algo novo. Esse é o lugar do colaborativo. A gente faz para escapar da loucura, para dar sentido, porque somos humanos e temos um dom. Pessoas que querem ser bonecos de ventríloquo continuarão eternamente sentadinhas no joelho daquele que lhes dá a voz. No entanto, nós podemos ser "sujeito", o senhor do verbo, aquele que manda na frase. A cura psicológica é retomar esse lugar de sujeito para colaborar, para integrar grupos, para criar uma obra e diminuir o mal-estar da civilização, entre outras coisas.

Precisa tomar fôlego desta aula?

Então, faça uma pausa e veja dois filmes conectados ao que temos conversado. Um deles é *Dois papas*, do diretor brasileiro Fernando Meirelles, que simula conversas entre o Papa Bento XVI e seu sucessor, o Papa Francisco. Embora sirvam à mesma instituição e, pressupõe-se, ao mesmo propósito, ambos têm formação, experiência e visão diferentes sobre a Igreja e sobre o mundo. Por meio dos diálogos, os dois constroem pontes entre si. Imperdível!

O segundo filme é *O discurso do rei*, baseado na história do Rei George VI, pai da Rainha Elizabeth II, da Inglaterra, que recorre à ajuda especializada para redescobrir a própria voz. Ele não era o herdeiro natural do trono inglês, função assumida após a abdicação do irmão. Com a ajuda do australiano Lionel Logue, George VI supera a gagueira e a insegurança para assumir o papel de líder.

{Um ponto de conexão}

// Parece que entendemos tudo errado
o umbigo não é o nosso mundo
ele tem outro significado
muito mais profundo

Se parar por um segundo
perceberá que o seu umbigo
é seu amigo, seu abrigo
é o seu ponto de conexão
com outros humanos no mundo //

Nossos ancestrais escaparam de predadores muito mais fortes graças à cooperação. A articulação entre os membros do grupo tornou mais fácil se proteger de ataques e garantir a sobrevivência. Essa capacidade cognitiva e relacional se expandiu ao longo dos séculos: todas as inovações do homem foram resultado de um trabalho coordenado — nunca de uma única pessoa. Havia, como Linhares ressaltou, compartilhamento.

A colaboração, a criatividade e o resultado só ocorrem quando há diálogo, denominador comum entre as diferentes sessões de Action Learning. Para a conversa começar, basta o compartilhamento de um problema real, importante e urgente. E tais problemas não ocorrem só dentro das empresas mas também dentro de casa.

A pandemia da covid-19 uniu muitas famílias debaixo do mesmo teto. Para aquele filho solteiro, esta parecia ser a melhor solução: fazer companhia e cuidar do pai, pertencente ao grupo de risco, durante o período de isolamento social. Ele não hesitou em deixar para trás o seu "mundo", nem avaliou os desafios que teria pela frente.

O tal conflito de gerações sempre rendeu pauta na imprensa e nas sessões de terapia, além de ser o mote principal de várias obras de ficção. Se os desentendimentos aconteciam sob condições normais de temperatura e pressão, imagine durante um evento sem precedentes que colocou em risco não só a saúde física mas também a mental dos 7 bilhões de habitantes deste planeta. "Não sei mais me relacionar com o meu pai", explicou. "Eu não consigo me comunicar com ele."

MAGA PERGUNTA
- Quantas vezes você já não sentiu isso?
- Como ou quando essa parede foi erguida dentro da sua família?

Quando decidiu abrir a situação em uma sessão de Action Learning, o filho já estava à beira da exaustão. Respondeu a perguntas e rabiscou cenários e discursos até entender e conseguir verbalizar qual era realmente o problema: a falta de uma comunicação *efetiva* e *afetiva* com o pai. Faltavam-lhe palavras para chegar até o ser humano que lhe deu a vida.

Pare para pensar: se este é um desafio entre membros da mesma família, imagine em grupos maiores, com uma gama mais ampla de emoções e reações em jogo.

Para a consultoria McKinsey & Company, as crises têm cinco estágios, com diferentes impactos sobre os sentimentos e as necessidades das pessoas. A intensidade e a duração de cada fase também podem variar de acordo com o contexto ou local.

O ciclo de vida de uma crise em cinco estágios

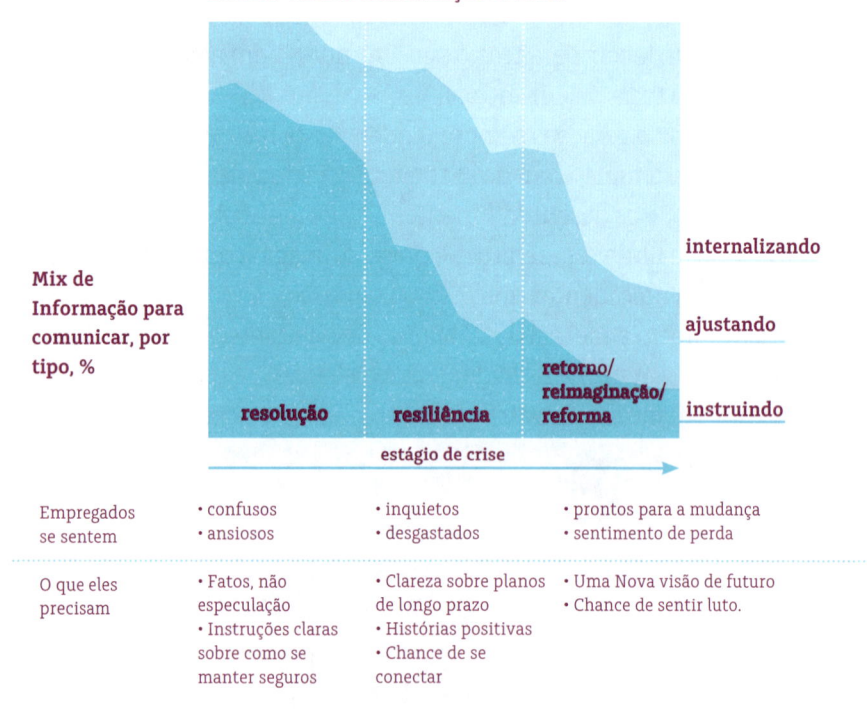

Ciclo de Vida da Comunicação de Crise

Mix de Informação para comunicar, por tipo, %

Estágios: resolução → resiliência → retorno/reimaginação/reforma

Tipos de informação: internalizando, ajustando, instruindo

estágio de crise →

	resolução	resiliência	retorno/reimaginação/reforma
Empregados se sentem	• confusos • ansiosos	• inquietos • desgastados	• prontos para a mudança • sentimento de perda
O que eles precisam	• Fatos, não especulação • Instruções claras sobre como se manter seguros	• Clareza sobre planos de longo prazo • Histórias positivas • Chance de se conectar	• Uma Nova visão de futuro • Chance de sentir luto.

Fonte: Adaptado de Mendy, Stwert e Akin[41]

---

41. MENDY, A.; STWERT, M. L.; AKIN, K. V. A leader's guide: Communicating with teams, stakeholders, and communities during COVID-19. *McKinsey & Company*, [s. l.], 17 abr. 2020. Disponível em: https://www.mckinsey.com/capabilities/people-and-organizational-performance/our-insights/a-leaders-guide-communicating-with-teams-stakeholders-and-communities-during-covid-19. Acesso em: 8 fev. 2021.

Faltando apenas cinco minutos para finalizar a sessão, um dos participantes perguntou se poderia falar o que estava pensando. Como comentei, o método valoriza diálogos organizados. Como gerar compreensão e ação se não estamos presentes e não escutamos?

Somente após o consentimento do resto do grupo, ele prosseguiu e sugeriu que, antes de buscar uma forma de se comunicar efetiva e afetivamente com o pai, o filho deveria fazer o mesmo por si. Ele precisava olhar para si, entender as próprias emoções e atender às próprias necessidades para, então, ter uma conversa límpida, sem imposições ou demandas, com outra pessoa.

Como Linhares ressaltou, a conexão genuína ocorre quando colocamos as máscaras de lado e deixamos de carregar as mochilas pesadas. Pressupõe um diálogo verdadeiro, que só se dá entre iguais, que perguntam, respondem e buscam juntos uma saída. Eu sei o que você está pensando. "Ah, Maga, você fala como se fosse fácil." Não é, mas é algo que sempre fizemos, que está em nós. O biólogo Humberto Maturana, ao lado do também biólogo e filósofo Francisco Varela, explica em *A árvore do conhecimento*[42] como enfrentar esse desafio:

> **O Conhecimento do conhecimento obriga. Obriga-nos a assumir uma atitude de permanente vigília contra a tentação da certeza, a reconhecer que nossas certezas não são provas da verdade, como se o mundo que cada um vê fosse o mundo e não um mundo que construímos juntamente com os outros.**

---

42. MATURANA, H. R.; VARELA, F. J. *A árvore do conhecimento:* as bases biológicas da compreensão humana. São Paulo: Palas Athena, 2001.

Ambos falam da biologia do amor — não o romântico, dos contos de fada, mas o do respeito, base de uma escuta profunda, da curiosidade, da conexão, da troca e da convivência. "Além do mais, tudo isso nos permite perceber que o amor, ou, se não quisermos usar uma palavra tão forte, a aceitação do outro na convivência, é o fundamento biológico do fenômeno social. Sem amor, sem a aceitação dos outros junto a nós, não há socialização, e sem esta não há humanidade. Qualquer coisa que destrua o limite de aceitação do outro, desde a competição até a posse da verdade, passando pela certeza ideológica, destrói o limite do acontecimento do fenômeno social. Portanto, destrói também o ser humano, porque elimina o processo biológico que o gera."[43]

Dentro das nossas bolhas, ou câmeras de eco, como dizem alguns especialistas, em que likes e compartilhamentos, entendidos como sinais claros de aceitação e aprovação, ganham outra dimensão, o fenômeno social explicado por Maturana e Varela é, como dizem nas redes, "cancelado".

Naquela sessão de Action Learning, o filho não encontrou somente abrigo e acolhimento para as suas dores entre outros quatro participantes. Em meio a outros seres humanos, cheios de dúvidas e sentimentos, entendeu a necessidade de escutar a si próprio e de ouvir os outros para transformar olhares e situações.

Na multinacional americana General Mills, tópicos delicados, mas fundamentais dentro da sociedade atual, como assédio sexual e imigração, são tratados dentro de um programa chamado *Conversas corajosas*. O título não é nem um pouco apelativo ou dramático, como demonstra uma iniciativa chamada *Dialogue Project*, de companhias, universidades e *think tanks* interessados em descobrir como líderes empresariais podem contribuir para melhorar o discurso civil e reduzir a polarização na sociedade.

---

43. MATURANA; VARELA, 2001.

O desafio do diálogo

70% de 1.000 americanos entrevistados pelo *Dialogue Project* afirmaram ter dificuldade para conversar sobre política, relações raciais e controle de armas.

50% informaram não estar dispostos a investir mais tempo em conversas francas.

82% reclamaram da falta de respeito durante conversas cívicas sobre esses temas.

25% concordaram em abrir diálogo com pessoas com pontos de vistas diferentes.

Fonte: Adaptado de Feldman[44]

A primeira rodada de conversas na General Mills aconteceu em 2016, com apenas 30 participantes, que assistiram a uma palestra antes de serem separados em grupos para debater o tema. Voluntários atuaram como facilitadores do diálogo, garantindo conversas sadias, dentro dos princípios básicos de respeito e ética.

---

44. FELDMAN, B. Don't let election passions roil your workplace. *Harvard Business Review*, [s. l.], 7 out. 2020. Disponível em: https://hbr.org/2020/10/dont-let-election-passions-roil-your-workplace?ab=hero-main-text&fbclid=IwAR1d-rKb8lTnaDrxlGc3x6g7GKYoe-BD2nQDZoZadbG7AxLy_T9GpvUUWPo. Acesso em: 8 fev. 2021.

{Espelho, espelho meu}

// O que você vê no espelho?
A força, o vigor e a grandeza não nascem da invulnerabilidade. Somos seres permeáveis, transformados por palavras e emoções, por experiências e conexões. Descubra no espelho, a cada dia, quem você realmente é. A imagem até pode ser a mesma, mas o conteúdo certamente não é. //

Desde aquela primeira sessão, o grupo cresceu mais de 100 vezes. As conversas extrapolaram as fronteiras da empresa e foram compartilhadas com familiares e amigos. Por quê?

Ora, diálogos expandem horizontes, aumentam os níveis de compreensão, geram mais empatia. Os relacionamentos mudam e impactam o "agir" de pessoas e de empresas no mundo. Nick Cowley e Nigel Purse, diretores da consultoria The Oxford Group, recordam, em *5 Conversations*, diversos estudos relacionados ao impacto dos relacionamentos no engajamento dos funcionários e na performance da empresa. É sinônimo de lucro, receita, produtividade, inovação, satisfação do cliente e dos funcionários. E tudo começa com o tão desprezado diálogo. Os autores citam o caso de um vice-presidente de uma companhia do setor de *healthcare*, insatisfeito com a performance e a falta de iniciativa de uma funcionária. "Ela é uma diretora", retrucou para o *coach* que o questionou sobre possíveis interações com a executiva sob sua liderança. "Ela ganha o suficiente para saber o que é esperado dela." Provocado a mudar de atitude, ele se surpreendeu não só com a aderência dela ao *feedback* mas também com os resultados apresentados.

> **? MAGA PERGUNTA**
> - Quantas vezes você foi surpreendido por um *feedback*?
> - Quantas vezes ele só ocorreu durante a avaliação de desempenho, aparentemente para derrubar a tão sonhada promoção ou aumento salarial?

Para a dupla, há três motivos principais para a falta de diálogo, tão vital para o sucesso das organizações:

1. A sobrecarga de trabalho, que coloca até a liderança no piloto automático, não abrindo espaço para o pensamento sistêmico e crítico.
2. A aparente falta de processos, que faz com que o líder postergue o máximo possível diálogos francos e *feedbacks*.
3. Um certo ceticismo que levanta dúvidas sobre o valor e gera receio sobre a reação de um ou mais indivíduos à ação.

No ensaio *O mundo sem líderes*, lançado ainda nos primeiros meses da pandemia de covid-19, em 2020, o historiador Yuval Noah Harari coloca o dedo na ferida: "Hoje, a humanidade enfrenta uma crise aguda não apenas por causa do coronavírus, mas também pela falta de confiança entre os seres humanos. Para derrotar uma epidemia, as pessoas precisam confiar nos especialistas, os cidadãos precisam confiar nos poderes públicos e os países precisam confiar uns nos outros. Nos últimos anos, políticos irresponsáveis solaparam deliberadamente a confiança na ciência, nas instituições e na cooperação internacional. Como resultado, enfrentamos a crise atual sem líderes que possam inspirar, organizar e financiar uma resposta global coordenada."[45]

---

45. HARARI, Y. N. *Na batalha contra o Coronavírus, faltam líderes à humanidade*. São Paulo: Companhia das Letras, 2020. E-book.

Líder ou terapeuta?

Esta é a associação mais simplista, mais temida e também mais comum. Só que se abrir ao diálogo não significa viver uma ou mais DRs por dia com a equipe ou com o líder. Michael Marquardt define esse exercício, em *Leading with questions*, da seguinte forma:

O diálogo é baseado no princípio de que a mente humana é capaz de usar a lógica e a razão para entender o mundo, em vez de ter que confiar na interpretação de alguém que reivindica autoridade por meio da força, tradição, intelecto superior ou direito divino. O diálogo permite ao grupo explorar a sabedoria coletiva de seus membros e ver a situação como um todo coletivo, e não como partes fragmentadas. No diálogo, há uma ênfase em fazer perguntas em vez de propor soluções, em obter um significado compartilhado em vez de impor o próprio significado. Os diálogos exigem confiança.[46]

Ao recuperar essa aptidão nata do ser humano, você aporta:
- mais qualidade aos seus relacionamentos;
- mais alinhamento ao seu propósito;
- mais agilidade na resolução de problemas;
- mais apoio aos seus objetivos;
- mais criatividade às suas ações.

Cowley e Purse, do The Oxford Group, listam outros benefícios. "Uma conversa para compartilhar necessidades, motivação, sentimentos e preferências com outro ser humano, na qual você é ouvido e valorizado, não pode deixar de aprofundar o senso de familiaridade e intimidade que você tem com essa pessoa. E o fato de outra pessoa ter

---

46. MARQUARDT, 2014.

dedicado tempo para lhe dar toda a sua atenção não pode deixar de fazer você se sentir valorizado."[47]

Os autores de *5 Conversations* reforçam algo que já comentei no capítulo anterior: dialogar não significa concordar ou mudar de opinião, mas transformar a divergência em uma solução conjunta. "E, claro, você não precisa concordar em todos os pontos para desenvolver familiaridade e se sentir valorizado. Muitas vezes, compreender melhor um ao outro, mas reconhecer como vocês são diferentes, terá o mesmo efeito. O melhor dessa conversa é que ela fornece uma plataforma para que o relacionamento seja mantido e estendido ao longo do tempo, fornecendo percepções, pontos de referência e interesses mútuos que podem ser renovados e desenvolvidos", reforçam.[48]

Talvez a gente esteja contaminado demais pelos debates e discursos políticos em que os candidatos sempre dizem que estão abertos ao diálogo, mas nos expõem a um verdadeiro MMA de acusações e argumentos.

Em um diálogo franco, não há oponentes, não há um ponto a ser provado, não há um vencedor. Em um diálogo franco, há dois seres humanos, há cocriação, há dois ou mais vencedores.

É do compartilhamento de sentimentos e ideias, nutrido por confiança e respeito, por coragem e, também, pela vulnerabilidade, que nasce o saber coletivo. "O diálogo exige que sejamos pacientes e humildes, e ele produz crescimento, compreensão e níveis mais profundos de empatia, vulnerabilidade e compaixão. O debate exige que estejamos em guarda", explica a poeta e ativista americana Cleo Wade.[49]

---

47. COWLEY, N.; PURSE, N. *5 Conversations*: how to transform trust, engagement and performance at work. 2. ed. Saint Albans: Panoma Press, 2019. E-book.
48. *Ibid*.
49. WADE, C. *Debate vs Dialogue*. [*S. l.*], 21 jul. 2020. Instagram: @cleowade Disponível em: https://www.instagram.com/p/CC6JTweJtgi/. Acesso em: 29 dez. 2022.

Debate X Diálogo

Debate	Diálogo
Estar certo	Juntos nós chegamos a uma resposta
Combativo, quer provar que o outro está errado	Entendimento comum colaborativo
Ganhando (ganhar, perder)	Explorando pontos em comum
Ouvir as falhas ou contra-argumentar	Ouvir para entender, encontrar significado e força nos argumentos dos outros
Suposições e opiniões são verdades	Reavalia todas as suposições
Busca voto para ratificar a sua posição	Busca novas opções

Fonte: Adaptado de Wade/Instagram[50]

Ao contrário do que aprendemos na escola, a comunicação não é uma via de mão única, caracterizada por emissor-mensagem-receptor. O verdadeiro diálogo, embora possa ser estruturado, como no Action Learning, é dinâmico.
- Demanda comprometimento.
- Pede novos olhares.
- Reclama por paciência.
- Gera aprendizados, inclusive, inesperados.
- Provoca transformações internas e externas.

É, definitivamente, uma escolha para pessoas corajosas, dispostas não a enfrentar, mas a seguir sempre em frente.

---

50. WADE, 2020.

A transição de carreira é um período de muitas dúvidas, desafios e estresse. Para aquele engenheiro, havia uma camada a mais: a língua. Até aquele momento, aquele brasileiro radicado em Londres nunca tinha tido problemas para se comunicar no idioma da rainha. Agora, porém, a pressão era maior, e, na hora de se posicionar perante os clientes, ele sentia que o sotaque e a experiência construída em outra cultura roubavam-lhe a credibilidade. Foi este o problema real e importante que ele compartilhou na sessão de Action Learning com outros cinco participantes, todos residentes no Brasil e, aparentemente, sem semelhanças com o desafio vivido por ele.

> **MAGA PERGUNTA**
> - Quantas vezes você buscou novas perspectivas entre os seus semelhantes por achar que pessoas diferentes não seriam capazes de compreender e de agregar?

Essa sensação de isolamento e separação, tão típica dos tempos em que vivemos, é somente uma ilusão. O diálogo resgata a humanidade de cada um e, quando reconhecemos essa afinidade, esse ponto em comum, um vínculo fortíssimo se forma. É desse espaço de pertencimento, dessa conexão entre iguais tão diferentes entre si, que começamos a derrubar muros e a construir pontes em nome de um objetivo em comum.

E não se engane: a pandemia pode ter mudado a dinâmica dos encontros, mas não mexeu com a nossa capacidade de criar vínculos. No ambiente virtual, o contato é diferente: é mais fácil se distrair com notificações, com outras abas abertas no navegador, com o latido do cachorro, com os familiares. Os *flip charts* e as lousas perderam espaço para o *chat*. Nem é preciso mais levantar a mão para poder falar algo o desbloqueio do "microfone" na sala virtual já indica a disposição de compartilhamento. O mais importante, porém, permanece em frente à câmera. Com uma dose extra de atenção, é possível afinar o olhar para perceber emoções, entender inseguranças, chegar à raiz do problema e encontrar conjuntamente soluções.

Fela Moscovici foi professora da Fundação Getúlio Vargas e uma das principais estudiosas e consultoras de dinâmicas de grupo do país. Ela dizia que o objetivo, a motivação, o processo decisório, o relacionamento, a liderança e a inovação são todos fatores que influenciam a harmonia de um time. "As pessoas que compõem o grupo trazem seus valores, sua filosofia e orientação de vida. A interação permite conhecimento mútuo e identificação de alguns pontos comuns que servirão de base para a elaboração de normas coletivas, tácitas e explícitas, na dinâmica de grupo", explicou em D*esenvolvimento interpessoal: treinamento em grupo*,[51] livro em que ressaltou, também, o mapeamento feito por Will Schutz, outro estudioso da dinâmica de grupos, sobre necessidades interpessoais existentes em todos os grupos.

---

51. MOSCOVICI, F. *Desenvolvimento interpessoal*: treinamento em grupo. 24. ed. São Paulo: Editora José Olympio, 2008.

Os elementos das relações interpessoais

Inclusão
Reconhecimento
Aceitação
Pertencimento

Controle
Respeito
Responsabilidade
Influência

Afeição
Proximidade
Valorização
Reciprocidade

Fonte: Adaptado de Moscovici[52]

O que eu aprendi, desde aquela especialização em dinâmicas de grupos, é que o nosso desejo por autonomia não exclui a nossa interdependência. O diálogo torna-se um desafio quando não estamos dispostos a abrir mão de nossas certezas, sair da zona de conforto, conhecer outras perspectivas, explorar novos campos e até reconhecer no outro, tão diferente de nós, alguém capaz de transformar nossas vidas.

Foi isso que aconteceu quando decidi conhecer aquele colega da especialização. Conversas francas têm o poder de dissolver preconceitos. Éramos realmente diferentes, mas as diferenças não nos impediram de trabalhar juntos. As divergências impulsionaram os *brainstormings*, e as diferenças se transformaram na nossa grande vantagem competitiva. Uma parceria improvável tornou-se, mais do que um *case* de sucesso, uma amizade.

Foi isso que aconteceu quando o engenheiro brasileiro em Londres compartilhou seu problema, que ecoou fortemente no participante mais improvável do grupo —

---
52. 2008.

um estudante universitário, negro, morador da periferia de uma grande capital brasileira. Nem os algoritmos teriam capacidade de prever tantas afinidades entre ambos. Contudo, apesar de todas as diferenças demográficas e estatísticas, eles se reconheceram na dificuldade de serem aceitos e na necessidade de terem o seu valor reconhecido. "Há poucos ambientes em que me sinta confortável", revelou o estudante durante a sessão. "Por isso, trabalho duro para ter certeza de que o que eu tenho a oferecer superará julgamentos e retaliações. Quando sinto que vou paralisar, lembro-me da minha avó, que não teve as mesmas oportunidades que eu, dizendo: caminhe, meu filho, caminhe. E é assim que avanço; com medo, mas avanço."

Esse pacote chamado de humanidade vai sendo descolado de maneira absoluta desse organismo que é a Terra, vivendo numa abstração civilizatória que suprime a diversidade, nega a pluralidade das formas de vida, de existência e de hábitos.
Ailton Krenak, escritor e líder indígena[53]

Lieberman, o neurocientista da Universidade da Califórnia, explica em seu livro que nós seres humanos nos equivocamos na interpretação da nossa própria história. "A maioria de nós aprendeu que os nossos cérebros maiores evoluíram para nos capacitar a fazer raciocínios abstratos, promovendo a agricultura, a

---

53. KRENAK, A. *O amanhã não está à venda*. São Paulo: Companhia das Letras, 2020. E-book.

matemática e a engenharia como ferramentas complexas para resolver problemas básicos de sobrevivência", esclarece. "Mas evidências crescentes sugerem que um dos principais fatores por trás de nossos cérebros se tornando dilatados era facilitar nossas habilidades cognitivas sociais — nossa capacidade de interagir e nos dar bem com os outros."[54] Daniel Goleman, psicólogo e escritor de renome internacional, também se convenceu de que o ser humano é um animal social por excelência e que "a teoria da evolução nos diz que nossa capacidade de intuir quando desconfiar de alguma coisa é tão essencial para a sobrevivência humana quanto nossa capacidade de confiar e cooperar".[55] Em *Inteligência social*, ele faz um mea-culpa por não ter dado, no passado, o devido reconhecimento ao poder das relações, considerando-a um mero elemento da inteligência emocional, equívoco cometido também por David Wechsler, criador do teste de QI mais utilizado no mundo. A motivação do CEO daquela *fintech* ao abrir um diálogo sobre o próximo passo da sua empresa não era a insegurança. Esta é a associação mais simplória e, ouso dizer, preguiçosa à decisão. Goleman diria que ele foi motivado pela inteligência social ao usar a consciência social, isto é, houve o reconhecimento da importância dos demais, visando facilitar e promover interações produtivas.

 Durante a sessão de Action Learning, ficou claro que o propósito e a visão de futuro da *fintech* precisavam ser revisitados. Esta era a raiz da divergência entre a liderança: a razão para qual o negócio foi criado e quem

---

54. SMITH, E. E. Social connection makes a better brain. *The Atlantic*, [s. l.], 29 out. 2013. Disponível em: https://www.theatlantic.com/health/archive/2013/10/social-connection-makes-a-better-brain/280934/. Acesso em: 1 fev. 2021.
55. GOLEMAN, D. *Inteligência social*: o poder das relações humanas. Rio de Janeiro: Elsevier, 2011. E-book.

ele deveria beneficiar. "O diálogo é um processo de comunicação que procura construir o relacionamento entre pessoas ao partilharem experiências, ideias e informações sobre um assunto comum", esclarecem Lia Schirch e David Campt em *Diálogo para assuntos difíceis*[56]. "Seu objetivo também é ajudar grupos a assimilarem mais informações e pontos de vista quando estão tentando uma nova e mais ampla compreensão da situação em pauta." Em uma sessão online, aquele grupo pequeno, até então formado por desconhecidos, usou três poderes humanos para dialogar. Esses poderes também podem transformar sua carreira, seu negócio, sua vida.

Antes de apresentar o Action Learning, quero convidá-lo a resgatar esses três poderes, elementos intrínsecos à natureza humana e fundamentais para promover conexões mais saudáveis, fortes e eficazes.

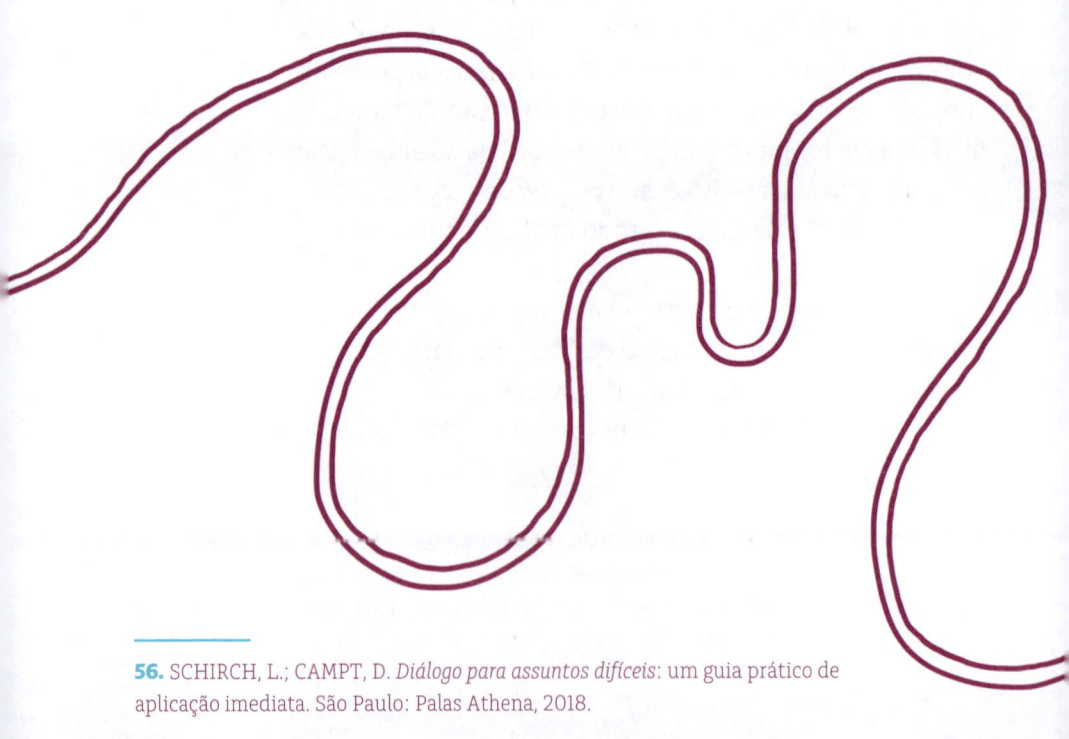

---

56. SCHIRCH, L.; CAMPT, D. *Diálogo para assuntos difíceis*: um guia prático de aplicação imediata. São Paulo: Palas Athena, 2018.

> **! Dicas da Maga**
>
> O que você não pode esquecer deste nosso papo:
> 1. O ser humano é, por natureza, social e gregário.
> 2. Esse reconhecimento à interdependência não interfere na sua autonomia nem o torna menos capaz.
> 3. O diálogo cria senso de compartilhamento, de pertencimento, gera confiança e abre espaço para a inovação.
> 4. O diálogo desbloqueia, pelo menos, três poderes humanos fundamentais para a resolução de problemas complexos.

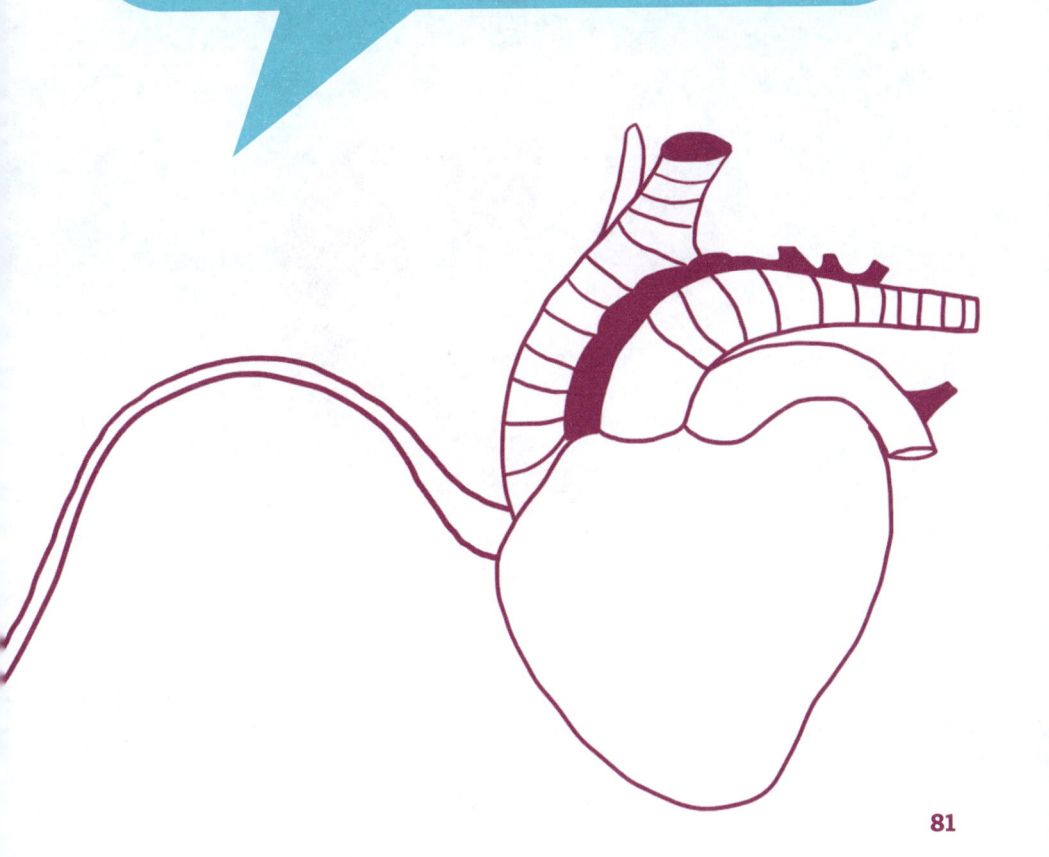

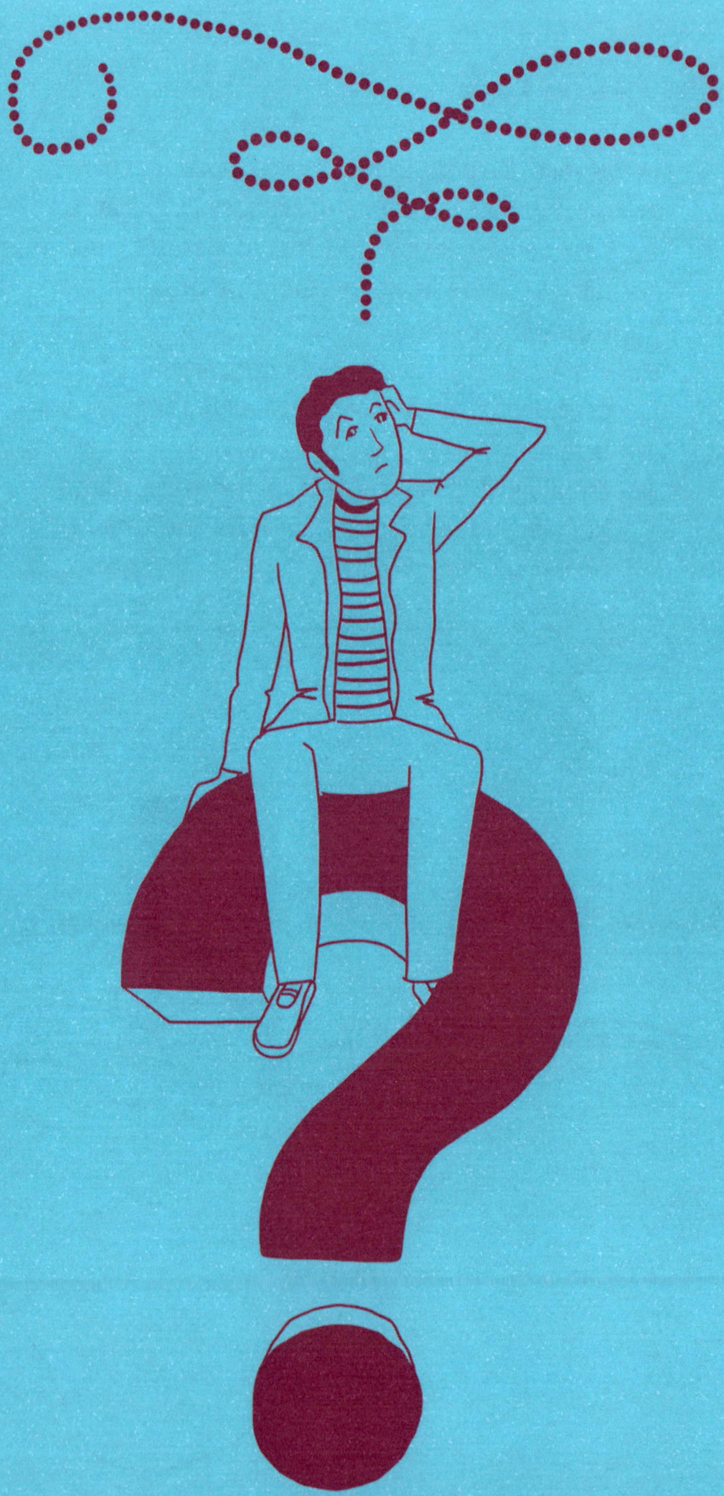

3

O poder humano de perguntar:
para além da curiosidade,
é tempo de interesse e empatia

Em outras palavras: são precisamente as perguntas para as quais não há respostas que marcam os limites das possibilidades humanas e que traçam as fronteiras da nossa existência.
Milan Kundera, escritor[57]

---

57. KUNDERA, M. *A insustentável leveza do ser*. São Paulo: Companhia de Bolso, 2008.

Chata. Insolente. Impertinente. Assim fui taxada em uma das empresas em que trabalhei. Lá descobri que uma das minhas principais qualidades, a curiosidade, podia não ser tão bem percebida pelo mundo corporativo. Perguntar soava quase como uma ofensa, principalmente ao se questionar a efetividade do *status quo*.

Descobri isso ao conquistar uma posição no escritório central de uma das maiores companhias brasileiras. Tornei-me a guardiã dos processos, centralizando, inclusive, a comunicação interna, a gestão do clima organizacional e parte dos programas de desenvolvimento para cerca de 20 unidades da empresa.

Com autonomia, eu poderia ter me tornado uma ditadora de regras, condutas e campanhas, mas já tinha aprendido minha lição e não queria mais fazer tudo sozinha. Preferi ouvir a experiência de outras unidades e pessoas, além de investigar o propósito, a aplicação e o impacto de algumas práticas já vigentes. Ao agir assim, meu objetivo não era "ser legal" ou evitar *feedbacks* "sangrentos". Eu queria entender os "comos" e os "porquês", para aportar mais agilidade, criatividade e eficiência para a área, para as unidades e para a empresa.

MAGA PERGUNTA
- Como conhecer um território sem explorá-lo?

Somente ali eu compreendi que algo tão natural para mim poderia ser indigesto para outras pessoas. E isso não acontece só no mundo corporativo — a aversão a perguntas permeia outros ambientes regulados por um *mindset*, ou modelo mental, de controle e poder. São sistemas em que as relações são sustentadas pela autoridade e pelo medo, não pela abertura e pela confiança. É por isso que, em muitas casas, escolas, universidades ou empregos, perguntar vira desagravo, serve como munição para provocações e embates, é um estopim para desafetos e inimizades.

Como sempre fui movida pela curiosidade, demorei a perceber a reação das pessoas às minhas perguntas. Há quem lance mão da capa da invisibilidade, na tentativa de passar despercebido e desviar de situações incômodas. A maioria das pessoas, porém, aciona escudos e armaduras para se proteger do que consideram ataques, críticas e julgamentos.

As perguntas são como um vírus,
vítima de uma série de mal-entendidos,
de quem sempre se fala em tom negativo,
tornando-o ainda mais temido.

Acredite, alguns são benéficos,
é o que dizem os médicos,
sem oportunismo,
pela contribuição ao nosso organismo.

Às vezes taxadas de vilões,
as perguntas exploram opções e direções,
mesmo quando há fricções e tensões,
rumo a um mundo mais criativo.

A verdade é que, em algum momento das nossas vidas, pelos mais diferentes motivos, nós decidimos inibir algo que nos difere das demais espécies. Esquecemo-nos, assim, de que as perguntas não são nocivas. "Demonstrar interesse por outra pessoa por meio de perguntas é típico do *Homo sapiens*. Essa necessidade de conectar, de compreender e ter empatia é algo profundamente humano", explicam a pesquisadora Els Dragt e o designer Jeroen Timmer no livro *Dare to ask* ("Ouse perguntar", em tradução literal). "Além do aspecto social, somos biologicamente movidos por um megalobo frontal e muito mais conexões neurais em nossos cérebros do que outros animais. Isso nos permite entender conceitos abstratos, armazenar informações e interagir com elas por meio das perguntas."[58]

"*Aqui a gente faz assim.*"

Este é o escudo mais usado para se defender de perguntas. Foi assim que deixei de questionar práticas e resultados em reuniões. Foi com essa frase também que um jovem líder recebeu uma nova integrante no time. Ele nem deu a ela a chance de fazer qualquer pergunta, simplesmente ditou a regra e seguiu em frente, na ânsia de vencer todos os pontos planejados para a reunião. Como *coach*, questionei:

"*Você parou para pensar o que você ganha e o que você perde ao evitar perguntas?*"

O silêncio se fez, então, presente.

O silêncio, assim como as perguntas, pode ser muito incômodo. Quando acolhido, porém, pode ser o caminho para uma investigação profunda e indispensável a todo e qualquer ser humano. É preciso vencer o impulso de preencher o vazio para encontrar, na mina de emoções e memórias, as pedras preciosas.

Na sua escavação, o jovem líder reconheceu como aquela frase, dita e ouvida tantas vezes nos corredores das empresas, é limitante — para ele, que precisava de inovações para fazer o negócio crescer, e para a nova integrante do time, que desembarcava na empresa com fôlego e vontade de mostrar resultado, à sua maneira, de acordo com a sua experiência.

É o alerta já mencionado por Michael Marquardt, em *Leading with questions*. Há de se utilizar a força das perguntas de forma errada, limando a criatividade e

---

58. DRAGT, E.; TIMMER, J. *Dare to ask*: learn to ask questions like a pro. Amsterdam: BIS Publishers, 2020.

a autonomia, em um mundo que precisa dessas duas características para solucionar problemas cada vez mais complexos. Ainda se investe mais em controlar ou buscar culpados, em vez de investigar informações e hipóteses para cocriar uma situação.[59]

Foi exatamente o que aconteceu com o jovem líder. Ligado no piloto automático, ele impediu uma conversa que poderia:
- levar a uma troca de experiências;
- gerar uma mudança em uma prática corriqueira que tomava tempo de ambos;
- criar confiança e mais conexão no grupo.

Por que evitamos perguntas?

Há diversos motivos, mas os quatro principais são:

A primeira barreira faz referência à cultura da empresa ou do sistema, que não encoraja o questionamento e, por consequência, a criação e a inovação. Para Marquardt,

Falta de incentivo

Medo

Pressa

Falta de prática

---

59. MARQUARDT, 2014.

uma organização com cultura questionadora apresenta inevitavelmente seis pilares:

1. Disposição para admitir que a resposta não é conhecida.
2. Incentivo a perguntas.
3. Foco em aprender a fazer perguntas positivas.
4. Foco em perguntas construtivas.
5. Foco em fazer perguntas curiosas.
6. Aceitação e acolhimento de riscos.

O segundo entrave, que pode estar ou não ligado ao primeiro, diz respeito ao líder — à segurança que sente diante dos seus pares ou liderados e à liberdade que ele sente para correr riscos. A principal ameaça das perguntas é se colocar ou ser colocado em uma posição de vulnerabilidade. Cresce, então, o medo do fracasso nas mais diferentes formas.

Afinal, sou pago para ter respostas ou para ter perguntas?

Em *Leading with questions*, Marquardt traz o depoimento do ex-CEO da Dow Chemical Mike Parker, para quem a "incapacidade ou a falta de vontade de fazer perguntas" é extremamente prejudicial para a liderança. O principal desafio, segundo ele, não é a falta de conhecimento de quem está no topo. "Às vezes, eles [os líderes] têm medo de fazer perguntas idiotas, mas o que não percebem é que as perguntas mais idiotas podem ser muito poderosas. Elas podem desbloquear uma conversa."

Lançar perguntas não é metralhar alguém ou um grupo com críticas e julgamentos. É um trabalho estratégico, minucioso, quase cirúrgico, para entender uma situação ou um dado que fará diferença na tomada de decisão. Para Els e Jeroen, "uma conversa, incluindo fazer perguntas, não serve para ser rápida, mas para ser mais profunda. Nem para fornecer mais informação, mas informação diferente".

Se eu tivesse uma hora para resolver um problema, gastaria 55 minutos pensando na pergunta adequada a fazer e 5 minutos pensando nas soluções.

Albert Einstein, cientista [60]

Antônio Ermírio de Moraes, um dos líderes empresariais mais inspiradores que o Brasil já teve, costumava dizer que o "não sei" é um dos principais desafios do mundo corporativo. Para muitos líderes, não ter uma resposta é uma falha grande, praticamente um sacrilégio organizacional. Será mesmo?

Em algum momento, por algum motivo, a interdependência entre seres humanos é rompida. Esquecemo-nos não só da nossa capacidade, mas da nossa necessidade de fazer perguntas para aprender, crescer, conectar e evoluir coletivamente.

Assim, muitos líderes deduzem que a manutenção da posição ou da reputação está diretamente ligada à capacidade de ser impenetrável e de ser "o dono da verdade", aumentando as paredes, os muros e as fronteiras que nos impedem de conviver e trabalhar melhor. Cresce, também, o silêncio constrangedor, o pior de todos, pois denota a separação, o isolamento, a solidão.

---

60. STAHL, A. 4 passos para resolver qualquer problema no trabalho. *Forbes*, [s. l.], 14 set. 2020. Disponível em: https://forbes.com.br/carreira/2020/09/4-passos-para-resolver-qualquer-problema-no-trabalho/. Acesso em: 20 nov. 2022.

Cerca de 50% dos CEOs e demais figuras de autoridade já experimentaram, segundo pesquisa da *Harvard Business Review* (HBR),[61] o sentimento de solidão ou isolamento. Tim Cook, da Apple, é um deles.[62]

Sempre digo que a reivindicação por mais humanização nas empresas também deve passar pelo reconhecimento de que a liderança é composta de seres humanos e, como tais, eles são cheios de vulnerabilidades. Não há chefes perfeitos nem 100% seguros de si ou das decisões que tomam.

Para Brené Brown, uma das principais pesquisadoras do assunto, não há como descolar a vulnerabilidade da incerteza, do risco e da exposição emocional. Um depende do outro, um está conectado ao outro. Quem se arrisca, quem convive com a incerteza, quem tem coragem de fazer escolhas, movimenta-se no tabuleiro de xadrez e está sempre exposto a um xeque-mate. É esta a regra do *play* desde que o mundo é mundo.

Por isso, é preciso incentivar os líderes, bem como qualquer ser humano, a compartilhar inseguranças ou dúvidas. É preciso criar espaço dentro dos times e das organizações para o "eu não sei", gatilho para uma investigação ou uma aprendizagem individual e/ou coletiva. É preciso encorajar que as mãos se levantem em auditórios lotados para compartilhar ideias, dúvidas e sugestões. É preciso quebrar o silêncio ou a monotonia daquelas longas reuniões de planejamento ou resultados em que uma pessoa apresenta e outra, geralmente o presidente, questiona. Só assim conseguiremos mudar a cultura vigente e torná-la mais leve, diversa, plural e — por que não? — divertida. Vamos abrir as portas das gaiolas!

---

61. SAPORITO, T. J. It's Time to Acknowledge CEO Loneliness. *Harvard Business Review*, [s. l.], 15 fev. 2012. Disponível em: https://hbr.org/2012/02/its-time-to-acknowledge-ceo-lo. Acesso em: 27 ago. 2020.

62. MCGREGOR, J. Tim Cook, the interview: Running Apple 'is sort of a lonely job. *Washington Post*, [s. l.], 13 ago. 2016. Disponível em: https://www.washingtonpost.com/sf/business/2016/08/13/tim-cook-the-interview-running-apple-is-sort-of-a-lonely-job/. Acesso em: 27 ago. 2020.

Escolas que são gaiolas
existem para que os pássaros desaprendam a arte do voo.
Pássaros engaiolados são pássaros sob controle.
Engaiolados, o seu dono pode levá-las para onde quiser.
Pássaros engaiolados sempre têm um dono.
Deixaram de ser pássaros.
Porque a essência dos pássaros é o voo.
Escolas que são asas
não amam pássaros engaiolados.
O que elas amam são os pássaros em voo.
Existem para dar aos pássaros coragem para voar.
Ensinar o voo,
isso elas não podem fazer,
porque o voo já nasce dentro dos pássaros.
O voo não pode ser ensinado.
Só pode ser encorajado.

Rubem Alves, escritor[63]

Um sistema que bloqueia perguntas é egocêntrico, é uníssono, é o reconhecimento de uma única força soberana, dona de todas as decisões. Nesses círculos, há uma forte influência da cultura militar, que disseminou a disciplina, a centralização e a dominação como principal forma de gestão. Daí nascem as figuras do pai mandão, do professor autoritário ou do chefe, a quem se deve obediência, sem um "ai".

Só que muita coisa mudou no mundo desde então. A responsabilidade e a pressão sobre os líderes organizacionais, por exemplo, já não são mais a mesmas. Diversos estudos e pesquisas mostram que funcionários e clientes esperam dos CEOs um posicionamento em relação a questões sociais reservadas, no passado, a outras instituições, como o governo.

---

63. ALVES, R. Gaiolas e asas. *Folha de S.Paulo*, São Paulo, 5 dez. 2001. Disponível em: https://www1.folha.uol.com.br/fsp/opiniao/fz0512200109.htm. Acesso em: 25 mar. 2021.

CEOs devem liderar em questões da sociedade

90% dos brasileiros esperam que os CEOs se manifestem publicamente sobre temas como o impacto da pandemia, a automação do trabalho e problemas sociais e da comunidade local.

Fonte: Adaptado de Barometer[64]

Por meio da Eight∞, faço um trabalho para unir o C-suite, expressão que remete aos títulos dos executivos de alto nível, como o CEO, CTO, CIO, CMO etc. A proposta é reuni-los em pequenos grupos, com o mesmo nível de complexidade e autonomia, para dialogar sobre desafios e dilemas. É uma forma de trabalhar a flexibilidade e atenuar a solidão e o sentimento de sobrecarga da liderança. Nesse espaço de confiança e cocriação, algumas perguntas até então restritas à mente de um único ser são reconhecidas e debatidas pelo coletivo.

Sem ferir a confidencialidade desses encontros, ouso afirmar que muitas pessoas se surpreenderiam em saber que esses homens e mulheres "de ferro" também carregam dúvidas e receios, expressos em frases que qualquer profissional comprometido com qualidade e performance carrega:

- Será que estou no caminho certo?
- Quais são os impactos de uma decisão errada?
- Estou ousando ou me protegendo?
- Como planejar, no curto ou no longo prazo, com tantas mudanças no meio do caminho?

---

64. BAROMETER, E. T. 2021. *Edelman*, [s. l.], 11 mar. 2021. Disponível em: https://www.edelman.com.br/estudos/edelman-trust-barometer-2021. Acesso em: 30 mar. 2021.

- Como melhorar minha relação com o Conselho de Administração (ou os meus superiores) e pedir mais apoio e suporte deles?
- Como desenvolver meu sucessor ou minha equipe?

Embora comuns, expressar incertezas e inseguranças não é nada fácil, para ninguém. Um dos motivos de gostar tanto do Action Learning e de disseminá-lo dentro das organizações é que esse método estruturado de diálogo ataca os quatro principais entraves para se fazer perguntas:

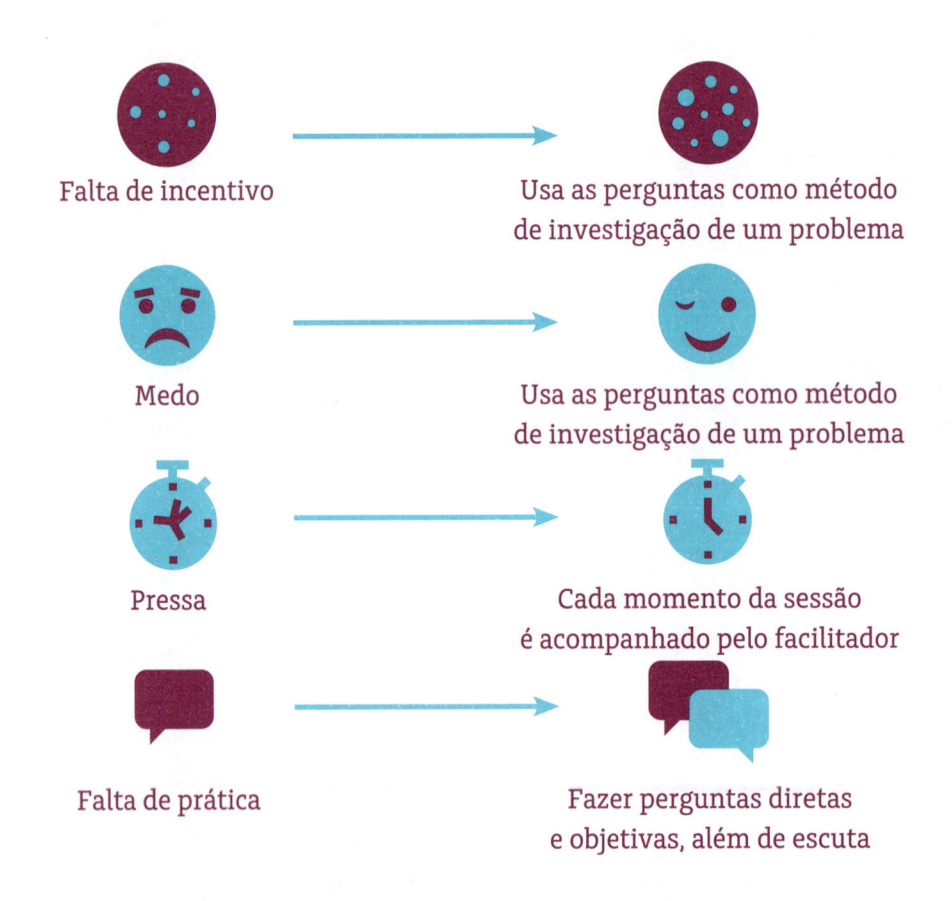

Falta de incentivo	Usa as perguntas como método de investigação de um problema
Medo	Usa as perguntas como método de investigação de um problema
Pressa	Cada momento da sessão é acompanhado pelo facilitador
Falta de prática	Fazer perguntas diretas e objetivas, além de escuta

No Capítulo 6, vou lhe apresentar melhor esse método. Por ora, é importante que você entenda que os benefícios de uma cultura questionadora ou de um *mindset* de crescimento compensam os riscos de exposição, ainda mais em um mundo volátil como este em que vivemos. "Considerando os desafios e as mudanças constantes da atualidade, em que o que sabemos agora pode não ser suficiente para nos sentirmos seguros, confortáveis e até mesmo felizes, saber elaborar perguntas e se permitir realizá-las podem diminuir o peso das respostas prontas, dos comportamentos automatizados e das certezas", destacou a executiva de RH e *coach* de Action Learning Délia Peixoto, no TEDxGoiânia.[65]

A pergunta que fiz ao jovem líder sobre o impacto de repetir automaticamente, sem questionamento, uma frase tão comum no mundo corporativo provocou uma reviravolta em sua vida. Ele tomou sozinho a decisão de se mostrar vulnerável à sua equipe, com quem fez um pacto: pediu ajuda para despertar essa habilidade humana adormecida. Seu objetivo é "operar" com mais perguntas e menos julgamentos.

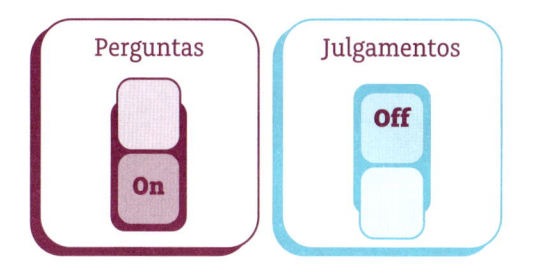

Perguntas	Julgamentos
On	Off

Essa mudança de comportamento, além de estreitar os laços com o time, gerando maior confiança e, consequentemente, segurança psicológica, abre caminho para o desenvolvimento de uma série de competências, consideradas pelo Fórum Econômico Mundial como imprescindíveis para o futuro do trabalho.

---

65. PEIXOTO, D. Você sabe fazer boas perguntas?. *TEDxGoiânia*, Goiânia, 2020. Disponível em: https://www.ted.com/talks/delia_peixoto_voce_sabe_fazer_boas_perguntas. Acesso em em: 26 mar. 2021.

Perguntas são fundamentais para desenvolver

- Pensamento analítico e inovação
- Aprendizado ativo e estratégias de aprendizado
- Solução de problemas complexos
- Pensamento crítico e análise
- Criatividade, originalidade e iniciativa
- Liderança e influência social
- Uso, monitoramento e controle de tecnologia
- Programação e design tecnológico
- Resiliência, tolerância ao estresse e flexibilidade
- Raciocínio, solução de problemas e ideação

Fonte: Adaptado de Whiting[66]

---

[66]. WHITING, K. These are the top 10 job skills of tomorrow – and how long it takes to learn them. *World Economic Forum*, [s. l.], 21 out. 2020. Disponível em: https://www.weforum.org/agenda/2020/10/top-10-work-skills-of-tomorrow-how-long-it-takes-to-learn-them/. Acesso em: 26 mar. 2021.

Eu sei o que você está pensando: se as perguntas aportam tantos benefícios, por que eu não consegui desfrutar desse poder naquela companhia?

Além da questão cultural, faltava-me consciência. Perguntar, para mim, era hábito, quase mania. Era como eu explorava o mundo, mas também como preenchia ambientes e silêncios. Dentro do "meu sistema operacional", lançar perguntas era acionar o piloto automático. Faltava-me consciência sobre esse poder humano.

Você já deve ter ouvido falar sobre os três filtros de Sócrates, ancorados, aliás, em três perguntas:

- Verdade: o que vais me contar é verdadeiro?
- Bondade: o que vais me contar é bom?
- Utilidade: o que vais me contar é útil?

Ter consciência significa lançar as perguntas com uma intenção, não por simples impulso.

Dentro de uma sessão de Action Learning, há um objetivo claro: encontrar caminhos, possibilidades para movimentar e encaminhar a resoluções criativas e inovadoras para um problema real, importante e urgente. Dentro de uma conversa rotineira, o filtro socrático pode dar um direcionamento para aportar à pergunta verdade, positividade e utilidade. Em seu livro *108 contos e parábolas orientais*, Monja Coen conta que "Buda só respondia a perguntas que fossem feitas a ele três vezes consecutivas. Pois apenas o perguntar superficial não é verdadeiro e não leva a pessoa à reflexão".[67]

É dessa forma que as perguntas deixam de ser motivo para confronto, simples demonstração de conhecimento, exercício de autoestima ou forma de controle. Quando há consciência e intenção, as questões tornam-se uma chave para abrir outras portas:

---

[67]. COEN, M. *108 contos e parábolas orientais*. São Paulo: Planeta, 2015. E-book.

- Reflexão
- Autoestima/reconhecimento
- Pertencimento
- Geração de ideias
- Resolução de problemas
- Influência
- Aprendizados
- Transparência
- Evolução
- Colaboração
- Sustentabilidade
- Agilidade/produtividade
- Conexão

? MAGA PERGUNTA

Uma criança de quatro anos faz, em média, 390 perguntas por dia — quase uma pergunta a cada dois minutos e meio.[68]
Pare agora e pense:
quantas perguntas você fez hoje?
Já parou para pensar de onde vêm as boas ideias?
É da experiência?
De uma boa sessão de brainstorming?
Da tecnologia por trás do produto ou serviço?

---

68. AGUIRRE, S. The Power of Questions. *TEDxBergenCommunityCollege*, Bergen, 11 dez. 2019. Disponível em: https://www.ted.com/talks/steve_aguirre_the_power_of_questions. Acesso em em: 26 mar. 2021.

Pois há cada vez mais indícios de que o segredo, como bem sabia nosso amigo Einstein e outros pensadores, reside em uma boa pergunta.

Você já deve ter ouvido que Steve Jobs perguntava-se todos os dias:

Se hoje fosse o último dia da minha vida, eu gostaria de fazer o que estou fazendo?[69]

Era assim que ele identificava se tinha desafios no trabalho — e se ainda se divertia com o que fazia. Os americanos Joe Gebbia e Brian Chesky dividiam um apartamento quando se perguntaram: Por que as pessoas têm que ficar em um hotel caro se podemos oferecer um quarto em nosso apartamento para elas dormirem?

Assim nasceu o Airbnb.[70]

O mesmo raciocínio se aplica a uma empresa jovem que superou, em poucos anos, os principais canais de TV paga no Brasil em número de assinantes.[71] Sim, estou falando da Netflix.

Cansado de gastar cada vez mais dinheiro no aluguel de filmes, Reed Hastings resolveu questionar o modelo da então locadora Blockbuster.[72] Pensou: "E se uma empresa de aluguel de vídeo fosse administrada como uma academia de ginástica?"

---

69. ZETLIN, M. Steve Jobs asked himself one question every day — and you should, too. *Business Insider*, [s. l.], 5 ago. 2015. Disponível em: https://www.businessinsider.com/steve-jobs-asked-himself-one-question-every-day-and-you-should-too-2015-8. Acesso em: 25 mar. 2021.
70. CHRISTIAN, J. The Power of Questions. *Thrive Global*, [s. l.], 13 fev. 2018. Disponível em: https://community.thriveglobal.com/the-power-of-questions-2/. Acesso em em: 25 mar. 2021.
71. BRAGA, L. Netflix chega a 17 milhões de assinantes e supera TV paga no Brasil. *Tecnoblog*, [s. l.], 31 ago. 2018. Disponível em: https://tecnoblog.net/363097/netflix-chega-a-17-milhoes-de-assinantes-e-supera-tv-paga-no-brasil/. Acesso em: 25 mar. 2021.
72. CHRISTIAN, 2018, on-line

Para o jornalista americano Warren Berger[73], o segredo das empresas mais inovadoras é justamente ter coragem para fazer a pergunta mais simples de todas e, por esse mesmo motivo, a mais poderosa:

Por que as pessoas ou os concorrentes não estão fazendo isso?

Ela pode ser seguida de outras duas:
E se?
Como?

Esse método é simples, o que não quer dizer fácil, pois ataca o ponto central do problema ou da questão. "Tem a ver com o modo como os seres humanos resolvem problemas — primeiro eles precisam entender, depois imaginar e, em seguida, fazer", explicou Warren à Ideo, consultoria de design e inovação[74].

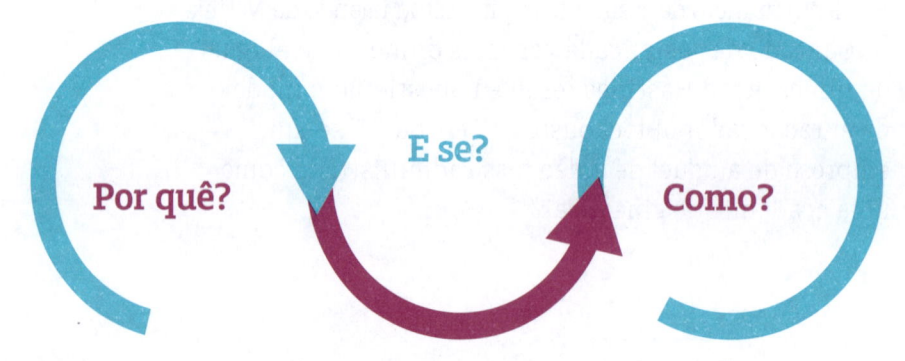

Por quê? → E se? → Como?

---

73. BERGER, W. What if a video rental business were run like a health club?. *A More Beautiful Question Blog.*, [s. l.], c2022. Disponível em: https://amorebeautifulquestion.com/what-if-a-video-rental-business-were-run-like-a-health-club/. Acesso em: 29 dez. 2022.

74. HOW Creative Leaders Tap Into the Power of Questions. *Ideo U.*, [s. l.], c2022 Disponível em: https://www.ideou.com/blogs/inspiration/how-creative-leaders-tap-into-the-power-of-questions. Acesso em: 29 dez. 2022.

Note que o grande mérito está em se libertar das certezas e se dar a chance de explorar todos os pontos de interrogação no horizonte. Essa liberdade de fuçar e questionar está presente em todo ser humano. É comum nas crianças, que testam sons e reações, fazem experiências e criam brincadeiras, quando ainda nem sabem falar. Essa urgência por investigar o mundo, para entender os comos e os porquês, para estudar limites, para gerar conexões e averiguar soluções, sempre por meio das perguntas, fez com que o Vale do Silício transformasse nossas vidas.

Este também é o segredo das áreas de inovação de várias empresas nacionais, como o iFood. A maior *foodtech* da América Latina chama de "jet-skis" os projetos inovadores ligados à sua missão. O desafio não é só inovar, mas testar as ideias ou soluções de forma rápida e ágil. Como em qualquer empresa, há muitas incertezas na mesa — não só em relação ao mercado mas também em relação ao tamanho e ao potencial de cada solução. Dados não faltam em uma empresa de tecnologia, mas o iFood entendeu que eles, sozinhos, não ajudam a resolver todas as dores. Conversar com os *stakeholders* traz mais clareza para as dúvidas e *insights* a partir dos números. Encontraram no Action Learning uma forma de fazer perguntas e de responder às dúvidas de forma estruturada.

Esta é mais uma maneira de tirar uma fotografia do público e da operação. Nas sessões, sejam elas com entregadores, clientes, não clientes e/ou restaurantes, eles conseguem compreender dúvidas, ilustrar melhor os dados, explorar hipóteses e, principalmente, eliminar achismos ao entender quais são os desafios, os valores, as vantagens e as desvantagens do serviço, de acordo com os *stakeholders*. Eles entenderam, enfim, que uma pergunta que não é feita é uma porta que deixa de ser aberta.

{Perguntas com propósito}

// Um ponto de interrogação
não é falta de educação
por isso merece mais atenção

É um convite
não uma prova
para abrir o apetite
por coisas novas

É uma nova forma
de se relacionar com o mundo
e ver como tudo
logo se transforma

É uma convocação
para se colocar em ação
e criar mais conexão //

Sempre que há uma intenção ou um propósito por trás, as perguntas tornam-se genuínas e, logo, trazem mais benefícios ou resultados. Elas podem investigar:
- motivações;
- ambientes;
- comportamentos;
- emoções;
- metas;
- processos;
- conexões.

Há várias formas de fazer perguntas e, assim, evitar que os escudos e as armaduras sejam ativados, bloqueando o fluxo de ideias, o diálogo e as conexões.

Os principais tipos de perguntas

Tipo	Explicação	Exemplo
Aberta	Oferece ao indivíduo ou ao grupo alto grau de liberdade para decidir e se expressar.	O que falta para melhorar o diálogo no seu time? Quais seriam os melhores resultados se nós empreendermos essa ação?
Explorativa	Busca investigar possibilidades, abrir novos caminhos de compreensão e promover explorações.	O que poderia ser feito para a empresa incentivar o diálogo? Quem mais poderia apoiar na tomada de decisão?
Afetiva	Convida as pessoas a compartilhar sentimentos ou emoções.	Como você se sente quando não há diálogo? O que você sente quando a sua necessidade é atendida?
Reflexiva	Busca se aprofundar em uma questão, encoraja uma elaboração maior.	Como a cultura inibe o diálogo? O que motiva os colaboradores da sua equipe a dialogar?
Analítica	Busca examinar a causa, e não apenas sintomas.	Por que isso aconteceu? Quais seriam os possíveis gatilhos para que isso ocorra?
Esclarecedora	Busca evitar mal-entendidos, oferece descrições complementares e explicações.	O que você quer dizer?... O que, na sua opinião, explicaria melhor essa situação?
Investigativa	Ajuda a pessoa ou o grupo a se aprofundar ou a se estender em um tópico específico.	Por que a falta de diálogo está ocorrendo? Como isso começou?

Nova perspectiva	Desafia premissas básicas.	Isso já foi tentado alguma vez? Como você pode descobrir se isso funcionaria?
Conexão	Ajuda a criar uma perspectiva sistêmica.	Quais seriam as consequências da falta do diálogo? Como poderia ser a ampliação dessa ação?
Escala	Busca identificar o grau de importância ou concordância com a afirmação contida na pergunta. É semelhante às perguntas fechadas.	De 1 a 10, o quanto você acredita que o aumento do diálogo na sua organização pode melhorar a performance? Qual é o seu grau de satisfação com essa situação — pouco, satisfatório ou muito?
Fechada	Oferece apenas uma opção de resposta e já contém a resposta na descrição da pergunta.	Você concorda com essa decisão: sim ou não? Qual é a sua opinião para seguirmos com essa decisão: sim, não ou suficiente?

Para que a pergunta não vire um confronto, vale refletir sobre o impacto que ela terá no outro. E é possível fazer isso não só pela forma como a sentença é formulada, mas como ela é apresentada, isto é, por meio da linguagem corporal e do tom de voz.

A cultura de diálogo e de conexão pressupõe que os dois lados estejam desarmados e completamente livres de narrativas de chefe e subordinado, herói e vilão, bom e mau policial/profissional. É preciso resistir à tendência de caçar culpados para assumir uma postura de curiosidade e de aprendizado diante de tudo e de todos.

Um dos motivos do sucesso de Brené Brown é que ela também expõe as suas vulnerabilidades. Revela-se, por exemplo, uma perfeccionista que sente raiva, que se coloca como conhecedora, que quer controlar, que é crítica[75]. Este é um desafio comum de vários líderes ou figuras que desenvolveram certa autoridade em determinado campo. No entanto, também caracteriza um *mindset* de julgamento e, por isso, implacável, inflexível e censurador. Marilee Adams, autora de *Change Your Questions, Change Your Life*,[76] destaca que no outro lado do espectro está a mente de aprendiz, que valoriza a troca de conhecimento e de perspectivas. Nesse *mindset*, a reação a perguntas é responsiva, e não reativa. É por isso que, sempre que a armadura ameaça se fechar, o alarme soa para Brené. Ela desarma o piloto automático e contorna a sua personalidade, se aprofundando na questão que tanto incômodo lhe causou. Como?

Questionando, em alto e bom som, a própria percepção, premissa ou preconceito sobre determinado assunto. Usa as seguintes perguntas ou frases para iniciar esse diálogo[77]: A história que eu conto sobre isso é...

- Estou curiosa sobre como...
- Conte-me mais sobre...
- Essa não é a minha experiência...
- Eu imagino que...
- Ajude-me a entender...
- Qual é o seu interesse ou paixão em relação a...
- Conte-me por que isso não funciona para você...

Note que, dessa forma, ela não se coloca como "dona da verdade", mas em uma posição de curiosidade sobre a opinião do outro. Despe-se, assim, de certezas e se dá a chance de compreender, de experimentar e de aprender com um ponto de vista diferente do seu.

---

75. BROWN, B. Rumble Language. [*S. l.*], 1 maio 2019. Instagram: @brenebrown. Disponível em: https://www.instagram.com/p/Bw7TOBZJfew/. Acesso em: 26 mar. 2021.
76. ADAMS, M. *Change Your Questions, Change Your Life*. Oakland: Berrett-Koehler Publishers, 2016. E-book.
77. *Ibid.*

> **MAGA PERGUNTA**
> - Já parou para pensar quantas vezes você se sentiu incomodado com uma pergunta?
> - Qual o motivo por trás desse incômodo?
> - Que emoção se esconde aí?
> - Que memória?
> - O que aconteceria se tivesse usado um dos recursos de Brené?

Em uma sessão de Action Learning, vi um acadêmico e consultor, com quase duas décadas de experiência em educação, se colocar nessa posição de vulnerabilidade. Diante de cinco desconhecidos, com *backgrounds* completamente diferentes, ele admitiu que o seu problema real, importante e urgente era uma sobrecarga de trabalho oriunda de uma transição de carreira malsucedida. Anos antes, ele se tornara consultor como via alternativa para o estresse da vida acadêmica. No entanto, acabou acumulando funções, responsabilidades e tarefas.

Durante a sessão, em que muitas perguntas exploratórias foram feitas, várias possibilidades foram investigadas, incluindo dificuldades com gerenciamento de tempo e de equipe. A verdade é que, enquanto várias pessoas lutam para encontrar um trabalho que lhes dê prazer, aquele profissional encontrou dois. E o grande dilema de sua vida era justamente se desfazer de um deles.

A decisão foi tomada após um participante do grupo lançar uma pergunta simples, afetiva e, diante do efeito causado, muito poderosa.

Quem sabe fazer perguntas também é um artista: a questão certa torna o quadro mais inspirador, conectando pessoas e mundos. Uma obra de arte nunca carrega na cor, nas texturas e nas representações. Assim como a pergunta poderosa não peca pelo excesso, traz os elementos certos dentro de um determinado contexto.

Eu imagino que, a essa altura, você esteja se perguntando:
Qual é o segredo de uma pergunta, afinal?

Para Michael Marquardt, ela precisa gerar reflexão e aprendizado. "Quanto melhor for a pergunta, maior será o *insight* e melhor será a solução obtida", explica em *Optimizing the power of action learning*.[78] No livro, ele cita uma série de benefícios criados por uma pergunta poderosa. Entre eles estão:
- o estímulo de testar suposições tidas como certas, que impedem as pessoas de agir de maneiras novas e vigorosas;
- o exercício da "coragem e força", que "leva a um pensamento inovador";
- o cultivo de "ações positivas e poderosas".[79]

Lenda do Action Learning, o educador Reg Revans acreditava que uma pergunta poderosa potencializa a fusão do conhecimento, presente em cada um, com a reflexão. A combustão desses dois elementos forma a base da aprendizagem.

Em *Perguntas poderosas*, Gilda Goldemberg, destaca que, para uma das *coaches* mais influentes da Inglaterra, Jenny Rogers, "uma pergunta poderosa contém de sete a 12 palavras". É concisa e direta. Pá, pum!

Está bem, eu reconheço o desafio de contar o número de palavras para ter certeza do "peso" da pergunta. Por isso, preocupe-se menos com a limitação e mais com a concisão para se fazer entender e evitar ruídos.

Para aquele acadêmico e consultor, a pergunta que o ajudou a refletir e tomar uma decisão durante a sessão de Action Learning foi:
Como você quer ser lembrado pelas pessoas?

---

78. MARQUARDT, M. *et al. Optimizing the power of action learning*: real-time strategies for developing leaders, building teams, and transforming organizations. Boston: Nicholas Brealey Publishing, 2018. E-book.
79. *Ibid*.

Ele, com lágrimas nos olhos, respondeu: "Na minha lápide, quero que esteja registrado que fui um PhD", sigla que resume os anos dedicados à carreira acadêmica, sua primeira e verdadeira paixão.

Para me aprofundar mais nesse tema e buscar diferentes olhares sobre o poder das perguntas, resolvi conversar com duas profissionais com experiências e conhecimentos complementares. Após uma carreira executiva de sucesso, Eva Hirsch Pontes, psicóloga, foi a primeira supervisora de *coaches* credenciada na América Latina, além de ter a mais alta credencial de *coaching*, Master Certified Coaching, pela International Coaching Federation. É uma inspiração para mim, além de também ser minha supervisora. Já Fernanda Abrantes é minha sócia, parceira e amiga. Cofundadora da Eight∞, ela trabalhou em grandes empresas antes de se tornar *coach* executiva e facilitadora. Também utiliza o Action Learning em sua atuação.

Diálogo e Conexão com Eva Pontes e Fernanda Abrantes

Magali: A primeira pergunta que eu quero fazer é: qual a importância das perguntas na conexão?

Fernanda: Eu vejo as perguntas como uma ferramenta de empatia: quando você se abre ao outro, quando quer reconhecer o universo do outro, você suspende as suas crenças e as suas lentes para que a conversa seja uma coconstrução. As perguntas são essas ferramentas de empatia, por onde você acessa o universo do outro.

Eva: A única forma de eu entender o outro, para me relacionar com ele, é escutando e perguntando. Não é a partir do meu ponto de vista que eu vou compreender como é que o outro percebe o mundo. Então é preciso ter essa curiosidade, essa vontade de compreender o lado de lá. É assim que se abrem as conversas, os diálogos.

Magali: Como essa dinâmica se dá no universo corporativo?

Fernanda: Um líder que dá todas as respostas, que impõe o seu jeito de fazer as coisas, não é um líder que ajuda o outro a se desenvolver. Esse é um tipo de líder mais autocrático, mais técnico, muito comum nas organizações. Um líder facilitador é o que faz mais perguntas do que dá respostas. A gente até o chama de líder *coach*, porque a ferramenta do *coach* são as perguntas. Então, é um líder que se coloca nesse lugar e ajuda as pessoas a descobrirem as respostas dentro delas mesmas. É um tipo de liderança mais inspiradora, que facilita as relações e o desenvolvimento das pessoas.

Magali: De onde vem essa nossa dificuldade de fazer perguntas?

Eva: Provavelmente existem muitas causas — e uma, determinante, é o nosso sistema de ensino medieval, que mata a curiosidade na busca por respostas únicas. E respostas certas.

A criança chega à escola ainda exercitando a curiosidade, as descobertas, descobrindo as diferentes texturas por meio da arte. De repente, tem que abandonar essa curiosidade no ensino formal. Tem que adivinhar, decorar o que o outro acha certo. Ao mesmo tempo, se a gente olhar para a história, a filosofia é fazer perguntas. Nasce lá na Grécia, pelo que a gente tem ciência, e é baseada sempre em perguntas, em achar respostas para perguntas existenciais. Teoricamente, a pergunta mais relevante para a vida seria "que dia eu vou morrer?". Essa resposta não é dada. Se eu não sei que dia eu vou morrer, que é a única certeza que seria interessante ter, por que eu tenho que ter certeza de tudo? Então, é possível, por meio de treinamento, resgatar essa curiosidade e o conforto com esse lugar do "não saber". O nosso cérebro não gosta de incerteza. À medida que a gente cria identidade, a gente quer ter certeza de tudo, anulando as possibilidades na busca de certezas únicas. Então, isso é um aprendizado. Eu gosto muito do que a Brené Brown sugere. A gente deve se perguntar: qual é a história que estamos contando para nós mesmos? Eu adoro essa pergunta, uso muito comigo. A gente cria narrativas para justificar as situações que vive e das quais tem apenas um pedacinho da informação. A gente se apega a essas narrativas. Então, vale a pena abrir mão dessas certezas e questionar a história que estou contando: essa história me serve? Em que ela me serve?

Fernanda: Ao longo do tempo, as pessoas foram muito valorizadas nas organizações por seu saber técnico, por seu conhecimento. E a gente era muito cobrado por ter uma visão crítica das coisas, por julgar os outros e por ter esse olhar mais crítico e menos apreciativo. Com o passar do tempo, esse tipo de profissional e liderança começou a perder cada vez mais espaço, porque não é nesse ambiente que as pessoas querem trabalhar, em que se conectam ou que veem valor. Cada pessoa traz em si uma possibilidade enorme de conhecimentos, de sabedoria, de experiência. Quanto mais diverso o time, mais longe ele vai chegar. E aquelas pessoas muito apegadas às suas crenças, às suas verdades absolutas, às verdades cristalizadas, não fomentam esse ambiente colaborativo e diverso. Essas novas gerações que estão chegando ao mercado de trabalho valorizam espaços de mais liberdade de atuação e de pensar. O trabalho tem que ser a expressão da sua essência. Quando você não consegue colocar a sua essência no ambiente de trabalho, esse lugar não é interessante. Daí as pessoas procurarem outra coisa, empreender para que o trabalho realmente seja uma expressão delas.

Eva: Eu fui executiva antes de virar *coach* e cansei de presenciar reunião de diretoria em que ninguém tinha coragem de dizer "não sei". Muitas decisões erradas eram tomadas porque a pessoa não dizia "não sei" — erros que poderiam ser evitados. A gente erra sempre, mas há erros que podem ser evitados. E é só dizer: essa parte eu não sei, alguém me ajuda? Outro ponto importante é o time descobrir qual é o problema por intermédio da pergunta e entender verdadeiramente, aqui no coração, que está todo mundo no mesmo barco, enfrentando desafios, com dúvidas. Isso une as pessoas, não é só ficar na probabilidade de ter soluções melhores. É inteligência coletiva que cria laços.

Magali: Fernanda, como abrir essa porta dentro das organizações?

Fernanda: É trazer o outro para a conversa por meio das perguntas. Em uma reunião, um líder mais direcionador, mais técnico, distribui as tarefas: "Fulano, você vai fazer tal coisa, é assim que faz, o prazo é esse, é aqui que nós vamos chegar". Com um líder mais inspirador e facilitador, as perguntas estão presentes. É assim: "Gente, recebemos tal desafio. Como vocês se sentem com isso? O que a gente pode fazer? O que é que cada um quer fazer? Quando vocês acham que a gente pode entregar isso?". É uma reunião coconstruída, é outro ambiente — de mais liberdade, de mais expressão.

Magali: Eva, você acha que as empresas estão abertas a inverter esse jogo e a fazer mais perguntas?

Eva: Ainda menos do que deveria. A grande maioria, não. Isso ainda fica no discurso, é aspiracional, pela pressão do curto prazo. "Seria ótimo se eu tivesse tempo", dizem. Então, olha que falácia: quem disse que você gastaria mais tempo fazendo perguntas? A gente prova por a + b que se perde menos tempo com uma conversa estruturada. Um segundo ponto é que, com perguntas, menos erros seriam provavelmente cometidos. Terceiro, com perguntas você engaja mais as pessoas. E, quarto, a verdade é que, no fundo, no fundo, há um apego à zona de conforto, com a ideia de fazer aquilo que se sabe fazer. "Ah, mas eu tenho meta de curto prazo para entregar." Quem disse que não entregaria? Eu digo: entregaria e ainda sobraria tempo. Nas organizações que adquirem essa prática, a gente mostra que ainda sobra tempo para o líder se dedicar àquilo que ele realmente precisa, que é aprender mais a parte estratégica e tirar a mão do operacional.

Magali: Assim as perguntas se tornam ponte e, como a Fernanda falou, ferramenta.

Fernanda: As perguntas se encaixam muito no arquétipo da trimembração humana. O ser humano pode ser enxergado em três grandes partes que se integram. Quanto mais em equilíbrio, mais consciente ele é. As três partes são:

1) O Pensar: trazer o mundo de fora para dentro, adquirindo lentes, crenças, valores, a história de vida. Tudo isso me faz ser quem eu sou e enxergar o mundo na perspectiva que tenho.

2) O Sentir: enquanto o Pensar tem a ver com o passado, com o que eu vivi, com o meu jeito de ver o mundo, o Sentir tem a ver com o momento presente — o que penso afeta como eu me sinto e como sinto o mundo.

3) O Querer e Agir no mundo: é como eu levo o meu mundo de dentro (quem eu sou) para fora (como eu ajo no mundo). Automaticamente o que eu penso tem influência no que eu sinto, que terá influência direta em como eu ajo

no mundo. Se estiver muito apegada a quem eu sou ou às minhas verdades, o meu agir no mundo será qualificado a partir de um medo do desconhecido, e não a partir de coragem e de criatividade, porque o eu, mais consciente, se torna um ser humano mais aberto ao novo.

Magali: As perguntas nos ajudam, então, a nos mover para esse lugar de consciência — de Pensar, Sentir e Agir no mundo.

Fernanda: Acho que este é o exercício, este é o desafio, é suspender o seu julgamento, as suas verdades, a sua crítica, para olhar para o outro. O que tem no outro que eu possa juntar com o que eu tenho e transformar tudo isso em um caminho do meio? O mundo hoje, eu acho, precisa muito de um caminho do meio para muita coisa. Eu já provoquei nas redes sociais pessoas que botam fogo nas discussões, levam muito as suas verdades para os outros, que geram polêmica e desconforto com agressividade. A minha pergunta foi: em que isso está ajudando o mundo a ser um lugar melhor para viver?

Magali: Eva, como você acha que as perguntas contribuem para essa questão?

Eva: Posso falar como funciona para mim não acho que seja universal. Eu sou uma perfeccionista. Apesar de viver aprendendo a vida toda, a minha barra é sempre lá em cima e, às vezes, eu me frustro. Então, para mim, as perguntas sempre me ajudam a diminuir a barra, a criar, a fatiar as minhas metas e a fazer uma avaliação do quanto eu estou sendo compassiva comigo mesma. Pergunto: está frustrada? Porque, afinal, a emoção é sempre uma informação, algo que não está sendo atendido. Vou, então, olhar para essa necessidade que não está sendo atendida e ajustá-la. Ampliar o conhecimento é se perguntar. E as perguntas precisam ter qualidade. É preciso ter coragem consigo mesmo. Se as perguntas só valorizaram o seu lado Luz, elas não assumem você como um ser humano integral. Nós somos Luz e Sombra. E a gente só consegue se descobrir por intermédio das perguntas se questionar também o lado Sombra. Assim, a pergunta cria possibilidade. Quem eu quero ser? Como eu quero ser? Esse "como" depende de "quem": quem eu, adulta, Eva, quero ser? Se eu quero ser assim, como posso reagir?

Fernanda: Sim, as perguntas também servem para esse autodiálogo, que te leva a agir no mundo a partir da sua essência, da sua criatividade, da vontade de construir o novo, de trazer coisas novas para sua vida. Uma pessoa que não se questiona, que não tem esse autodiálogo, vive uma vidinha linear. Em um determinado momento, eu comecei a me questionar muito. Tem a ver com o arquétipo das fases da vida na antroposofia, da crise existencial. Aos 42 anos, essas perguntas profundas me ajudaram a dar outro rumo para a minha vida, me deram movimento, me fizeram buscar novos repertórios, ambientes, pessoas, prazeres na vida. Hoje eu sinto que tenho uma vida mais integrada. Quantas pessoas ficam infelizes, e até doentes, por causa dos trabalhos que fazem e que não as satisfazem mais? E tudo isso graças à falta de coragem de se fazer mais perguntas.

Eva: Tem uma pergunta de *coaching* que eu brinco que deveria ser vendida em farmácia, só com receita, porque é tarja preta, de tão poderosa que é. A pessoa está lá perdida na própria narrativa, reclamando da falta de tempo ou de dinheiro, e aí você pergunta: "Se tempo e dinheiro não fossem uma questão, se eu tivesse uma varinha mágica para garantir o que quisesse, o que você faria?".

É, por isso, que, para mim, não há nada mais humano que as perguntas. Elas fundem características e valores intrínsecos do *Homo sapiens*. Revelam uma habilidade e uma capacidade que nenhuma outra espécie deste planeta tem e expõem um poder que desafia, como a história prova, os limites da nossa existência.

Passei toda a minha vida adulta fazendo perguntas.
Ensino aos meus alunos a arte de questionar.
Adoro perguntas.
Há uma missão nas perguntas.
E acredito que estamos todos aqui numa missão em busca de um significado, de compaixão e de paz.

Elie Wiesel, Prêmio Nobel da Paz[80] (1986)

Uma pergunta poderosa segue, para mim, a seguinte fórmula:

H **umildade:** tem coragem para se colocar no lugar do "não saber"

U **niformidade:** acredita na força do coletivo para multiplicar soluções e benefícios

M **anifestação:** gera descobertas, insights e inovação

A **ção:** cria uma conversa e a transforma em conexão, movimento, conhecimento e resultado

N **eutralidade:** respeita emoções, experiências e opiniões dos outros

O **bjetividade:** é direta, descomplicada e genuína

---

80. Esta declaração foi dada por Wiesel no programa Roda Viva, em 2001.

As perguntas podem soar como provocação, pela força que têm ao nos tornar vulneráveis, ao criar coesão, ao promover o *Win-Win-Win*, ao eliminar a inércia, ao criar reflexões e ao valorizar a transparência. Essas características são verdadeiras ameaças para quem preza o poder e o controle, para quem insiste em viver sob o domínio do cérebro reptiliano.

São, porém, parte fundamental do kit de sobrevivência em um mundo em profunda desordem e com desafios cada vez mais complexos, diversos, inesperados e de impactos extremos, pois mudam a forma como nos relacionamos com as pessoas e com os problemas.

O que pouca gente sabe é que essa força, para se multiplicar, precisa ser utilizada junto a outro poder humano. Este é o tema do próximo capítulo.

Dicas da Maga

O que você não pode esquecer deste nosso papo:
1. A força das perguntas nasce da curiosidade e da coragem de explorar o mundo como ele é — incerto, inseguro, diverso, complexo e ansioso.
2. Uma pergunta tem o poder de destravar portas, isto é, ela gera possibilidades, *insights*, ideias, inovações e aprendizados.
3. Uma pergunta poderosa é aquela que é curiosa, objetiva, descomplicada e genuína.
4. As perguntas são uma vantagem colaborativa, não só competitiva, de qualquer profissional ou organização.

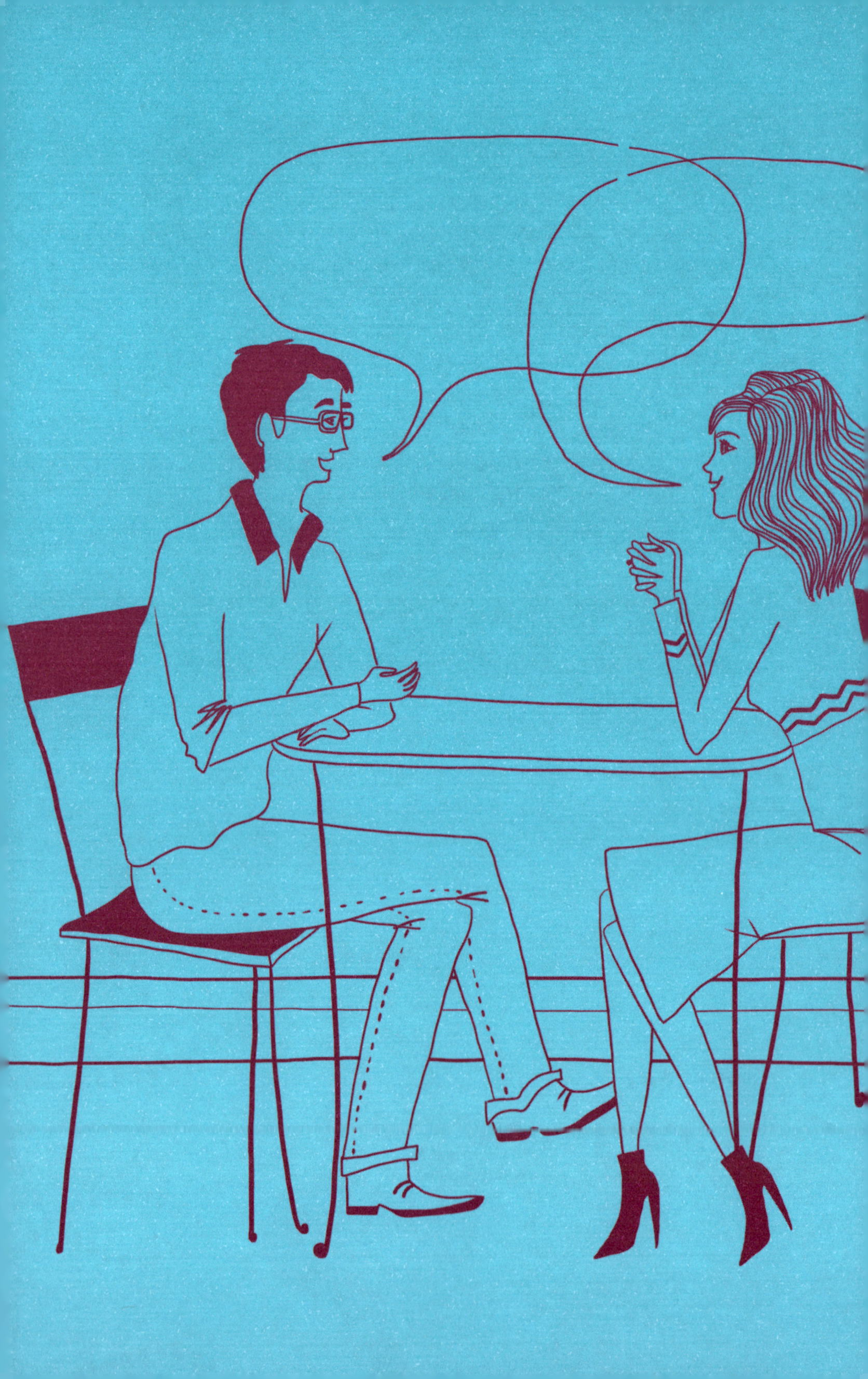

4

O poder humano de escutar:
fugindo de rótulos e julgamentos
para chegar ao diálogo

O princípio do diálogo é ouvir para entender.
Temos de entender as outras pessoas,
compreender seus olhares e pareceres sobre o mundo.
Para que também possam nos ouvir e compreender.
Assim, em respeito e com dignidade,
poderemos juntos fazer o bem a todos os seres.
Monja Coen, monja budista[81]

À distância, aquele parecia ser um grupo coeso: seis homens brancos, na mesma faixa etária, em funções diferentes, dentro da mesma hierarquia. A senioridade de todos não era perceptível apenas pelos cabelos brancos, mas pela experiência que exibiam para gerenciar conflitos e pessoas. A escolha por uma sessão de Action Learning foi feita pelo líder da área, que queria dar ao time mais entrosamento e criar mais conexão. Ele sabia que uma nova cultura, que preza pela reinvenção, pela autonomia e pela colaboração, não se implanta da noite para o dia. O sistema operacional dos humanos é bem mais complexo do que o de uma máquina e cisma em produzir sempre da mesma forma.

Somente ali eu compreendi que algo tão natural para mim poderia ser indigesto para outras pessoas. E isso não acontece só no mundo corporativo — a aversão a perguntas permeia outros ambientes regulados por um *mindset*, ou modelo mental, de controle e poder. São sistemas em que as relações são sustentadas pela autoridade e pelo medo, não pela abertura e pela confiança.

// Atualização disponível
para humanos nem parece crível
não é rápida
nem é simples

Uma nova postura é exigida,
por isso parece tão complicado,
mas já aviso: nem sempre sai caro

Basta estar atento
ver em tudo e em todos o complemento
de um saber ou habilidade não adquiridos

Demanda diálogo, conexão e esforço
mas é este o segredo de uma vida
criativa e bem vivida //

O líder não queria só "mudar a embalagem", mas "baixar e habilitar" um novo conjunto de comportamentos e habilidades, alinhados aos atributos que a nova economia impõe e, principalmente, à ambição de manter líder e jovem uma organização octogenária.

Ele sabia que o estopim estava ali, naquela sala, centralizado na figura daqueles seis homens que deveriam dar o exemplo e sustentar a mudança. "Esse método trabalha com problemas reais, importantes e urgentes", disse ao explicar o motivo do encontro e a proposta da experiência. "E é isso que vamos abordar hoje: a falta de conexão entre vocês."

A imagem de coesão do grupo se desfez assim que o assunto passou a ser o próprio grupo. A pergunta lançada foi: o que nos impede de trabalhar melhor juntos?

Os sorrisos foram logo substituídos por tensão. Os ombros se encolheram, os braços se cruzaram. Os comentários se tornaram monossilábicos.

A animosidade que tomou conta do ambiente é muito comum no meio corporativo — cada departamento vira uma tribo disposta a defender seu espaço com unhas e dentes. Esse comportamento se repete dentro da própria tribo, em que cada integrante deve proteger "o que é seu". Assim, a competição rege as relações até entre quem veste a mesma camisa. Informações não são compartilhadas, ideias permanecem ocultas. Não há pedido nem oferecimento de ajuda. O inimigo, literalmente, mora na baia ao lado.

Em ambientes como este, a primeira pessoa do singular é a mais conjugada e leva, sem perceber, todo o grupo à exaustão. Por isso, aquele líder não estava errado ao presumir que a mudança cultural era necessária e urgente. Para ter diálogo e conexão, é preciso ressignificar a força do "nós". A primeira pessoa do plural só se impõe e torna genuína quando um outro poder humano é usado: a escuta.

// Havia um nó
no meio do caminho
tentei de tudo
sem conseguir desatá-lo sozinho

Lutei até enfim pedir ajuda
já não estava mais só
e vi nascer de um nó
a beleza e a força de um nós //

Durante a sessão, que durou cerca de duas horas, o primeiro consenso do grupo foi a falta de colaboração. Cada um deles carregava diariamente um piano sozinho. O segundo consenso foi que as habilidades eram complementares e, portanto, a troca entre eles poderia ser benéfica.

Por que ela não ocorria?
Por que não se escutavam?

Não era por falta de capacidade. Nós seres humanos conseguimos pronunciar, em média, cerca de 225 palavras por minuto, mas podemos ouvir até 500 palavras por minuto. Se a nossa capacidade de escuta é maior, por que não a utilizamos apropriadamente?

Bem, porque nós nos acostumamos a preencher esse *gap* de 275 palavras com distração[82] — seja com a mensagem que pipoca do celular, com aquele problema que nos atormenta ou, ainda, com aquela narrativa que construímos sobre a nossa história ou a do nosso interlocutor.

Era isso que acontecia naquele grupo: a competição acirrada havia liquidado a capacidade de escuta. Um participante chegou a admitir que reconhecia em um colega

---

[82]. VOZZA, S. Six Habits of The Best Conversationalists. *Fast Company*, [s. l.], 4 jun. 2016. Disponível em: https://www.fastcompany.com/3058579/six-habits-of-the-best-conversationalists. Acesso em: 7 abr. 2021.

características que admirava, mas o temperamento dele o intimidava. Ainda que nunca lhe tenha pedido ajuda, ele achava que o esforço não compensaria o desafio de se relacionar. Fez, então, algo muito comum: colocou no seu par um rótulo que o impedia de abrir um diálogo e de estabelecer uma conexão que poderia ampliar seu conhecimento sobre um ser humano que passava cerca de dez horas por dia ao seu lado. Deixou de aprender algo com ele e com a experiência dele. Perdeu a oportunidade de uma troca que poderia lhe trazer uma solução, que poderia colocá-lo no caminho da inovação.

MAGA PERGUNTA
- Quantas vezes você ouviu uma pessoa pronto para rebatê-la?
- Já parou para pensar no que pode ter perdido na mensagem dela?

Essa "preguicinha" com o outro é bem comum no mundo adulto. Nós não gostamos de admitir isso, mas julgamos precipitadamente, criamos crenças, adotamos comportamentos equivocados e, inconscientemente, deixamos de fazer descobertas. A negligência com a audição é uma das grandes ironias da vida. Afinal, desenvolvemos a capacidade de ouvir quando ainda estamos na barriga, durante o terceiro mês de gestação.

Graças à evolução da medicina, sabemos que o bebê descobre a voz e o coração da mãe enquanto ainda está no "forninho".[83] Escuta, ainda, outros sons, inclusive a trilha sonora da casa. Quando nasce, começa a diferenciar

---

83. MONTANO, F. Quando e como o bebê desenvolve os cinco sentidos?. *Revista Crescer*, [s. l.], 4 ago. 2016. Disponível em: https://revistacrescer.globo.com/Bebes/Desenvolvimento/noticia/2016/08/quando-e-como-o-bebe-desenvolve-os-cinco-sentidos.html. Acesso em: 6 abr. 2021.

os ruídos, e essa capacidade se torna uma de suas formas preferidas de exploração do "novo mundo".

A psicologia, com as teorias de formação de personalidade, explica quando e por que deixamos de escutar os sons ao nosso redor. A coragem para explorar é substituída por mecanismos para se proteger de tudo e de todos. Aposto que você já sabe por que fazemos isso.

Sim, por medo. Os mais diferentes possíveis:
- medo de não ser amado;
- medo da dor;
- medo da falta ou da privação;
- medo de não ser reconhecido;
- medo de não merecer reconhecimento;
- medo de não ser uma pessoa boa;
- medo de ser chato ou inconveniente;
- medo de ser traído;
- medo de não ser capaz;
- medo de compromisso;
- medo do sucesso;
- medo da exposição ou de ser ridicularizado;
- medo do fracasso.

Essa lista só aumenta à medida que crescemos. Geralmente, nem nos damos conta das máscaras e dos escudos usados para proteção de tudo aquilo que possa nos "atacar" ou "ferir". Buscamos todos os argumentos possíveis para validar nossas narrativas, mesmo que elas não sejam verdadeiras, mesmo que elas atrofiem nossas habilidades inatas, mesmo que reduzam nosso campo de visão e ação, mesmo que elas nos impeçam de evoluir.

Assim como estamos condicionados para explorar, também estamos programados para permanecer em segurança, e nosso cérebro confunde segurança com conforto, um conforto que pode nos fazer ficar enredados. Se alguma coisa parece confortável — como em *familiar*, *acessível* e *coerente* —, nosso cérebro sinaliza que estamos muito bem onde estamos, muito obrigado. E se alguma coisa parece nova, difícil ou ligeiramente incoerente, o medo entra em ação.

Susan David, psicóloga[84]

A psicóloga Susan David, autora de *Agilidade emocional*, explica que as emoções, como o medo, funcionam como guias em diversas situações da vida. No entanto, elas nem sempre são confiáveis, pois podem jogar sobre os nossos olhos uma cortina de fumaça que nos leva a decisões equivocadas ou, então, a fugir de situações que possam provocar dor ou desconforto.

Veja bem: por meio dos sons que escuta, o bebê desenvolve funções cerebrais. Começa, por exemplo, a distinguir vozes, a aprender a linguagem, a diferenciar as emoções. Essa habilidade inata é uma das grandes responsáveis por desenvolvermos nossas competências cognitivas. Adultos, deixamos que as emoções ou as histórias que contamos para nós mesmos governem nossas vidas, reduzindo nossas chances de crescimento e aprendizado. Além disso, deixamos de reconhecer o outro como o que é: um ser humano com necessidades, desejos, valores e histórias próprios — em outras palavras, um universo a ser descoberto.

---

84. DAVID, S. *Agilidade emocional*: abra sua mente, aceite as mudanças e prospere no trabalho e na vida. São Paulo: Cultrix, 2018. E-book.

Vale lembrar que, muitas vezes, erguemos essa parede dentro da nossa própria casa. A cada dificuldade ou insatisfação, colocamos um tijolo a mais, até que a afinidade desaparece e o diálogo acaba. A pessoa ao lado torna-se um desconhecido, um borrão de alguém do passado, de um amor que, de repente, parece já não estar mais ali.

Falo isso com a experiência de quem passou por uma crise séria, após 15 anos de casamento. Meu marido mudou-se para os Estados Unidos, para poupar a nossa relação. A distância entre os dois países não era maior que aquela que crescia entre nós debaixo do mesmo teto. Ao criarmos esse espaço, conseguimos, aos poucos, retomar a conversa. Havia claramente em ambos a intenção de uma reconciliação. Faltava algo, porém, para restabelecer a conexão.

> **Eu quis dizer**
> **Você não quis escutar**
> **Agora não peça**
> **Não me faça promessas**
> **Eu não quero te ver**
> **Nem quero acreditar**
> **Que vai ser diferente**
> **Que tudo mudou**[85]

Quais são as características de um bom ouvinte?

Foi essa pergunta que a jornalista Kate Murphy, autora de *You're Not Listening* ["você não está ouvindo", em tradução literal], lançou a várias pessoas, dos Estados Unidos à China. "A resposta típica foi um olhar vazio", escreveu ela no *The New York Times*. "As pessoas, no entanto, não tinham problemas em me dizer o que significava ser um mau ouvinte, tagarelando coisas como interromper, olhar para o telefone e responder de forma

---
85. DAVID, 2018.

narcisista ou confusa. A triste verdade é que as pessoas têm mais experiência em serem isoladas, ignoradas e incompreendidas do que ouvidas a contento."[86]

A revelação da jornalista não deve causar espanto. Os indícios de desconexão com as pessoas do nosso convívio estão por toda parte: na distração com o celular durante um encontro familiar, nas interrupções de história dos amigos ou na segunda ou terceira aba aberta no computador durante a reunião de trabalho. Isso aconteceu durante uma dinâmica que promovi com um cliente.

Para "ativar" a conexão do grupo, criei duplas e pedi que cada um prestasse atenção ao que o outro falasse. Não passei mais instruções, deixei que a intuição os guiasse. Há várias formas de escutar o outro, muito além da linguagem falada. Um dos participantes captou isso muito bem, mesmo a distância, já que o trabalho ocorreu virtualmente, por causa da pandemia do coronavírus. "Eu me senti diante de uma parede", disse, com sinceridade. "Eu percebi que o meu par estava mexendo no computador, ele não estava presente." Seu par não contestou, pois sabia ser a verdade.

MAGA PERGUNTA
- Quantas vezes você também deixou de escutar?
- Você percebe o que faz ou segue no piloto automático?
- Chegou a perceber alguma reação do outro a esse comportamento?
- Reparou se o outro se incomoda?
- O possível incômodo do seu interlocutor faz diferença para você?

---

86. MURPHY, K. Talk Less. Listen More. Here's How. *The New York Times*, 9 jan. 2020. Disponível em: https://www.nytimes.com/2020/01/09/opinion/listening-tips.html. Acesso em: 8 abr. 2021.

Após realizar uma investigação sobre o processo de escuta, que contou até com entrevista com um agente da CIA, Kate Murphy chegou à conclusão de que escutar é muito mais do que ouvir. É preciso:
- estar atento ao momento;
- considerar o contexto;
- prestar atenção ao que a pessoa comunica com sua linguagem verbal e não verbal;
- descobrir a história dela;
- compreender o que aquela mensagem provoca em você.

O poder humano da escuta se revela quando auscultamos, isto é, quando distinguimos os ruídos externos e internos para diagnosticar visões, sentimentos e opiniões de um ser humano tão parecido e tão diferente de nós. Esse exercício está em total consonância com um dos princípios da Comunicação Não Violenta (CNV), que incentiva a escuta por meio de "observações específicas de cada momento e contexto",[87] sem generalizações ou julgamentos. Para isso, ensina Marshall Rosenberg, vale abrir mão dos advérbios, como "sempre", "nunca" e "toda vez", que soam como crítica ou ataque, limando uma possível conexão e convergência.

> Harmonia é o arranjo agradável
> de diferentes tons, vozes ou instrumentos,
> não a combinação de sons idênticos.
> A tensão criativa cria uma bela música.
> **Adam Grant, psicólogo organizacional**[88]

---

87. ROSENBERG, 2019, 2021.
88. GRANT, A. *Creative tension makes beautiful music*. [*S. l.*], 25 mar. 2021. Twitter: @AdamMGrant. Disponível em: https://twitter.com/adammgrant/status/1375209357865054211. Acesso em: 9 abr. 2021.

Eu sei que afinar a sintonia da orquestra, sob pressão intensa, em um mundo acelerado e líquido, não é fácil. Assim como o poder humano da pergunta, a escuta também é castigada por:

| Falta de incentivo | Medo | Pressa | Falta de prática |

Até quem recebeu treinamento específico peca nesse quesito. "Não escutar está no topo da lista de reclamações que pacientes têm de seus médicos", destaca David Goleman, o pai da inteligência emocional, no livro *Foco*, para quem o contato humano tem sido substituído pela comunicação com o *laptop*, no afã de registrar tudo. "Profissionais que são processados por erros médicos nos Estados Unidos normalmente não cometem mais erros do que os que não são. A pesquisa mostra que a principal diferença, frequentemente, se resume ao modo como médico e paciente se relacionam. Acontece que aqueles que são processados apresentam menos sinais de afinidade emocional: eles fazem visitas mais curtas aos pacientes, não perguntam sobre suas preocupações nem garantem que todas as suas perguntas sejam respondidas, e mantêm um maior distanciamento emocional — há pouca ou nenhuma conexão."[89]

Para Otto Scharmer, pai da Teoria U, a escuta, "provavelmente a habilidade de liderança mais subestimada"[10], tem quatro níveis:

---

89. GOLEMAN, D. *Foco*: a atenção e seu papel fundamental para o sucesso. Rio de Janeiro: Objetiva, 2013. E-book.
90. SCHARMER, O. How Are You Listening as a Leader?. *Medium*, [s. l.], 19 abr. 2018. Disponível em: https://medium.com/presencing-institute-blog/how-are-you-listening-as-a-leader-a1acdbea5cbf. Acesso em: 9 abr. 2021.

1. Downloading
Superficial, típica de quem ouve para responder

2. Factível
Foco nos dados para abrir a mente

Escuta

3. Empática
Abertura para entender as emoções e perspectivas do outro

4. Generativa
Abertura para que algo novo surja dessa experiência

Fonte: Adaptado de Scharmer/Medium[91]

Em uma palestra de que participei, Scharmer reforçou como a mudança de um sistema depende da transformação da consciência ou do *mindset*.[92] É por isso que o líder daquela empresa octogenária investiu em uma sessão de Action Learning, método que ajuda a promover o diálogo e a conexão de forma estruturada. Ele entendeu que não adiantava mudar a estrutura, tampouco baixar um conjunto de novas regras. Os mesmos problemas aconteceriam de novo. "O diálogo não é apenas pessoas conversando entre si. O diálogo é a capacidade de um sistema de se ver", explicou Scharmer durante a palestra.[93]

---

91. SCHARMER, 2018.
92. Palestra realizada virtualmente, para um grupo fechado, em 15 de dezembro de 2020.
93. *Id.*

Em outras palavras, a mudança e a reinvenção residem em uma caixa de instrumentos que todo humano possui dentro de si: curiosidade, compaixão e coragem. Esses três elementos são necessários para:

- observar e se observar;
- refletir;
- agir.

No capítulo anterior, ao abordar "o poder humano das perguntas", a importância da curiosidade e da coragem foram mencionadas. A força da escuta também depende desses dois pré-requisitos para abrir a mente e ter disposição para ouvir o que outra pessoa tem a dizer. Quero chamar a atenção aqui para a compaixão, que, segundo Scharmer, é o que nos faz abrir o coração para nos conectarmos emocionalmente com um outro ser humano. Para Goleman, a compaixão exige empatia, que também ajuda a sustentar a inteligência emocional.

Empatia não tem *script*.
Não existe uma maneira certa ou errada de fazer isso.
É simplesmente ouvir, criar espaço,
reter julgamentos e comunicar
aquela mensagem incrivelmente curativa
de "você não está sozinho".
Brené Brown, pesquisadora[94]

De forma prática, ter compaixão e empatia por outra pessoa significa que ela não fala sozinha: o interlocutor está presente, absorvendo cada palavra, buscando entender a sua perspectiva e criando uma conexão verdadeira com a sua emoção ou sentimento sobre

---

94. BROWN, B. *Post*. [*S. l.*], 23 jan. 2017. Twitter: @BreneBrown. Disponível em: https://twitter.com/BreneBrown/status/823564239721922561/photo/1. Acesso em: 9 abr. 2021.

determinada questão. Não há espaço para conselhos ou convencimento; no campo criado há somente confiança, respeito, aceitação e acolhimento. A história, ou a realidade, é o que é, sem julgamento, sem necessidade de conserto ou mudança.

Como reforça Goleman, nós tiramos o foco de nós e usamos e aplicamos os nossos cinco sentidos para compreender o outro. "Quando vivemos absortos em nós mesmos, simplesmente não percebemos as outras pessoas. Podemos passar por elas com absoluta indiferença em relação às suas aflições", destacou em *Foco*. "Mas, no instante em que as notamos, podemos nos sintonizar com elas, perceber seus sentimentos e suas necessidades, e expressar nossa preocupação empática."

Apaixonado por ciência, o escritor e jornalista explica que essa disposição para a empatia também faz parte da nossa arquitetura cerebral, aflorando ainda nos primeiros meses de vida. É por isso, por exemplo, que um bebê reage ao choro de outro. Se parar para pensar, essa cena provoca um efeito em cadeia, já que os adultos também reagem à emoção de uma criança, agindo rapidamente para acalmá-la. "A preocupação empática, então, é um sentimento de duplo sentido. Por um lado, há o desconforto implícito da experiência direta da aflição do outro — uma empatia emocional primária, combinada com a mesma preocupação que um pai e uma mãe sentem em relação ao filho", explica. "Mas acrescentamos ao nosso instinto afetivo uma equação social que expressa o quanto valorizamos o bem-estar da outra pessoa."

Para entender essa temática, abri um diálogo com uma das minhas mentoras no assunto. Além de minha amiga e sócia, Debora Gaudêncio, que também é cofundadora da Eight∞ e certificada pelo Center for NonViolent Communication — CNVC.

Diálogo e Conexão com Debora Gaudêncio

Magali: Debora, quando você começou a se interessar pela escuta?

Debora: Eu sempre tive um viés, acredito, de querer cuidar do conflito, como pacificadora, para que ele não explodisse negativamente. Eu acho que o direito me ajudou nisso, porque é um parâmetro da Justiça tentar ouvir as duas pessoas — o acusado tem um espaço para se defender, e todas as pessoas precisam ouvir, por mais que o crime tenha sido horrível, pensando em algo criminal ou penal. Durante a faculdade, a gente se acostuma a ouvir os dois lados, independentemente de quem pode estar certo ou não. Depois eu fui para um lado mais alinhado a essa escuta com o desenvolvimento humano. Eu saí do direito e passei a focar processos de desenvolvimento, tanto organizacional como de grupos. Ao perceber como isso também é importante para as relações, o meu objeto de estudo passou a ser tentar entender o impacto da escuta nas relações.

Magali: E qual é a importância da escuta no desenvolvimento das relações?

Debora: A escuta gera conexão, como se abrisse um campo para esse propósito. Claro, quando o objetivo da escuta é entender o outro. Embora não tenha muita complexidade, ela precisa ser treinada e elaborada um pouco mais. Quando eu consigo chegar a esse lugar, da escuta que conecta, é como se descobrisse novos mundos. Eu me sinto, de fato, mais perto dessa pessoa, tanto emocional como cognitivamente.

Magali: O que você quer dizer quando fala que precisa ser elaborado?

Debora: É preciso atenção plena. Não é "hoje eu decido que serei uma ótima ouvinte" e depois não me lembro mais disso. É um processo biológico, como a nutrição: não basta só comer pela manhã para ficar alimentada, eu preciso de um lanchinho no meio da manhã, de um almoço e de um lanchinho da tarde para o meu corpo ficar nutrido. Essa escuta demanda estar conectada, com essa intenção, em quase todos os momentos. Em cada relação que eu entro, a cada conversa que eu começo, eu preciso me lembrar do quanto essa escuta é importante. Eu preciso estar conectada com as minhas habilidades que podem criar esse espaço de conexão. Preciso estar com essa atenção acionada e conectada com a minha intenção de compreender o outro. Talvez eu esteja ouvindo coisas duras, talvez eu esteja ouvindo coisas que não são tão confortáveis, ainda assim eu quero tentar compreender o que está acontecendo com essa pessoa.

Magali: Não é concordar então, é entender, confere?
Debora: Sim, é compreender, ver como aquele ser humano funciona. Eu tenho feito muito isso com os meus próprios filhos: se não concordo com o que eles estão falando ou com o modo como estão agindo, eu quero me manter firme no sentido de tentar compreender o que está acontecendo com esse ser humano, que talvez tenha um mapa mental totalmente diferente do meu, baseado em outros valores, em outros pontos que eu não estou enxergando agora e que, talvez, não façam sentido para mim, mas fazem para esse ser humano específico. É legitimar o outro. Ainda que não faça sentido para mim, eu o escuto para tentar compreender o que é importante para ele.

Magali: Eu gosto muito da imagem de que, quando a gente está no ventre da mãe, já está escutando. Quando a gente deixa de temperar nossas relações com essa escuta ativa?
Débora: Eu acredito que a gente perde um pouco dessa força quando deixa de enxergar a potência da escuta. Talvez isso ocorra durante a infância, ao desenvolver cada vez mais a consciência e começar a pensar "ah, eu não tô a fim de ouvir o que esse outro está falando, não me interessa, não tem a ver comigo". No primeiro setênio (primeiros 7 anos de vida), a

criança pequenininha tem muitas perguntas, é muito curiosa, então os ouvidos estão superabertos, porque ela quer entender. Depois, no segundo setênio, ela já começa a ter as próprias conclusões e a trocar com o mundo. Então, ela não só recebe e escuta, ela fala muito mais. Quando chega o terceiro setênio, ela começa a escolher o que ela quer e, talvez, seguir uma certa ideologia. Eu vejo que, por mais que a escuta seja algo natural, ela precisa ser desenvolvida, e a gente não tem isso como base da educação. O que a gente ouve é "você precisa escutar o seu pai e a sua mãe", muito como sermão, uma coisa meio chata.

Magali: Da obediência.
Debora: Isso! Ninguém a coloca em um lugar de ser algo prazeroso, que gera essa conexão entre amigos. A gente não aprendeu assim. Isso tem mudado, mas é como se fosse um diamante que a gente ainda não poliu.

Magali: Você acha que tem a ver com tolerância e com o nosso contexto social?
Debora: Acho que sim. A "não escuta" vem dessa sociedade tão acelerada — se eu ouvir uma pessoa com uma ideia diferente da minha, eu já a descarto, eu não sinto tolerância, não tenho paciência, que é um dos ingredientes para essa escuta. Eu preciso de paciência para aguardar o desenrolar, para entender o que é que está acontecendo com essa pessoa. A escuta é, para mim, quase uma contemplação: eu preciso parar para receber e acompanhar o que está acontecendo, qual é a ideia, o que vem desse outro. O que eu escuto de muitos executivos é que eles não têm tempo para isso, não só no contexto corporativo, mas às vezes dentro da própria casa. Eu preciso fazer o jantar ou terminar um projeto; não tenho tempo para ouvir essa criança ou esse cônjuge. Quando eu era criança, meu pai escutava muito Raul Seixas, e tem uma música, de que eu gosto muito, que fala assim: "cada um de nós é um universo". E eu lembro que escutava aquilo e imaginava cada

pessoa com uma barriga cheia de planetas, um mundo todo. De alguma forma, quando eu encontro com uma pessoa, aquilo ainda está no meu subconsciente e eu vejo um universo. Nesse lugar de contemplação, está a curiosidade genuína, a tolerância. Eu não concordo com essa pessoa que tem valores diferentes dos meus, ainda assim eu vou ser paciente para ouvi-la e tentar compreendê-la, porque eu tenho essa curiosidade, essa contemplação com esse ser humano.

Magali: E como resgatar essa escuta genuína?
Debora: Primeiro, é ter consciência de quanto é importante e necessário. A escuta ativa traz diálogos muito mais profundos, muito mais gostosos, de ser humano para ser humano. Às vezes, eu preciso fazer acordos comigo: "quando o meu cônjuge começar a falar, eu vou focar", ou "eu vou dar voz para as pessoas falarem na reunião", ou "quando o meu filho vier me contar alguma coisa, por mais que seja a nonagésima vez que ele fala daquele super-herói, ainda assim eu vou me colocar nesse espaço de escuta". Eu até já combinei com o meu marido, porque assim eu consigo me perceber, com o apoio dele, e ter uma escuta de qualidade.

Magali: O que tudo isso tem a ver com a empatia?
Debora: A empatia, pela abordagem que a gente estuda na Comunicação Não Violenta, tem muito a ver com a escuta. Eu não ofereço empatia, mas uma escuta genuína; a empatia é a conexão que surge entre as pessoas a partir desse espaço de escuta. Então, não existe empatia sem escuta. Eu não consigo pôr os meus pés nos sapatos do outro se antes não escutei o que, de fato, está acontecendo com ele. Para chegar à prática da empatia, eu preciso ter essa escuta muito genuína, aberta, curiosa, amorosa, compassiva.

Magali: Quais os benefícios de resgatar isso nas nossas vidas?

Debora: Nas organizações, essa escuta traz um senso de pertencimento, o *belonging*, que todo mundo tem buscado, principalmente quando fala em diversidade. Não adianta, por exemplo, ter um time diverso se eu não escuto essas pessoas. Por isso, ela também é valorização — a pessoa se sente vista, compreendida, e isso faz muito bem ao ser humano, gera engajamento. Para as organizações, também traz ampliação de ideias e coconstrução de novas possibilidades e estratégias, porque um fala e eu posso piramidar. Na Pixar, eles fazem muito isso. O Woody, o caubói de *Toy Story*, ia ser um personagem totalmente diferente, mas eles foram ouvindo as ideias e cocriaram o caubói e o Buzz, o astronauta, hoje superfamosos. No contexto familiar, a escuta traz também esse cuidado, esse fortalecimento da relação com filhos, pai e mãe, cônjuges, familiares, amigos. Isso nos faz sentir mais humanos, conectados, amados, especiais, com a sensação de "puxa, eu existo e tenho alguém aqui para me acompanhar".

Magali: O ambiente corporativo ainda é muito avesso a questões de emoções. Como trabalhar isso?

Debora: Ainda existe essa cultura de "eu não posso ser o mesmo que eu sou em casa, e essas pessoas são meus colegas, não são meus amigos". Assim, não há espaço para escuta. O Simon Sinek fala que líderes não cuidam de resultados, líderes cuidam de pessoas, e as pessoas trazem resultados. Cada vez mais os líderes têm percebido isso. Em vez de ir direto ao assunto, mais técnico, perguntam como o time está. Refletem: será que eu não posso também falar de mim, com vulnerabilidade, para o time perceber que aqui não existem só super-heróis, só robôs? Atuar dessa maneira traz muito mais resultados e benefícios. Porque a pessoa se sente parte daquela organização, valorizada como ser humano. Eu vi uma pesquisa que mostra que, quando criança, a gente passa muito tempo com os nossos pais; cresce e passa mais tempo com nossos amigos; dos 20 aos 60 anos, com os colegas de trabalho. O tempo é o nosso bem mais valioso. E, depois da aposentadoria, sabe o que a pesquisa mostrou? A gente passa muito tempo sozinho. Então, as pessoas estão percebendo que dá para ter um ambiente bacana, emocionalmente saudável, dentro do mundo corporativo. Os colegas são seres humanos. Para entregar um trabalho bacana, eu preciso ter um mínimo de conexão. Os resultados são melhores para todo mundo, em vários âmbitos.

Magali: Você acha que dá para existir diálogo e conexão real nesse contexto que a gente está vivendo hoje no século 21?

Debora: Sim, mas a gente precisa desmistificar algumas coisas: escutar o outro não demanda muito tempo, não é virar psicólogo ou terapeuta. As pessoas ficam aterrorizadas, pois entendem que, nessa correria, com tudo mudando a qualquer momento, não dá para oferecer escuta. E aí a gente rompe isso na prática, fazendo com que eles vivenciem um processo ágil e colaborativo de escuta. É possível em cinco minutos descobrir coisas sobre o seu par que você nem sonhava, só por ter construído um outro nível de conexão com ele. Eu já tive uma experiência em que coloquei um diretor e o CEO para conversar. Depois de cinco minutinhos, quando toquei o meu gongo, eles pediram "mais um minutinho, por favor". Quando terminou, o CEO falou: "Debora, a gente estava num impasse há meses e agora, em sete minutos, a gente resolve". É possível ter conversas profundas quando a gente está com essa escuta aberta, sem julgamento e com curiosidade para entender o que acontece com o outro — e não só no mundo corporativo, mas nas demais relações também.

Magali: Dá para mudar o mundo, o nosso mundo?

Debora: Em um treinamento, eu falei assim "a escuta precisa ser só escuta, não tem escuta multitarefas". Então, para mim, quando for escutar, só escute. Não pense em fazer um monte de coisas — só escute.

Recuperar esse poder humano não é nada fácil, eu sei. Esse desafio se coloca de diferentes formas para nós, em diferentes momentos da vida ou da carreira. Em um programa de desenvolvimento de talentos em uma multinacional, por exemplo, oito jovens líderes reconheceram bravamente a dificuldade de dedicar atenção ao outro, de praticar a empatia e de, simplesmente, parar para escutar. Talvez você se conecte com algumas das perguntas que eles lançaram.

- Como fazer isso quando a sua jornada de trabalho é insuficiente para o volume de demandas?
- Como fazer isso quando a lista de tarefas tem começo e parece não ter fim?
- Como fazer isso quando as prioridades mudam do dia para a noite?
- Como fazer isso quando pedir mais equipe soa como "mimimi"?
- Como fazer isso quando pedir ajuda pode ser interpretado como fraqueza?
- Como fazer isso quando a vida pessoal foi engolida pela profissional?
- Como fazer isso quando você vive à beira da exaustão?

Aqueles jovens talentos, todos na faixa etária dos 30 anos, comungavam de uma cartilha muito comum no mundo corporativo que ainda vê o profissional bem-sucedido como um gladiador.

// A batalha do ganho de
market share e de lucro
deixa todo mundo maluco
não há espaço para emoção
tampouco para a conexão

O foco é na entrega
sob chuva ou Sol
tem que ser o melhor
chorar sangue e suor //

Embora algumas empresas insistam nesse modelo, hoje nós sabemos que a conta chega. E custa caro — para o ser humano, para a empresa, para o país. Cerca de US$ 190 bilhões é o custo anual com estresse relacionado a trabalho, segundo pesquisa da *Harvard Business School Working Knowledge*,[95] feita antes da pandemia de covid-19, que aumentou a pressão sobre os funcionários no mundo todo.

No centro dessa discussão, está o sufocamento das emoções e das necessidades humanas. Como cobrar empatia e escuta quando líderes e profissionais não praticam isso consigo mesmos?

Este foi o principal consenso daquele grupo: a dificuldade de autoescuta. "A prioridade é sempre fazer", resumiu um dos jovens talentos. "Em que momento eu vou parar para me escutar?"

Se você está pensando em colocar esse desafio na conta da inexperiência desses jovens líderes frente ao mercado ou à posição que ocupam, saiba que não é bem assim. Kevin Sharer, ex-CEO da farmacêutica Amgen, admitiu que recuperar essa habilidade humana foi uma das principais lições da sua carreira executiva. "O melhor conselho que já ouvi sobre ouvir — conselho que mudou significativamente minha própria abordagem — veio de Sam Palmisano [ex-diretor-executivo da IBM], quando ele conversou com a nossa equipe de liderança", recordou Sharer, em entrevista à McKinsey & Co,[96] ao falar do colega que aprendeu, durante uma experiência de trabalho no Japão, a ouvir somente para compreender — não para

---

[95] BLANDING, M. National Health Costs Could Decrease if Managers Reduce Work Stress. Harvard Business School Working Knowledge, Boston, 25 jan. 2015. Disponível em: https://hbswk.hbs.edu/item/national-health-costs-could-decrease-if-managers-reduce-work-stress. Acesso em: 9 abr. 2021.
[96] WHY I'm a listener: Amgen CEO Kevin Sharer. *McKinsey & Company*, [s. l.] 1 abr. 2012. Disponível em: https://www.mckinsey.com/featured-insights/leadership/why-im-a-listener-amgen-ceo-kevin-sharer. Acesso em: 12 abr. 2021.

fazer críticas, objeções ou convencer. "Foi uma epifania para mim, porque, conforme você se torna um líder sênior, o mais importante não é como convencer as pessoas, mas como se beneficiar de informações complexas e obter o melhor das pessoas com quem você trabalha."

Quando há escuta genuína, não há debate, nem confronto, nem monólogo. Não há espaço para:

- Interrupção
- Tentativa de controle
- Quem tem a melhor história ou sabe mais
- Respostas automáticas
- Propostas e soluções
- Narcisismo
- Convencimento

Esses comportamentos, muito comuns nas conversas, nas organizações e até nas casas e rodas de amigos, inibem a troca verdadeira e a conexão genuína, limitam a compreensão e o aprendizado. "Ouvir significa morder a língua. Dê aos outros o espaço para serem ouvidos. Ninguém aprendeu nada ao se ouvir falar o tempo todo", explicam Els Dragt e Jeroen Timmer, autores de *Dare to Ask*.[97] A dupla, assim como outros tantos especialistas, incluindo Peter Drucker, o pai da administração moderna, acredita no poder das perguntas combinado ao da escuta. Além de manter a boca fechada, é preciso extinguir o hábito de buscar no que o outro diz a validação para as próprias opiniões, crenças ou emoções. É por isso que Drucker dizia que essa era uma questão de disciplina, já que a habilidade é intrínseca a qualquer ser humano.

80/20 Esta foi a regra que o consultor e autor de *Power Listening*, Bernard T. Ferrari, colocou a si mesmo: em uma conversa, ele deveria falar em apenas 20% do tempo — e usar esse período para fazer perguntas.

> **?**
>
> **MAGA PERGUNTA**
> - Como você classificaria os seus diálogos: mais escuta ou mais fala?

Um diálogo, com espaço para respostas e perguntas, é como uma dança de salão: você precisa confiar no outro e se deixar guiar por ele. Aprendi isso quando me empenhei na recuperação do meu casamento. Eu entendi que não queria dançar a mesma música do mesmo jeito. E, para que novos passos surgissem, eu precisava desapegar da melodia que repetia internamente.

A verdade é que não bastava o desejo de estar junto, tampouco um pedido de desculpas ou a vontade de "tentar de novo". Eu ainda estava presa a uma narrativa,

---

97. DRAGT; TIMMER, 2020.

consumida por uma dor que tentava tapar, mas não conseguia. Por isso, antes de dar mais um passo, eu fui para um retiro intenso de Comunicação Não Violenta em Tenerife, na Espanha.

A dinâmica mais importante, um divisor de águas em minha vida, ocorreu na área externa do *resort*, diante daquele oceano azul, em um dia de Sol quente suavizado pelo vento. Quem conduziu a prática foi David Weinstock, referência em CNV e mestre de aikidô, uma arte marcial japonesa. Seu trabalho alinha corpo e mente, físico e emoções na comunicação e na percepção do outro e da história que carregamos. Durante o exercício, eu percebi que, por mais que quisesse reatar com o meu marido, as minhas mágoas eram marcas vivas em meu corpo, bloqueando meu canal auricular. Por mais que quisesse meu relacionamento de volta, eu ainda procurava validar a minha dor e o meu ponto de vista. Ansiosa por distribuir culpa, eu permanecia cega e surda para as emoções e perspectivas do meu parceiro.

Só praticamos a escuta genuína quando conseguimos nos descolar da nossa dor e da nossa narrativa para dar ao outro a chance de expressar quem é. Quando aplicamos o que o educador e *clown* Claudio Thebas e o psicanalista Christian Dunker chamam de regra da reciprocidade: "se você quer confiança, confie; se você quer autoridade, atribua autoridade; se você quer proximidade, ofereça proximidade".

Sem presença e empatia, não se agrega qualidade à escuta. Sem coragem e curiosidade, não se descobre o universo como ele é. As perguntas adicionam uma camada extra ao exercício, contribuindo para o aprofundamento de sentimentos, necessidades e perspectivas.

Assim como o bebê reconhece e se reconhece por meio da escuta, nós adultos devemos usar esse poder para legitimar nossa condição humana.

Em seu livro *Comunicação não violenta*, Marshall ensina que essa disposição tem força para:
- a exposição e o acolhimento de vulnerabilidades — as próprias e as do outro;
- a transformação de divergências em convergências;
- a desconstrução de imagens e vieses;
- a aceitação de contrariedades e rejeições;
- a cura de dores psicológicas.

O trabalho de Otto Scharmer também converge nesse sentido ao mostrar que a falta de uma compreensão profunda pode nos levar a um extremo perigoso, muito presente na sociedade atual.
- Apatia e individualismo.
- Negacionismo e separação.
- Falta de *accountability* e de consciência.
- Manipulação e culpa.
- *Fake news* e destruição de valores democráticos e humanitários.

Para não deixar que o meu casamento caísse em um buraco ainda mais profundo, provocado pela repetição inconsciente de erros, eu tive que mudar meu *mindset*, como Scharmer sugere, e escutar, pela primeira vez, sem "mas", o que o meu marido tinha a dizer e do que ele precisava para reconstruir nossa relação.

Mais do que evitar separações, a prática da escuta pode evitar a desumanização, como vista no triste episódio de George Floyd, cidadão negro norte-americano que trabalhava como segurança em um restaurante em Minneapolis. Em 2020, ele foi abordado pela polícia após uma denúncia de uso de uma nota falsa. O policial branco o imobilizou e o asfixiou com o joelho. Floyd chegou a apelar pela vida, mas foi ignorado.[98] Quando nos dispomos a ouvir, nós voltamos a respirar como grupo, como membros de uma mesma sociedade, apesar das diferenças, contrariedades e ambiguidades. Nisso reside a democracia; daí surgem as soluções inovadoras.

Ninguém no mundo é igual
É grande a variedade
O corpo é só aparência
A alma é identidade
Beleza não tem padrão
Bonito é ser de verdade
Bráulio Bessa, poeta[99]

Formamos uma sociedade barulhenta. Prova disso é que, somente pelo Facebook e pelo WhatsApp, duas das redes sociais mais populares do mundo, passam mais de 60 bilhões de mensagens[100] em apenas um dia. Será que isso quer dizer que estamos nos expressando melhor ou só estamos falando mais?

---

98. GEORGE Floyd: o que aconteceu antes da prisão e como foram seus últimos 30 minutos de vida. *BBC News Brasil*, [s. l.], 31 maio 2020. Disponível em: https://www.bbc.com/portuguese/internacional-52868252. Acesso em: 20 jan. 2022.
99. BESSA, B. *Bonito é ser de verdade*, Ceará, 16 nov. 2018. Instagram: @brauliobessa. Disponível em: https://www.instagram.com/p/BqQoLWCjAX4/. Acesso: 13 abr. 2021.
100. WHATSAPP e Messenger processam 60 bilhões de mensagens por dia, diz Zuckerberg. *Olhar digital*, [s. l.], 12 abr. 2016. Disponível em: https://dev.olhardigital.com.br/2016/04/12/whatsapp-e-messenger-processam-60-bilhoes-de-mensagens-por-dia-diz-zuckerberg/amp/. Acesso em: 12 abr. 2021.

> **MAGA PERGUNTA**
> Faça o teste:
> ao final de um dia, some quantas mensagens você mandou por meio desses dois apps. Avalie:
> - Quantas eram realmente necessárias?
> - Como você se expressou?
> - Quantas continham perguntas?
> - Qual a qualidade da sua escuta?

É incontestável que boa parte do conteúdo criado e compartilhado por esses aplicativos tem a qualidade afetada tanto pela pressa quanto pela displicência. Entramos no piloto automático e não nos preocupamos com a linguagem e com o seu impacto sobre o outro. "Chatos e neuróticos são caracterizados pela pouca atenção às suas próprias palavras, daí o desprezo ou a indiferença pelos efeitos que elas causam nos outros", explicam, implacáveis, Thebas e Dunker, em *O palhaço e o psicanalista*. "Chatos e arrogantes sempre colocam o que eles queriam dizer e as suas boas intenções à frente do que o outro realmente ouviu. Eles acham que a escuta é uma questão de telepatia e não de atenção à realidade das palavras."

Calma!

Eu não estou aqui apontando dedos. Eu também me "deseduquei". Lembro-me bem do dia em que, ainda adolescente, escutei da mãe de uma coleguinha: "Magali, você fala com os olhos".

Ali eu comecei a entender como a escuta pode ser profunda, como a compreensão do outro pode exigir a descoberta de um outro universo — expresso não só em palavras, mas em gestos, dos mais sutis aos mais intensos. Fiquei ainda mais fascinada por essa nossa capacidade ao estudar a Língua Brasileira de Sinais, da qual me tornei intérprete. A expressão corporal é fundamental para que o deficiente auditivo perceba a entonação do que é dito. Assim, eles não aprendem somente a usar um vocabulário, mas a decifrar o corpo e a diferenciar emoções, entonações, algo que, na vida adulta e, principalmente, no mundo corporativo, é quase um sacrilégio, uma descompostura.

A grande ironia é que a espécie mais inteligente da Terra resolveu sacrificar justamente o que a diferencia dos demais. As fábricas e os escritórios tornaram-se uma linha de produção de pessoas vestidas iguais, com comportamentos moderados, sem desvios de conduta ou erros. A apatia tomou conta dos ambientes, cada vez mais competitivos, cada vez mais militarizados. Com ações calculadas, perdemos nossa identidade e nos tornamos robôs.

Dentro desse contexto, é compreensível que o imaginário coletivo entenda a criatividade como um dom para poucos. Uma minoria inconformada que não se deixou dobrar pelas regras. Uma minoria inconformada que não perdeu a curiosidade e o encanto pela vida e pelo próximo. Uma minoria inconformada que se esforçou para decifrar o ser humano e atender suas necessidades. Não é este o segredo de Albert Einstein e Steve Jobs, entre outros "gênios"?

Enquanto isso, o resto de nós passou a falar incessantemente para não só se comunicar mas também para demonstrar conhecimento como forma de construir autoridade, de alcançar *status* e, ainda, de impor controle e poder. Por isso, o dilema daqueles jovens líderes da multinacional, que mal conseguiam se escutar diante da correria do dia a dia, não deixa de ser sintoma de um narcisismo corporativo que não cria espaço para o "não saber" dentro das corporações. Boa parte da nossa comunicação acontece sem presença ou intenção, o que limita as oportunidades.

Durante a escuta, eu posso:

identificar se a pessoa diz o que eu quero e preciso	identificar se a pessoa diz o que ela quer e precisa
elaborar uma resposta ou argumento	reconhecer palavras e gestos
fazer um julgamento ou criar um rótulo	entender o contexto (da situação ou da pessoa)
pensar no efeito sobre os meus interesses ou objetivos	acolher o efeito da situação sobre os interesses ou objetivos da pessoa

O campo à esquerda ilustra bem o individualismo e a consequente separação imposta a qualquer sistema — seja uma família ou empresa e até mesmo a sociedade — diante da recusa à escuta. Não há como o diálogo fluir com facilidade, já que, ainda que de forma velada, há uma disputa em jogo. Eu contra o outro.

O campo à direita demonstra o caminho para promover conexão e senso de coletivo em qualquer sistema. A humildade, a empatia, a compaixão e a coragem para entender o outro facilitam o diálogo e abrem caminho para a criatividade e a cocriação.

Para Michael Marquardt, ao ouvir atentamente o grupo, o líder adquire sensibilidade para identificar as necessidades coletivas. Esse trabalho pode ser feito, segundo ele, de diversas formas.

- Ao não suprimir os silêncios — dê chance para o seu interlocutor pensar e formular a resposta.
- Ao demonstrar, também por meio da linguagem corporal, seu comprometimento com o diálogo.

- Ao expressar interesse pelo que é dito, por meio de perguntas.
- Ao fazer perguntas abertas, não enviesadas, para comprovar o seu ponto de vista.
- Ao dar liberdade para a pessoa completar o raciocínio.
- Ao abrir espaço para a cocriação e para o aprendizado e crescimento coletivo.[101]

Diante de tudo isso, quero compartilhar um segredo com você: a beleza da escuta é que ela já é uma resposta e uma solução — você não precisa saber tudo, nem sentir tudo. Você só precisa se conectar à outra pessoa e dividir ou aprender com ela as diversas interpretações do viver. Cria-se uma relação leve, lúdica, criativa e democrática. Ao dar ao outro autonomia para ser quem é e viver a própria história, você também sente a mesma liberdade. E é por meio dessa partilha, dessa fusão que mundos se transformam.

Nelson Mandela foi, talvez, o melhor exemplo disso. Ele rompeu com a imagem dominante de um líder que distribui tarefas e dita regras. Só tomava decisões após ouvir sua equipe, atitude inspirada no líder da tribo em que cresceu.

Ao observar a questão por outros ângulos, alguns talvez desconhecidos, ele costurava um mundo em comum. Gerava, ainda, mais engajamento, já que cada participante se sentia reconhecido e parte da solução.

E, assim, os benefícios da escuta se misturam aos das perguntas poderosas, multiplicando o poder dos seus efeitos.

---

101. MARQUARDT, 2014.

Autonomia	Transparência	Pertencimento	Criatividade
Pensamento crítico	Aceitação a vulnerabilidades	Aprendizados	Cura
Coragem para assumir riscos	Curiosidades	Sustentabilidade	Conexão

A escuta também ajuda a recuperar habilidades humanas necessárias para o futuro do trabalho. Como escreveram consultores da *Deloitte*, essas capacidades "correm abaixo da superfície ou permanecem patentes em cada membro da força de trabalho, com o potencial de fornecer benefícios reais. Elas ajudam a navegar pela ambiguidade e a gerar maior impacto. As organizações podem usar esses poderes para fazer muito mais: pular mais alto, correr mais rápido, ver mais longe, talvez até desafiar as leis do Universo".[102] Para mim, é impossível praticar a escuta sem:

---

102. HAGEL, J.; WOOLL, M.; BROWN, J. S. Human inside: How capabilities can unleash business performance. *Deloitte – Human Insights*, [s. l.], c2020. Disponível em: https://www2.deloitte.com/content/dam/insights/us/articles/6799_cultivating-and-nurturing-human-capabilities/DI_Cultivating-and-nurturing-human-capabilities.pdf. Acesso em: 12 abr. 2021.

H U M A N O

H abilidade: ter disposição para conviver com pessoas e se adaptar a situações

U nidade: reconhecer e valorizar a identidade de cada um

M ovimento: desapegar das suas verdades para aprender e criar soluções com o outro

A finidade: buscar a humanidade em situações com pessoas diferentes

N ecessidade: respeitar o que é importante para si e para os outros

O bservação: buscar presença para, com curiosidade, compreender uma situação ou o outro

O que eu preciso que você entenda é que mudar comportamento e investir tempo para conversar com pessoas — fazer perguntas e ouvir suas histórias e ideias — é o caminho para desbloquear um terceiro poder humano, pauta do próximo capítulo.

> **Dicas da Maga**
>
> O que você não pode esquecer deste nosso papo:
> 1. A negligência com a escuta é reflexo de uma sociedade competitiva.
> 2. Reaprender a escutar não é se tornar terapeuta ou ter longas "DRs" (discussões de relacionamento) o tempo todo.
> 3. A escuta pressupõe o uso da curiosidade, da coragem e da compaixão para legitimar o outro do jeito que ele é.
> 4. Ao usar os cinco sentidos para ouvir, o ser humano descobre, mais do que soluções, novos universos, abrindo espaço para a cocriação de diferentes realidades.

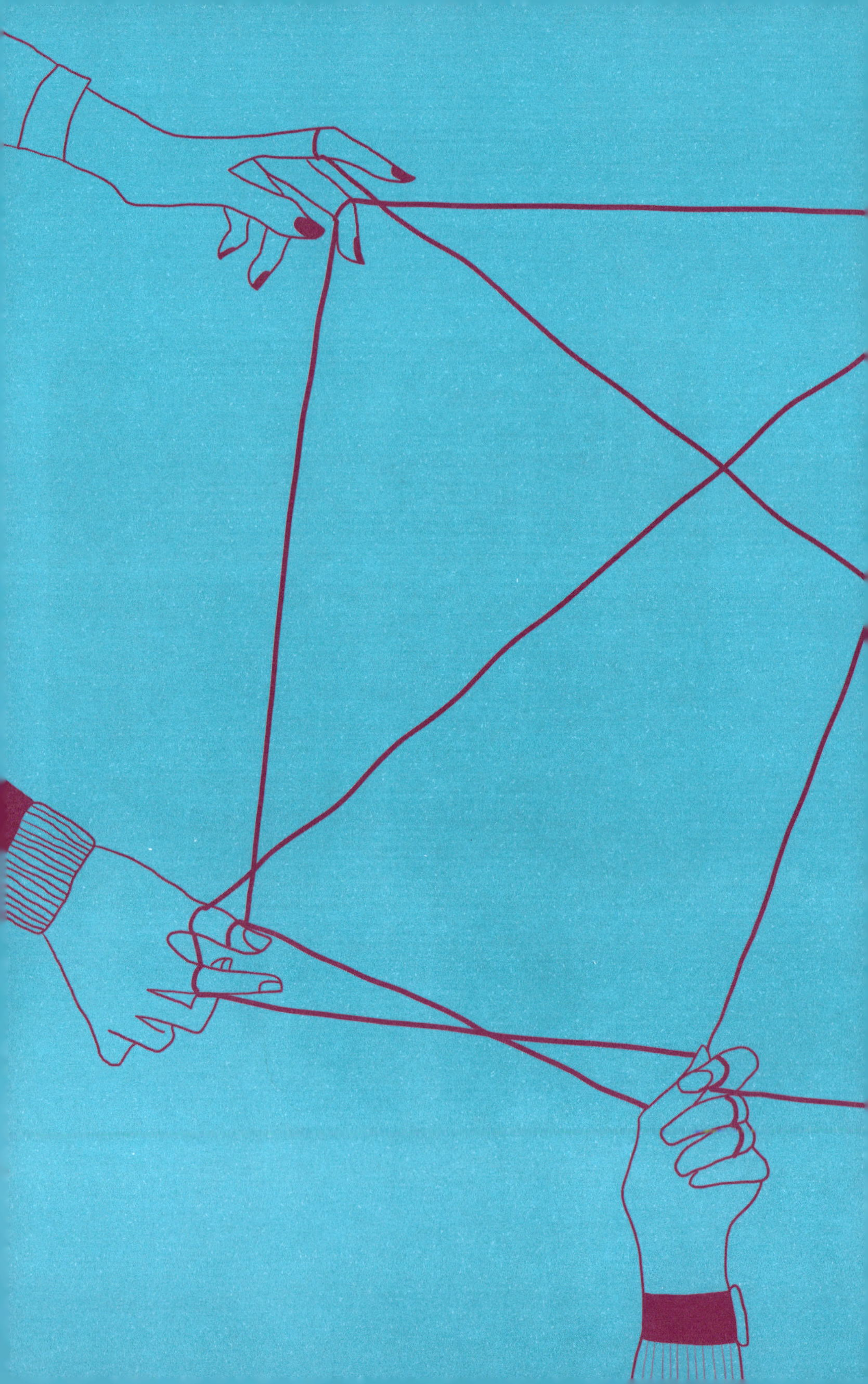

5

O poder humano de colaborar:

sonho que se sonha junto
é realidade

**Uma mentalidade de pirâmide
coloca alguém no topo e alguém na base.
Com a mentalidade de constelação,
vemos todos como estrelas;
vemos o potencial e o poder únicos das pessoas.**
Matthew Barzun, ex-embaixador dos Estados Unidos
no Reino Unido [103]

---

[103]. SINEK, S. *Post*. [*S. l.*], 27 maio 2021. Instagram: @simonsinek. Disponível em: https://www.instagram.com/p/CPYUdl9Lava/. Acesso em: 31 maio 2021.

Em 2015, um sonho coletivo começou a sair do papel. Embora tenha nascido despretensiosamente, durante um curso de formação de *coaches*, ele já expressava o desejo de um grupo de provocar, por meio da união de mentes, experiências e dons, uma mudança positiva nos nossos círculos e (por que não?) no mundo.

Éramos 17 sonhadores com uma ambição em comum: em vez de abrir uma consultoria, queríamos trabalhar em rede. A futurista Lala Deheinzelin, de quem já falei anteriormente, costuma dizer que "a vida em rede provoca tanta transformação porque tem o mesmo crescimento exponencial das bactérias no pote",[104] isto é, uma força de multiplicação e de impacto muito além do imaginado.

Quando a gente fala em rede, a associação mais comum é a internet, que, ao conectar dados e pessoas, provocou uma verdadeira revolução na nossa forma de viver, de comprar, de aprender, de trabalhar, de se comunicar... Vixe, a lista é longa!

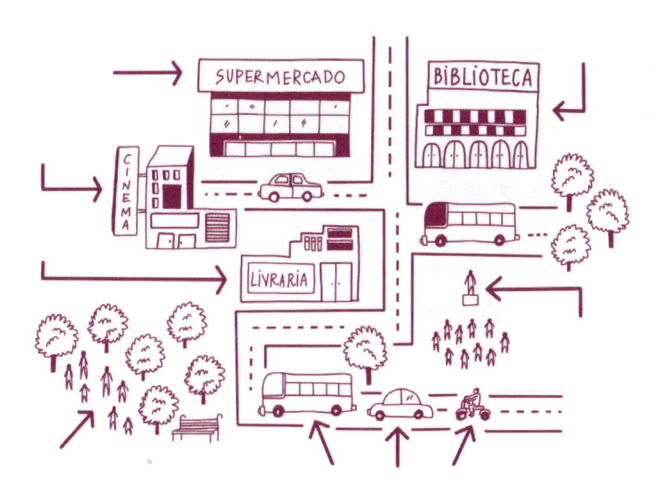

Fonte: Adaptado de Atkinson/Wrong Hands[105]

---

104. DEHEINZELIN; CARDOSO, 2019.
105. ATKINSON, J. *The Outernet*. [2021?]. Disponível em: https://wronghands1.com/gallery-june-2011/#jp-carousel-2051. Acesso em: 31 maio 2021.

A proposta daqueles 17 sonhadores, a meu ver, também era revolucionária: romper com os modelos organizacionais que padronizam criadores e criaturas dentro de uma estrutura inflexível e hierárquica.

Será que é possível trabalhar junto e preservar a independência, a inteligência e as individualidades?

Como na inspiradora frase de abertura de Barzun, a ideia era justamente formar uma constelação, dando espaço ao trabalho de várias estrelas, com luzes próprias e únicas. Alimentados por uma veia democrática, nosso desejo era oferecer ao cliente, pessoa física ou jurídica, flexibilidade, liberdade de escolha e riqueza de troca pessoal e profissional. A essa rede foi dado o nome de Eight∞, ou oito, em português — número, aliás, que remete à prosperidade, à abundância, à vitória e à superação. Auspicioso, não acha?

parceria (s.f.)
é um par de estrelas que sozinhas fazem sentido e juntas fazem universo. é alguém que iria comigo até o topo do Everest e também da vida. é energizar quem te dá energia. é uma eterna torcida sem intervalos entre dois que acreditam um no outro. é atravessar as dificuldades da vida de mãos dadas. é conquistar o mundo em plena terça-feira.

é conhecer todos os lados de alguém
e querer todos.
@akapoeta, poeta[106]

---

106. DOEDERLEIN, J. *Post*. [*S. l.*] 19 fev. 2021. Instagram: @akapoeta. Disponível em: https://www.instagram.com/p/CLfWhLthOzX/. Acesso em: 31 maio 2021.

A Eight∞ tomou forma quando uma das sonhadoras teve o impulso de criar um logo e um website. Naquele momento, o sonho deixou de ser brincadeira e sua formalização no universo www nos obrigou a torná-lo realidade. No centro da estratégia sempre esteve o que realmente nos move e nos conecta: promover a ampliação de consciência por meio de diálogos transformadores.

O *coaching* foi e é o fio condutor que entrelaça diversos profissionais, métodos, abordagens e experiências, que se encaixam perfeitamente, como um quebra-cabeça. A rede ganhou, em pouco tempo, um planejamento estratégico, cuja execução dependia da ativação de uma força intrínseca ao ser humano: a colaboração.

// A aranha tece sua teia
e a usa de forma estratégica
para atrair suas presas
enquanto pelos fios passeia

Da rede elétrica à internet
muitas conexões também são feitas
revoluções e evoluções
para a nossa vida e o planeta

Mas esse não é um papo só de tecnologia
porque também faz parte da nossa biologia
já que assim como a aranha
o ser humano também tece suas teias

Nossa rede neural faz o cérebro funcionar
interliga todos os sistemas
gera não só aprendizado
mas também solução para os problemas

É o motor da nossa inteligência
a fonte do nosso crescimento
e quando há mais de um humano envolvido
não há risco que não possa ser vencido

Dessa teia e de conexões nasce a colaboração
uma injeção de ânimo e inovação
contra a apatia, a redenção
para o mundo complexo, a salvação //

É quase clichê, eu sei, falar de colaboração. Essa palavra vem sendo repetida com exaustão em diversos círculos. Você há de concordar comigo, porém, que sua aplicação não é tão simples assim.

A maior parte das organizações tem uma hierarquia — quanto mais no topo, mais controle e poder. É comum, ainda, que equipes sejam montadas de acordo não só com as competências necessárias para a função, mas por alinhamento com os valores da empresa e pela afinidade com o perfil do líder.

Eu assino aqui meu atestado de culpa: durante muito tempo, eu também achei que era mais fácil trabalhar com pessoas cujas características eram parecidas com as minhas. Gosto de ação, de transformar teoria em prática, de "fazer acontecer" — para ontem, de preferência. Essa característica, aliás, talvez seja genética, herdada da minha mãe, que acelera até bomba de combustível!

Para mim, é um desafio e tanto trabalhar com quem processa informações e desenha hipóteses e soluções de outra forma, em um "ritmo" diferente do meu. No entanto, com o tempo e com consciência, aprendi a desativar o piloto automático e a utilizar, como falado nos capítulos anteriores, minha presença, minha curiosidade e minha empatia para perguntar, escutar e colaborar.

Esse exercício exige muito mais do que vencer uma característica pessoal. É uma luta também contra um processo típico do nosso cérebro, que odeia ameaças e novidades, preferindo navegar por mares já conhecidos. É por isso que insistimos em contornar as ondas sempre do mesmo jeito, mesmo quando não é recomendado, mesmo quando precisamos de outros movimentos.

Há que se reconhecer, ainda, o papel da nossa cultura: nada amistosa dentro e fora do mercado de trabalho. Vivemos em uma sociedade extremamente competitiva. Enquanto nossos ancestrais confiavam uns nos outros para sobreviver às ameaças daqueles tempos, valorizando as aptidões de cada um, nós olhamos a pessoa ao nosso lado com desconfiança.

Não se engane: a cultura egocêntrica, que faz tudo por *likes*, é antiga, bem anterior às redes sociais. Data da era analógica, de um passado em que na escola ou em casa fomos estimulados a competir por notas ou reconhecimentos. Isso se intensifica ao longo da jornada da vida: Enem, vestibular, estágio e programa *trainee*, a escalada na cadeia corporativa. Até a forma como os escritórios são desenhados inibem a comunicação, a empatia e, claro, a colaboração entre quem veste a mesma camisa e persegue o mesmo resultado.

Nos últimos anos, o brasileiro, sempre identificado como um povo manso e simpático, passou a experimentar um fenômeno inusitado. A política invadiu o almoço de domingo e o *happy hour* com os amigos. A discussão se tornou mais acalorada que final de Copa do Mundo, permeada por uma visão dualista que determina um lado como o certo e o outro como o errado. Diferentemente do que ocorre no futebol, a rivalidade não termina com um chopp gelado, mas em discórdia e separação.

> **MAGA PERGUNTA**
> - Quantas vezes você negou ajuda a um colega de baia, a um profissional de outra equipe ou a um fornecedor?
> - Com quantas pessoas, familiares ou amigos você deixou de conviver por causa de divergências políticas?

Em *21 lições para o século 21*, Yuval Harari recorda a tese de que "o gênero humano sempre esteve dividido em diversas civilizações cujos membros viam o mundo de maneiras irreconciliáveis". Ele explica ainda: "Essas visões de mundo incompatíveis tornam inevitáveis os conflitos entre civilizações. Assim como na natureza espécies diferentes lutam pela sobrevivência de acordo com as impiedosas leis da seleção natural, ao longo da história civilizações têm entrado em choque repetidamente, e apenas a mais bem preparada sobrevivia. Os que ignoram esse triste fato — sejam políticos liberais ou engenheiros com a cabeça nas nuvens — o fazem por sua conta e risco. Grupos humanos — desde pequenas tribos até imensas civilizações — são fundamentalmente diferentes de espécies animais, e conflitos históricos diferem em muito de processos de seleção natural".

Mas será que precisa ser assim?
Será que a colaboração é uma utopia?
Eu espero te provar que não.

Sozinhos vamos mais rápido.
Juntos vamos mais longe.
Provérbio Zulu

Independentemente do tamanho ou da natureza, todas as organizações vivem a mesma situação: muito trabalho e pouco braço. Ao longo dos últimos anos, as equipes ficaram mais enxutas, contrapondo-se ao aumento do volume de dados, às necessidades e aos desejos do consumidor e à complexidade do mercado. Em nome da eficiência operacional, sacrifica-se muito — principalmente a saúde dos funcionários.

29% foi o aumento do número de mortes por acidente vascular cerebral (AVC) e doença isquêmica do coração em decorrência de longas jornadas de trabalho — 55 horas ou mais por semana — em 16 anos. Segundo o estudo da OMS e da Organização Internacional do Trabalho (OIT), foram 745 mil mortes somente em 2016,[107] o que serve como alerta para a deterioração do ambiente de trabalho. O olhar para a saúde e o bem-estar torna-se ainda mais importante diante do aumento da expectativa de vida das pessoas, da consequente prorrogação da aposentadoria e, claro, da possibilidade de novas pandemias.

A clara insatisfação do time fez com que o líder de um banco digital investisse em sessões de Action Learning. Seu objetivo era compreender o que desgastava tanto a equipe, o que poderia ser feito para evitar o excesso de trabalho (principalmente as horas adicionais) e identificar melhorias em processos internos para criar conjuntamente soluções.

É verdade que a tecnologia impôs mais agilidade ao mundo do trabalho, o que contribuiu para a redução do quadro de funcionários. Também aumentou, de certa forma, a colaboração, com o compartilhamento de conteúdo e o uso de ferramentas digitais. No entanto, ela ainda não

---

[107]. LONG working hours increasing deaths from heart disease and stroke: WHO, ILO. *WHO*, Genebra, 17 maio 2021. Disponível em: https://www.who.int/news/item/17-05-2021-long-working-hours-increasing-deaths-from-heart-disease-and-stroke-who-ilo#: :text=The%20study%20concludes%20that%20working,35%2D40%20hours%20a%20week. Acesso em: 25 jun. 2021.

opera milagres: ao mesmo tempo que substitui ou dá mais liberdade aos humanos em algumas tarefas e funções, a tecnologia também exige da rainha um novo movimento no tabuleiro. Além de novas competências, como pensamento crítico, criatividade e visão sistêmica, é preciso uma nova atitude, o que deixa o jogo desequilibrado para quem não quer se libertar de velhos hábitos e comportamentos.

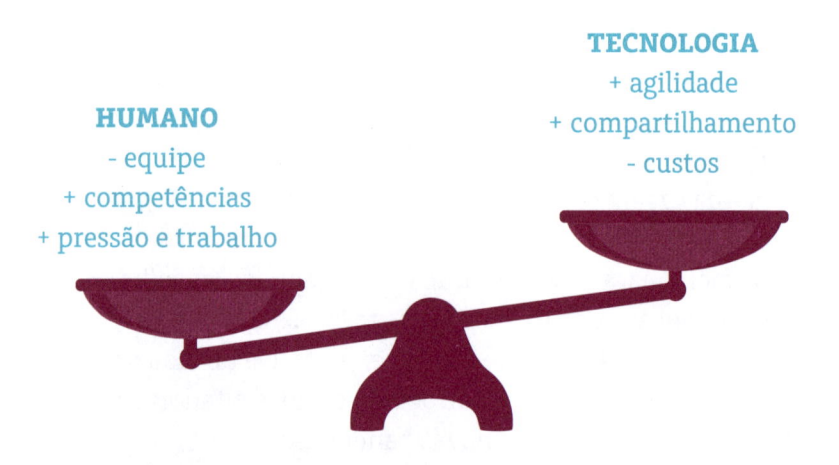

HUMANO
- equipe
+ competências
+ pressão e trabalho

TECNOLOGIA
+ agilidade
+ compartilhamento
- custos

Vou explicar melhor: o líder do banco digital recorreu ao Action Learning justamente por ser um método estruturado de diálogo e conexão, o que impediria que aquela conversa com o time se tornasse uma grande DR. Ele reconhece a existência do problema e a necessidade de chegar a um consenso.

Essa palavra "consenso" é fundamental para ativar a colaboração. Isso também acontece dentro da Eight∞. A criação de uma rede de profissionais independentes não nos eximia de enfrentar dilemas como:

- compartilhamento de custos e investimentos;
- senso de pertencimento X horas de dedicação para projetos da rede;
- tomada de decisão em um grupo de 17 pessoas com voz ativa e igualitária.

Até acertarmos o ritmo, você pode imaginar o desgaste que foi, certo?

No banco digital, os desafios giravam em torno de:
- número de pessoas X volume de trabalho;
- velhos processos e burocracia X novos processos e agilidade;
- papéis e responsabilidades, especialmente o da liderança (obstrução de *pipeline*).

O diálogo que eles precisavam ter não é muito diferente da realidade de várias organizações. Há vários motivos para essa conversa ser postergada — se bobear, eternamente. E aquele líder sabia que, ao investir no Action Learning, não haveria espaço para imposições. Sabia, inclusive, que poderia sair daquela sessão não só com uma solução, como era a sua expectativa, mas também com ações que ele próprio deveria implementar.

Sua principal virtude, porém, foi entender que se abrir ao diálogo colocaria em risco o conformismo com o *status quo*, algo extremamente comum na cultura nacional de "manda quem pode, obedece quem tem juízo". O psicólogo, professor e especialista em comportamento interpessoal William C. Schutz ressalta em *O prazer* que "forças culturais e organizacionais são comumente poderosos elementos inibitórios dos sentimentos de prazer. Por isso é preciso preparar comunicações de técnicas e abordagens mais complexas para enfrentar tais problemas".[108] Ele próprio chegou a desenhar práticas e exercícios para aumentar os benefícios da interação humana.

Pense bem: nós nos desgastamos e sujeitamos a situações porque acreditamos que o sistema não pode ser mudado.

Aumentar o quadro de funcionários quando só se fala em corte de custos?

Impossível!

---

108. SCHULTZ, W. C. *O prazer*: expansão da consciência humana. Rio de Janeiro: Editora Imago, 1974.

Mudar ou aperfeiçoar processos?
Impossível!
Reclamar do excesso de trabalho sem colaborar com soluções?
Opa, isso, sim, é possível!
E comum, muito comum!
É mais confortável, muitas vezes, reclamar das figuras de poder (pai, professor e chefe) do que assumir responsabilidade por condutas, processos e, principalmente, mudanças. "As coisas são como são", repetimos, resignados.

Só que a história prova justamente o contrário: as inovações que moldaram a sociedade surgiram a partir da coragem de quebrar paradigmas. Com criatividade e resiliência, é possível contornar ou mudar o sistema. E adivinhe o que torna esse processo todo mais fácil?

Sim, a colaboração.

Mas eu vejo a vida passar num instante
Será tempo o bastante que tenho pra viver?
Eu não sei, eu não posso saber
Mas enquanto houver amor, eu mudarei o curso da vida
Farei um altar pra comunhão
Nele, eu serei um com o mundo até ver
O ponto da emancipação
Porque eu descobri o segredo que me faz humano
Já não está mais perdido o elo
O amor é o segredo de tudo
E eu pinto tudo em amarelo

Emicida, cantor e compositor[109]

---

109. PRINCIPIA. Compositores e intérpretes: Emicida, Nave, Pastor Henrique Vieira, Fabiana Cozza e Pastoras do Rosário. [S. l.]: [s. n.], 2019. 1 canção (5 min).

Ao convocar os membros da equipe para participar das sessões, o líder estendeu-lhes um convite de resgate da autonomia. Cada um, dentro da sua capacidade e experiência, teve a chance de usar a voz e a inteligência para perguntar e não atacar, escutar e não se defender, cocriar e não reclamar.

Foi assim que o grupo conseguiu o que parecia impossível:

- aumentar o número de vagas durante uma crise econômica, política e sanitária — ação que ficou a cargo do líder, já que o conselho da empresa precisou ser convencido dessa necessidade;
- revisitar todos os processos e descobrir, sem achismos, o que ainda agregava à operação — tarefa da equipe, já pensando em uma estrutura mais adequada.

Assim como esse banco digital, muitas organizações já perceberam o potencial da colaboração.

+50% foi o acréscimo de tempo investido por gestores e times em atividades de colaboração nas últimas décadas, segundo estudo da *Harvard Business Review*. Em alguns casos, o índice chegou a 80%.[110]

Só que o saldo nem sempre é positivo. Você já deve ter ouvido histórias de empresas que se decepcionaram com metodologias ágeis ou colaborativas. O investimento virou rapidamente custo na planilha. Para o pesquisador J. Richard Hackman, pioneiro no campo do comportamento organizacional, o motivo é um só: a colaboração depende

---

110. CROSS, R.; REBELE, R.; GRANT, A. Collaborative Overload. *Harvard Business Review*, [s. l.], jan./fev., 2016. Disponível em: https://hbr.org/2016/01/collaborative-overload. Acesso em: 2 jun. 2021.

da criação de condições adequadas para prosperar, como objetivo, estrutura e suporte.

Confie em mim: o especialista não se refere a uma sala com pufes coloridos, mesas de jogos e escorregador, mas à derrubada de muros invisíveis muito mais importantes.

O Action Learning, por exemplo, é um método tão ágil que pode ser feito online, sem impactos no formato. Reunir um grupo de pessoas em uma sala sempre torna a troca mais especial — somos, afinal, humanos, apreciadores do contato físico. No entanto, isso não quer dizer que o diálogo e a conexão não possam ser alcançados de forma remota, desde que algumas regras sejam respeitadas.

Ao utilizar o consenso como estratégia, desviar de certezas e de lugares-comuns e apostar na curiosidade e na empatia para perguntar e escutar, o método estabelece uma forma organizada para o grupo se engajar na discussão de assuntos reais, importantes e urgentes. "O Action Learning tem dois objetivos: (a) fornecer uma solução criativa, inovadora e efetiva para o problema; (b) promover o aprendizado individual, grupal e organizacional", explica Marquardt, junto a outros especialistas no método, no livro *Action Learning for Developing Leaders and Organizations*.

É por isso que aquele time do banco digital, além de ter aumentado a equipe em 20% e reformulado alguns dos processos internos considerados fundamentais, com resultados práticos dos problemas apresentados e acordados pelo time e líder, também colheu outros benefícios durante as sessões.

Conexão e pertencimento	Comunicação	visão estratégica e liderança
Criatividade	Clareza e coesão	Pensamento crítico

É claro que, para desbloquear a inteligência coletiva, os humanos fazem toda a diferença. Prestar atenção às condições, no entanto, significa criar um ambiente para que o diálogo flua e as conexões, a partir da colaboração, aconteçam. Dependendo do problema, é preciso reconhecer a necessidade de abrir os portões da empresa e expor os desafios. "É um erro pensar que sua equipe tem as pessoas mais inteligentes na sala", cutuca a *McKinsey & Co* em artigo em que defende a colaboração, nas mais diferentes formas, para a resolução dos problemas. "Aceite que não há problema em se basear em diversas experiências e conhecimentos que não sejam os seus. Comece com sessões de *brainstorming* que envolvam pessoas de fora de sua equipe. Experimente competições de *crowdsourcing* mais amplas para gerar ideias. Ou traga talentos de aprendizagem profunda para ver quais *insights* existem em seus dados que as abordagens convencionais não trouxeram à luz. Quanto mais amplos os círculos de informações que você acessa, mais provável é que suas soluções sejam novas e criativas."[111]

---

111. CONN, C.; MCLEAN, R. Six problem-solving mindsets for very uncertain times. *McKinsey & Company*, [s. l.], 15 set. 2020. Disponível em: https://www.mckinsey.com/business-functions/strategy-and-corporate-finance/our-insights/six-problem-solving-mindsets-for-very-uncertain-times?fbclid=IwAR1U2gx9voP0jXeeitW76t-lANRF8-dfO6Ap-5YujtBjMQz6YM-hNUcw_Fo#. Acesso em: 21 out. 2022.

No Action Learning, é comum atrairmos um ou mais grupos de *stakeholders* da organização para participar das sessões, dependendo da natureza do problema a ser tratado. Isso inclui:

- líderes;
- funcionários;
- fornecedores;
- clientes ou consumidores;
- não clientes ou consumidores;
- profissionais liberais ou especialistas em determinadas áreas;
- comunidade em geral — incluindo concorrentes diretos e indiretos.

A grande vantagem de somar olhares é descobrir possibilidades e vislumbrar futuros possíveis. Esta é a experiência da Conservação Internacional, organização privada sem fins lucrativos voltada à promoção "do bem-estar humano, por meio do cuidado responsável e sustentável com a natureza".[112]

A principal vantagem de se trabalhar em grupo é ter pontos de vista diversos. O engajamento coletivo é particularmente importante não só para encontrar a solução, mas para um protagonismo — ser parte realmente do negócio, e não só um insumo em uma solução ditada por alguém.

Na Conservação Internacional, nós buscamos trabalhar o conceito de JEDI (Justiça, Equidade, Diversidade e Integração), que permite trazer o interesse de grupos normalmente excluídos para um ambiente onde eles possam influenciar de alguma forma a governança para um benefício plural. Não podemos achar que, do dia para

---

112. CONSERVAÇÃO INTERNACIONAL (CI Brasil). *Biografia*. [S. l.], [2022?]. Twitter: @CIBrasil. Disponível em: https://twitter.com/cibrasil/. Acesso em: 31 dez. 2022.

a noite, a organização será mais diversa e inclusiva. É um processo mais demorado para alguns; menos, para outros.

O diálogo é o ar que precisamos para respirar, e eu costumo dizer que, em organizações como a Conservação Internacional, que lida com questões ambientais, dentro da atual conjuntura, é melhor ter um diálogo difícil e duro do que não ter diálogo algum. A ausência de diálogo é descartar possibilidades por não ver caminhos. Para mim, isso não é uma opção.

> Mauricio Bianco, vice-presidente da Conservação Internacional Brasil

Como você já deve imaginar, essa abertura exige uma mudança brusca de *mindset*. **+58%** dos líderes de negócios e RH de 79 países entrevistados pela PwC disseram não ter competências para trabalhar com ideias oriundas de fora da empresa — de *crowdsourcing* a talentos flexíveis, isto é, *freelancers* e demais trabalhadores autônomos.[113]

A fusão de times ou talentos sempre foi considerada um dos pontos fortes, por exemplo, da Apple. O design organizacional e o modelo de liderança da empresa criada por Steve Jobs foram desenhados para impulsionar a colaboração entre especialistas nos mais diversos campos.[114] E essa tarefa, convenhamos, é mais difícil do que parece.

---

113. PWC, *Prepare-se hoje para a força de trabalho do futuro*. [S. l.]: PwC, c2019. Disponível em: https://www.pwc.com.br/pt/estudos/servicos/consultoria-negocios/2019/prepare-se-forca-trabalho-futuro-19.pdf. Acesso em: 2 jun. 2021.

114. PODOLNY, J. M.; HANSEN, M. T. How Apple Is Organized for Innovation. *Harvard Business Review*, [s. l.], nov./dez., 2020. Disponível em: https://hbr.org/2020/11/how-apple-is-organized-for-innovation. Acesso em: 2 jun. 2021.

Colaboração exige abertura para
- dividir quem é e o que sabe com outra pessoa ou grupo
- descobrir quem é e o que sabe outra pessoa ou grupo
- criar junto uma solução, compartilhando os créditos e o reconhecimento

MAGA PERGUNTA
- Como anda a sua colaboração?
- Você tem realmente se dedicado a trocar e conhecer outros universos?

No mundo da colaboração, não há espaço para egocentrismo, mas para ecocentrismo, isto é, para pensar no todo, no coletivo. Na Apple, quem não consegue compartilhar, mesmo que seja um líder, é convidado gentilmente a se retirar da empresa.

Será que este seria o seu caso?

Sair da caixinha, na verdade, é porque a caixinha se desmanchou, não tem mais caixinha. Nós estamos todos nus. Talvez aquele espelho que os europeus trouxeram pra trocar com a gente na praia tenha se invertido e agora eles estão vendo a cara deles mesmos, a cara do engano. E que a gente precisa abrir para outras perspectivas.

Ailton Krenak, escritor e líder indígena [115]

---

115. AILTON Krenak: por que não conseguimos olhar para o futuro?. *Trip*, [s. l.], 22 maio 2021. Disponível em: https://revistatrip.uol.com.br/trip-transformadores/ailton-krenak-por-que-nao-conseguimos-olhar-para-o-futuro. Acesso em: 3 jun. 2021.

Em 2017, durante uma viagem de férias com o meu marido pela França, Alemanha e Suíça, eu consegui convencê-lo a fazer uma parada estratégica em Dornach, cidade suíça que abriga o Goetheanum, espaço criado em homenagem ao poeta e cientista Goethe e considerado uma das mais famosas escolas de ciências espirituais — em especial da antroposofia.

Eu, que já tinha ouvido mil elogios a respeito do lugar, não cabia em mim de tanta ansiedade. O local tem uma arquitetura única e cheia de formas que privilegiam espaços amplos e luz natural. É inegável a beleza do lugar, mas era realmente isso? "Só" isso?

Fotos: Arquivo pessoal

Eu não conseguia encaixar a fama do Goetheanum ao local que eu visitava. Gastei muita sola de sapato, percorri todos os ambientes possíveis em busca daquele canto que tornaria a visita inesquecível para mim. E esse momento "ahá!" não aconteceu. Espontânea como sou, a frustração ficou estampada no meu rosto.

Eu poderia ter dado as costas ao local e, simplesmente, partido para a próxima aventura — meu marido estava ansioso por isso. Só que maior que a minha frustração era a minha teimosia, um inconformismo que alimenta uma curiosidade praticamente incontrolável.

"Como faço para marcar uma visita guiada?", perguntei no balcão de informações, pouco antes de deixar o Goetheanum.

"Você não está pensando em voltar aqui de novo, está?", apressou-se o meu marido, que só precisou de um olhar meu para receber a resposta que ele tanto temia.

Eu entendia o desespero dele: quem quer repetir um passeio frustrado durante as férias? Ainda mais na Europa, onde há tanto a se ver.

No entanto, a inquietação dentro de mim era mais forte que qualquer argumento racional em relação a uma experiência malsucedida. Eu estava convencida de que algo acontecia ali, bem diante dos meus olhos, mas completamente alheio à minha consciência. Logo, eu precisava de ajuda.

// Posso culpar a pressa e as crenças
ou a falta de sensibilidade
e o mercúrio retrógrado
quando me sinto assim isolado

Vejo algo novo
mas não o enxergo
posso ouvir algo diferente
mas não o escuto

Nem a tecnologia me ajuda
a sair dessa arapuca
que transforma minha cuca
e me afasta de experiências que transmutam

O desconhecido em singular
a ignorância em conhecimento
o conhecimento em partilha
a partilha em sabedoria

Só então eu vejo
eu escuto
eu sinto
eu (me) conecto //

Foi um pesquisador brasileiro que fazia doutorado na Suíça quem me conduziu para fora da minha mente, pelas vias de uma construção orgânica que reconhece a interdependência entre todos os seres e sistemas. A visita guiada começou ainda no jardim, com uma demonstração da integração daquele bloco de concreto assimétrico associado a uma plantinha pequena do jardim, ao verde e aos raios de Sol.

A arquitetura antroposófica, criada por Rudolf Steiner, também fundador da pedagogia Waldorf, privilegia o diálogo e a colaboração em todos os ambientes, curvas e reflexos. Faz ao visitante uma provocação: enxergue além das polaridades ou enxergue as polaridades como partes da vida, em tudo e em todos. É preciso aprender a lidar com elas; a dançar com elas ou para elas; reconhecer. Só assim é possível visualizar as diferentes nuances em cada interação, as infinitas possibilidades em cada experiência.

Ao cruzar os corredores, você passa a se sentir parte daquele sistema, que o acolhe ao mesmo tempo que o apresenta a um novo conhecimento ou — por que não? — a um novo universo.

É assim que funciona também com a colaboração.

MOVIMENTO

CONEXÃO

AÇÃO

É como uma dança em dupla ou em grupo: cada um tem o seu papel, e é da fusão de cada movimento, do encontro e da sintonia, que o espetáculo se forma. Para Lala Deheinzelin, "a chave da colaboração está nas ações prazerosas, que contribuam para que os grupos se sintam 'parte de', incluídos".[116] A visão da criadora da Fluxonomia 4D é corroborada por William C. Schutz, para quem "experiências bem-sucedidas enriquecem a capacidade do homem de ter prazer na companhia dos demais, através da expansão de seus sentimentos em relação a si mesmo e em relação aos outros".[117]

E o que é uma ação?

Lala, novamente, explica:

- Não é um quê, nem para quê, é um como.
- Não é uma intenção ou manifesto.
- É algo para onde se pode convidar pessoas.

---

116. DEHEINZELIN; CARDOSO, 2019.
117. SCHULTZ, 1974.

- Algo que sucede no tempo e espaço. (Onde? Quando?)
- Algo que é funcional, serve para, é aplicável.
- Algo que pode ser, que se consegue "enxergar" como um filme.
- Algo que o outro compreende como algo de que pode fazer parte.
- Algo que pode ser sistematizado e replicado.[118]

Mesmo que tenha dificuldade para "fazer junto", aposto que você faz mais parte desse movimento do que imagina. Afinal, uma das transformações que a internet provocou em nossas vidas foi a ascensão da economia colaborativa e compartilhada, que deve movimentar até 2025 cerca de US$ 300 bilhões.[119] Não conheço uma pessoa que não utilize pelo menos um destes aplicativos:

- Uber, 99 ou Blablacar.
- Rappi, iFood ou Uber Eats.
- Mercado Livre ou Enjoei.
- Airbnb, HomeExchange ou Couch Surfing.
- TripAdvisor, Goodreads ou Skoob.

Esses aplicativos, ou modelos de negócio, estão baseados na economia colaborativa — a plataforma conecta o usuário com uma necessidade ou desejo, ou a uma pessoa que possa justamente cobrir esse *gap*, oferecendo-lhe um produto ou um serviço. Nessa parceria, vale tudo: o próprio carro, o sofá, uma resenha sobre um livro ou o próprio saber.

Estamos tão acostumados a viver nas nossas bolhas que nem percebemos mais os movimentos que fazemos para nos aproximar do outro, como fazemos isso naturalmente.

---

118. DEHEINZELIN; CARDOSO, 2019.
119. PWC, *Sharing or paring? Growth of the sharing economy*. [S. l.]: PwC, c2015. Disponível em: https://www.pwc.com/hu/en/kiadvanyok/assets/pdf/sharing-economy-en.pdf. Acesso em: 3 jun. 2021.

Assim como o **perguntar** e o **escutar**, o **colaborar** faz parte da natureza do ser humano. Fomos treinados para competir, mas nós sabemos (e podemos!) dividir.

MAGA PERGUNTA
- Quando foi a última vez que você colaborou para uma necessidade ou desejo não atendido de alguém?
- Como foi essa experiência?
- O que sentiu?

Um estudo realizado durante mais de duas décadas pela Universidade de Zurique demonstrou que a cooperação existe quando as pessoas não se sentem ameaçadas. Em um experimento simples, uma quantia em dinheiro foi entregue a uma pessoa, que deveria compartilhar parte com outra. Se essa segunda pessoa rejeitasse a oferta, ninguém veria a cor do dinheiro. Qual foi o resultado?

A maior parte das pessoas decidiu dividir deliberadamente entre 25% e 50% do valor disponível. As ofertas rejeitadas foram aquelas que ou pareciam excessivas ou muito baixas, demonstrando um senso de justiça entre doadores e receptores. "Muitas pessoas estão dispostas a cooperar e punir aqueles que não o fazem, mesmo quando nenhum ganho é possível", explicou o responsável pelo estudo, Ernst Fehr, ao *Psychology Today*.[120]

---

120. DOBRIN, A. Cooperation and Human Nature. *Psychology Today*, [s. l.], 13 abr. 2013. Disponível em: https://www.psychologytoday.com/intl/blog/am-i-right/201304/cooperation-and-human-nature. Acesso em: 3 jun. 2021.

> Quando temos medo de ser punidos, concentramo-nos nas consequências, não em nossos próprios valores. O medo da punição diminui a autoestima e a boa vontade.
> **Marshall B. Rosenberg, psicólogo e criador da CNV**[121]

A economia compartilhada ou colaborativa aciona o sistema de recompensa do nosso cérebro. É por isso que eu vejo a colaboração como uma rede cuja ativação depende de algumas conexões.

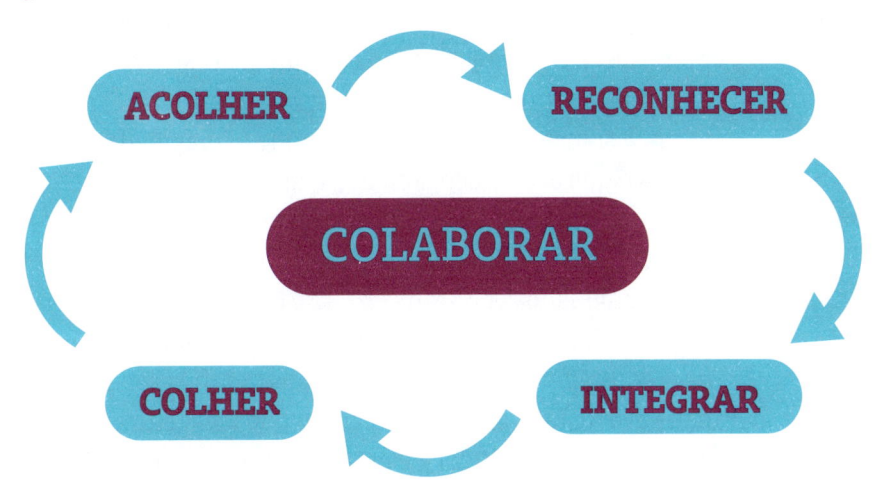

```
         ACOLHER  →  RECONHECER
              ↘   COLABORAR   ↙
          COLHER  ←  INTEGRAR
```

Esse campo elétrico, capaz de provocar profundas transformações nos mais diferentes sistemas, começa ao ACOLHER a interdependência com outros seres, para não só desenhar soluções mas também para alcançar mais bem-estar no trabalho e na vida. Esse passo nos coloca em uma situação de extrema vulnerabilidade — afinal, não gostamos de nos sentir dependentes, nem de ter que lidar com pessoas com comportamentos, crenças e valores diferentes dos nossos. Em uma sociedade plural e democrática, porém, o acolhimento das diferenças é imprescindível. Sem isso, não há abertura e não há presença para construir a ponte até o outro.

---

121. ROSENBERG, 2019.

Uma ponte, aliás, que só se firma ao RECONHECER o outro e legitimar sua existência — inclusive, suas experiências, sua capacidade, suas necessidades, suas dores, seus sonhos, sua história. É um exercício de profunda empatia, permeado por perguntas e respostas. É quando se cria um senso de pertencimento, quando a conexão se torna mais forte, por meio de uma das principais habilidades humanas: o diálogo.

INTEGRAR significa agir com profundo respeito e curiosidade, colocando forças, às vezes díspares, a serviço de algo mais forte que qualquer diferença ou identidade: o propósito ou um objetivo em comum. É nesse campo que as descobertas surgem e, claro, a criatividade aflora. E, muitas vezes, a solução é mais simples do que o imaginado.

Foi o que aconteceu com um grupo de gestores de uma organização não governamental voltada ao desenvolvimento de jovens em condições de vulnerabilidade social. Ao contrário do que ocorria em outros países, a operação brasileira, com enorme potencial de atendimento e enfrentamento aos desafios sociais, patinava. Estava claro para o grupo que lhes faltava coesão e engajamento. Faltava a eles justamente o "como" que Lala prega — não o quê, nem o para quê.

Participaram das sessões de Action Learning não só alguns representantes da gestão mas também membros de outros países e jovens beneficiados pela organização da sociedade civil (OSC) e jovens líderes do projeto. Ao "estressar" a falta de alinhamento, o principal problema veio à tona: a falta de clareza sobre os papéis a serem desempenhados e sobre os critérios a serem atingidos.

Na pressa de colocar a OSC para funcionar e ajudar aqueles jovens a se desenvolver, as bases da operação não foram construídas. A comunicação, que mantém qualquer sistema vivo e operando, foi obstruída por inúmeros ruídos — e principalmente desentendimentos.

A presença de um membro americano da OSC na sessão gerou uma ação rápida para estancar o problema: o desenho estava pronto e foi apresentado em um treinamento, com abertura para adaptações locais, de forma a respeitar as particularidades do país.

Ao aceitar a ajuda do outro e reconhecer sua importância para solucionar uma questão, a integração coloca o sistema para funcionar e nos faz COLHER muito além do objetivo inicial. Além de encontrar uma saída para um problema, nós nos sentimos motivados pela troca, pela conexão com a(s) outra(s) pessoa(s) e pelo que aprendemos com aquela ação. A colaboração gera sempre aprendizado, individual e coletivo, uma experiência que enriquece a pessoa, o grupo, a organização e, às vezes, a nação ou o planeta. Somos, assim, inundados de dopamina.

Diria até que o colaborar é capaz de desencadear um quinto movimento: o CONTAGIAR, pois, uma vez que você passa por uma experiência genuína de colaboração, é impossível voltar ao isolamento, a ver o mundo em branco e preto. É impossível ignorar mais essa força humana existente dentro de você.

> Eu me pergunto onde é que foi
> Alguém me explica
> Por favor, onde é que foi
> Que nós desaprendemos a viver em união
> Quero ver mudar, mas se eu aqui só esperar
> Eu sou um deles, sou só um deles
> Minha oração só é real transformação
> Se começar em mim.
> **Vocal Livre, banda**[122]

Aos 38 anos, eu descobri um nódulo no seio. Mergulhei, sem aviso prévio, em um dos principais pesadelos de toda e qualquer mulher: o medo de ter uma doença devastadora como o câncer.

---

[122]. A COMEÇAR em mim. Compositor: Pedro Valença. Intérpretes: Vocal Livre. [S. l.]: [s. n.], 2020. 1 canção (7 min).

Fiz uma mastectomia, seguida de um tratamento de quimioterapia e radioterapia. Encarei as primeiras sessões sozinha (embora estivesse acompanhada pelo meu marido). Você pode achar que este é um comportamento típico de uma pessoa independente e de ação: achar que não precisa de ninguém. No entanto, descobrir uma doença como esta, com tão pouca idade, foi pra mim o maior atestado da minha vulnerabilidade humana, uma grande prova da fragilidade da vida.

Ao iniciar essa jornada, o meu lado mais introspectivo veio à tona. Eu precisei me aquietar para elaborar o que acontecia e descobrir o que realmente precisava para enfrentar os desafios à frente. Somente após apaziguar o que existia dentro de mim, fui capaz de começar a construir pontes. E isso aconteceu justamente no momento em que o tratamento me gerou mais desconforto.

Kurt Lewin, o pai da Teoria de Campo e fundador da moderna dinâmica de grupo, investigou a motivação das pessoas para adotar novos comportamentos. Suas conclusões foram estudadas por outros pesquisadores, que reafirmaram a importância do propósito, do senso de pertencimento e do aprendizado individual e coletivo como fatores fundamentais dessa equação.[123]

93% das organizações reconhecem a importância do sentimento de pertencimento para aumentar a performance dos funcionários, mas apenas 13% se consideram aptas a criar esse ambiente de respeito, inclusão e colaboração, segundo a *Deloitte*.[124]

---

123. SOCIEDADE BRASILEIRA DE DINÂMICAS DOS GRUPOS. Introdução à dinâmica de grupos. *SBDG*, Porto Alegre, c2022. Disponível em: https://www.sbdg.org.br/site/introducao-a-dinamica-de-grupos/. Acesso em: 31 dez. 2022.
124. SCHWARTZ, J., *et al*. Belonging: From comfort to connection to contribution. *Deloitte*, [s. l.], 15 maio 2020. Disponível em: https://www2.deloitte.com/us/en/insights/focus/human-capital-trends/2020/creating-a-culture-of-belonging.html. Acesso em: 2 jun. 2021.

Eu precisei aceitar a situação e a minha vulnerabilidade para então reconhecer em familiares e amigos uma rede capaz de me apoiar nesse momento. Quando cheguei a essa posição, a fase mais *punk* do meu tratamento se transformou.

O processo de integração ocorria aos sábados, justamente o dia das sessões. Começava com um café da manhã e terminava com um almoço. Tive ao meu lado pessoas que queriam me apoiar nesse processo. A cada semana, a empolgação de receber alguém diferente: uma amiga da infância, um colega de trabalho, um primo ou uma tia, meus pais ou irmãos. Ao incluí-los em um processo que era meu, nós transformamos um propósito em comum em uma ação prazerosa. Essa dinâmica extinguiu o peso de sair de casa para um tratamento pesado. Eu ficava ansiosa para encontrar pessoas amadas e (re)descobrir histórias. Eu me senti pertencente a uma comunidade viva, amorosa e generosa que impulsionou o meu processo de cura e me trouxe a mais linda prova do poder da colaboração.

{Solução de problema}

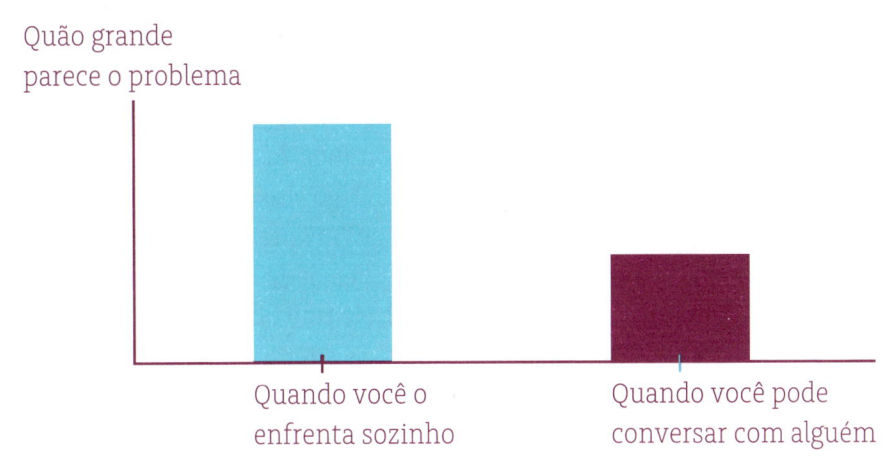

Quão grande parece o problema

| Quando você o enfrenta sozinho | Quando você pode conversar com alguém |

Fonte: Adaptado de Liz and Mollie[125]

---

125. LIZ AND MOLLIE. *Post*. [*S. l.*], 19 jan. 2021. Instagram: @lizandmollie. Disponível em: https://www.instagram.com/p/CKO4A5shsnT/. Acesso em: 3 jun. 2021.

Reforço que a construção desse caminho depende do acolhimento, porque tanto o início quanto o sucesso da colaboração estão ligados ao engajamento do indivíduo. Presenciei isso, também, em uma sessão de Action Learning de uma *holding* ameaçada de desmembramento. Uma das organizações, também uma das principais vitrines do grupo, tanto no que diz respeito ao resultado financeiro quanto à reputação, sentia-se desrespeitada por decisões desvinculadas ao seu propósito e incoerentes com as suas práticas.

Para evitar uma cisão, a líder da empresa levou o dilema a um grupo de pessoas com quem não tinha familiaridade e que nem pertenciam à *holding*. No seu entendimento, o principal incômodo era como conduzir essa reunião, reduzindo danos e evitando ações mais drásticas.

Diante das perguntas daqueles desconhecidos, ela descobriu que o principal bloqueio estava nela, que não queria ouvir as motivações por trás das decisões da *holding*. Emocionalmente envolvida, ela não estava pronta para superar as divergências e criar soluções que servissem aos interesses de todos — dela, de seu time, dos chefes. No íntimo, ela não buscava a convergência, ela acreditava na cisão, o que impossibilitava a colaboração.

Para entender melhor os gatilhos da colaboração ou de trabalho em grupo, abri um diálogo com um especialista no assunto: Mauro Nogueira de Oliveira, um grande amigo e mestre. Sócio-fundador da Sociedade Brasileira da Dinâmica dos Grupos (SBDG), ele trabalhou na área por quase 50 anos, denominando-se educador relacional, isto é, alguém que produz aprendizado por meio das relações. Foi, sem dúvida alguma, uma grande influência, transformando a forma como me comunico com as pessoas no trabalho e fora dele. Mauro faleceu meses depois de bater um papo comigo, em novembro de 2021.

Diálogo e Conexão com Mauro Nogueira de Oliveira

Magali: Eu tive o prazer enorme de fazer a minha formação de dinâmicas grupais com você. Dada a sua experiência, queria saber como você enxerga o universo de grupos no contexto atual, bastante polarizado e com muita tecnologia.

Mauro: Eu não sei se o olhar que eu tenho hoje é muito diferente do olhar que sempre tivemos. O ser humano sempre funcionou com base na polarização. Nós somos frutos de uma dualidade, nós vivemos a dualidade. O novo agora é a tecnologia, mas a polarização — a dualidade — continuará enquanto existirem seres humanos. Somos frutos de uma competição, do espermatozoide que chega primeiro. No entanto, algumas ideias ou teorias construídas nos últimos 60-80 anos precisam ser revistas. O próprio conceito de grupo, do qual eu gosto muito, baseado em Enrique Pichon Rivière, psiquiatra argentino, diz que eu formo um grupo quando eu tenho um determinado número de pessoas com a possibilidade do face a face, compartilhando o mesmo espaço geográfico, num período de tempo acordado para realização de uma tarefa. Agora, é tela a tela, não mais olho no olho — afinal, se você quiser ver meus olhos, eu tenho que olhar para a câmera e, assim, não consigo mais te enxergar. Então, o face a face não existe; trabalhar no mesmo espaço geográfico, também. Vamos ter que rever isso tudo. Por isso, a mudança começa já pelo próprio conceito de grupo. Para trabalhar a dinâmica de grupo, como o próprio Kurt Lewin definiu, preciso trabalhar os dínamos, as forças que interagem no grupo, e não a dinâmica como exercício. Isso tudo vai ser um aprendizado daqui por diante, de como trabalhar o processo grupal, como trabalhar a dinâmica do grupo, considerando que, se alguém disser alguma coisa de que eu não gosto, eu posso desligar o vídeo ou o som.

Magali: Como que essa pluralidade, todos esses elementos dos quais a gente está falando, o virtual, o menos polido, novas regras, se relacionam com as relações grupais?

Mauro: De maneira diferente. Eu participo de alguns grupos. São pessoas que conheço há alguns anos, com quem já tenho uma relação, já as abracei, já estive de mãos dadas, já estive próximo. Quando a gente vai para o vídeo e não sente muita diferença, é porque já existia uma convivência anterior. Agora, com pessoas que eu não conheço e só as vejo do tórax para cima, eu estou convivendo com uma imagem. Eu não tenho o não verbal, o limite que a outra pessoa me dá, me faltam dados com os quais estávamos habituados. Então, é diferente; em um ambiente virtual, eu só conto com as minhas percepções. E a gente sabe que tem um mundo por trás de cada um.

Magali: E existe a condição de sermos seres humanos e precisarmos uns dos outros para viver, para ser.
Mauro: Sim, somos gregários.

Magali: Qual a sua percepção em relação a isso?
Mauro: Ser gregário não significa estar tudo bem, sermos agradáveis e bonzinhos uns com os outros. Nós, primeiro, aprendemos a competir para depois colaborar. Ser gregário, estar junto com os outros, me permite essa dualidade — competir e colaborar. A gregariedade está saindo do foco do mundo organizacional para o ambiente familiar e social. Ela continua, mas antes toda a minha vida social, principalmente no mundo organizacional, se dava até em número de horas dentro da organização. Eu tinha convivência com a família de manhã, quando, muitas vezes, ou os filhos estavam dormindo ou já tinham ido para a escola. Normalmente eu não almoçava em casa e chegava à noite, muitas vezes tarde, já com todo mundo cansado. No final de semana, eu ia para a casa do fulano, do sogro, então era uma vida social muito pequena em comparação com o tempo passado dentro da organização. Com a pandemia, a forma de viver essa gregariedade começou a mudar. Para muitos, foi uma descoberta maravilhosa; para outros, a convivência com conflitos dos quais não se davam conta foi assustadora.

Magali: As novas gerações têm outro *mindset* também em relação à colaboração e à coconstrução de grupo, talvez muito diferente do que a minha e a sua geração viveram. Como você observa essa diferença ou essa posição do egocentrismo e do ecocentrismo?

Mauro: Outro dia uma amiga me disse que ficou impressionada com o filho. Quando ele fez 18 anos, ela quis conversar sobre a possibilidade de um carro e ele não quis — preferiu um cartão de crédito para pagar o Uber. "Eu quero mais liberdade. Se eu tiver um carro, vou ter que ser responsável por ele, cuidar para que não roubem, economizar para combustível, um monte de coisa. Me dê um cartão de crédito com limite e eu posso andar de Uber. Nas festas posso tomar cerveja e voltar de Uber. Meus amigos todos estão fazendo isso, ninguém mais quer carro." É uma amostra de que essa juventude não quer mais o "ter". Outra coisa que observo: a gente fica velho e começa a colecionar memórias. Agora, na pandemia, vêm grupos da escola, da faculdade, da infância, tudo que ficou para trás — grupos que a gente abandonou, mudou a vida, mudou de cidade, mudou de país. Tinha alguma coisa que nos unia, e, quando aquele vínculo deixou de existir, o grupo deixou de existir. Para os jovens de hoje, mesmo depois que o fator que os uniu deixa de existir, o grupo se mantém. Eles têm uma ideia diferente de grupo — não precisa de algo que os ligue, o próprio grupo faz a ligação.

Magali: Eu entendo que o mundo, com toda essa tecnologia, acaba sendo muito mais complexo. Como você enxerga os problemas e a colaboração neste século em que estamos vivendo?

Mauro: Para mim, a colaboração é sintoma; a colaboração é consequência. Colaborar implica, no mínimo, duas pessoas. Eu posso colaborar comigo mesmo, mas se vê mais colaboração em colaborar, trabalhar junto. Para que haja colaboração entre pessoas, esse grupo precisa estar bem trabalhado. O que é um grupo bem trabalhado? É um grupo maduro cujas características são senso de pertencimento (pertença); capacidade do grupo de conviver com conflitos, sem necessariamente precisar resolvê-los; capacidade de trabalhar com recursos do próprio grupo, bem como respeito a esses recursos. O que mais me chama a atenção é o senso de pertencimento — porque, se eu não desenvolver senso, estarei sempre pronto para sair. Posso até ajudar o outro na tarefa, mas isso não é colaborar, é fazer o que me mandam ou pedem.

Magali: E pedir para sair pode acontecer antes mesmo de deixar a função ou o grupo.

Mauro: Sim. Muitas vezes, a gente é chamado por empresas para trabalhar um grupo para que ele seja mais colaborativo, mais cooperativo, e há pessoas nele, às vezes o próprio gestor, com dificuldade de vínculo. Como pedir ao grupo para trabalhar colaborativamente se o próprio gestor não se vincula? Por isso eu digo que colaboração é consequência, é resultado de um trabalho feito com o grupo. Eu preciso trabalhar essas questões: o pertencimento, o acolhimento das diferenças e a valorização das diferenças, ao mesmo tempo que a aceitação de que o conflito é ok, é normal, faz parte de nós, é humano, e não há razão para fugir dele. Trabalhando isso no grupo, o resultado esperado desse trabalho é a colaboração.

Magali: Uma pesquisadora de Harvard, a Amy Edmondson, fala sobre segurança psicológica dos grupos e como isso é um pilar para que os grupos aprendam e, quando aprendem, gerem mais resultados, com performance maior. É possível aprender essas questões que favorecem a colaboração de um jeito sistemático?

Mauro: Sim, esse é o trabalho que a gente faz — ajudar o grupo no seu amadurecimento, no seu entendimento. Outra característica de um grupo saudável, e que, na existência dela, o grupo pode aprender a colaborar, é a capacidade de examinar o próprio funcionamento sempre. Não jogar nada para debaixo do tapete, não perder a oportunidade de um *feedback*, não perder a oportunidade de uma manifestação afetiva. Se o grupo tiver a capacidade de examinar o seu funcionamento, junto com o pertencimento, a resolução de conflitos e o respeito aos recursos dos outros, o grupo aprende a colaborar. Quando o grupo chega a esse ponto, ele já está colaborando naturalmente. Então, eu entendo colaboração como resultado de um trabalho de processo grupal.

Magali: Como você enxerga a questão das perguntas nesse contexto de aprendizagem, de forma a buscar esse relacionamento mais saudável?

Mauro: Assim como eu acho que o grupo tem que aprender a ouvir, aprender a dar *feedback*, também precisa aprender a perguntar. Quando o grupo atinge esses pilares de um grupo saudável, as coisas correm naturalmente, fluem. Eu não me assusto se alguém me faz um questionamento, não me sinto ameaçado na pertença, pois eu sei que o grupo me acolhe, tenho certeza do afeto. Hoje, trabalhando com casais, eu até brinco com alguns deles que ainda vou montar um curso sobre a arte da adivinhação entre casais. Tem que adivinhar o que eu estou querendo sem que eu diga nada. Às vezes, a pergunta é um pedido: "Vem cá, vamos esclarecer isso" ou "Por que você está fazendo isso?". Só que, para isso, eu não posso ter medo de fazer a pergunta. De novo, a espontaneidade, a franqueza, a transparência existente no grupo são resultado. A própria comunicação é consequência, não é a causa de nada. A gente ouve: "O problema entre nós é a comunicação". Não, o problema é como sai a comunicação, por que ela está assim.

Magali: A gente, desde os primórdios, sempre trabalhou em grupo. Você olha a história dos homens das cavernas e vê que já existia um funcionamento ali. Esses grupos não eram trabalhados, não eram intencionalmente desenvolvidos para funcionar melhor, para ter melhor aproveitamento. O que faz um grupo se desenvolver melhor sem ter alguém ali pra ajudar no desenvolvimento do seu melhor?

Mauro: O próprio grupo pode trabalhar isso, não precisa ter alguém fazendo isso por ele. Na Antiguidade, eles tinham um grande mote para ajudá-los: a sobrevivência. Quer melhor motivo do que esse? Aprenderam, por observação, que, os que tentavam sair, acabavam mortos. Só podiam caçar em grupo porque os bichos eram tão grandes que eles não conseguiam sozinhos. Meus pais passaram para os filhos a ideia de que eles tinham que trabalhar numa empresa e, de preferência, se aposentar nela. Então, eu fui preparado para entrar numa organização, trabalhar e me aposentar. Lá eu poderia, ou não, desenvolver todas essas características, que resultariam num processo colaborativo. A probabilidade de isso ocorrer era muito pequena. Era uma questão cultural. Antes de terminar a faculdade, eu entrei como *trainee* da empresa de telecomunicações do Rio Grande do Sul — Cia Riograndense de Telecomunicações. Meus pais ficaram felizes da vida, achando que eu estava encaminhado na vida. Quando eu saí para o Banesul, foi uma chiadeira. "Meu filho, como fica a questão do futuro?", disseram. Quando eu resolvi sair, dez anos depois, para trabalhar como consultor autônomo, meu pai quase teve um infarto. Minha experiência me mostrou que as pessoas permanecem dependendo de quanto o grupo é atraente para elas.

Magali: Eu queria voltar à questão da sobrevivência porque o Reg Revans, criador do método Action Learning, fala exatamente disso — da urgência, da importância e de ser real, como no caso dos homens da caverna, que precisavam se juntar e colaborar pela sobrevivência. Hoje em dia, muitas empresas estão adotando métodos ágeis de colaboração, às vezes por imposição da diretoria, para resolver rápido alguma questão. Como você enxerga essa urgência?

Mauro: Métodos colaborativos não necessariamente são colaboração, principalmente envolvendo tecnologia. É colaborativo porque eu preciso fazer uma parte para que o resultado seja alcançado. Colaboração, para mim, ainda tem mais a ver com a questão de trabalhar junto. O colaborativo intermediado por uma tecnologia sou eu fazendo parte de uma engrenagem, enquanto o colaborativo que trabalha junto com o outro é aquela coisa da "pertença", é mais um momento de grupo. Se entra uma tecnologia no meio, eu não vejo como uma manifestação grupal, é um processo. O que o Revans traz é muito parecido com o que o Lewin ou o Rosenberg falam sobre necessidades, isto é, a maneira como uma necessidade insatisfeita se torna urgente.

Magali: De que a gente precisaria para ter diálogos mais reais, transparentes, de conexão real?

Mauro: Não tem alternativa além de olhar para si mesmo e ver como é que estou me comunicando com os outros. É um trabalho individual, não tem como. Pode ter ajuda de um terapeuta ou de um *coach*, mas tem que rever muita coisa. De novo, a comunicação é consequência; a escuta também é uma consequência. A minha disponibilidade para ouvir o outro está muito relacionada à disponibilidade que eu tenho para me ouvir. Se eu não consigo me ouvir, como é que eu vou ouvir o outro?

Ao se preparar para a reunião com a *holding*, a líder de quem falamos anteriormente se deparou com uma informação importante: uma emoção que poderia impedi-la de lidar com a situação da forma esperada, ou, como colocou Mauro, recordando Rosenberg, uma necessidade insatisfeita se tornou urgente. Essa emoção adicionava camadas de complexidade à questão, dificultando a colaboração. Não havia curiosidade para ouvir o outro lado, não havia empatia para compreender motivos, não havia o desejo de trabalhar junto por uma solução única.

Não se deve condenar a postura dessa líder. Sua reação não significa que ela fosse incapaz de trabalhar em grupo — apenas não estava disponível para realizar uma atividade em conjunto com a *holding* naquele momento. Em situações como esta, em que há, excepcionalmente, uma dificuldade para se entregar, integrar e trabalhar em grupo, as pessoas se tornam, segundo Lewin e outros pesquisadores, "inaptos situacionais".[126] Isso ocorre quando há:

- falta de funcionalidade nas estruturas do grupo;
- falta de aderência ou aceitação da liderança do grupo;
- falta de liberdade ou abertura com o grupo, influenciando negativamente a segurança psicológica.[127]

Vale destacar que, para esses especialistas, há, ainda, os "inaptos caracteriais ao trabalho em grupo" — estes, sim, mais perigosos, por serem mais individualistas e não terem empatia. Podem até ter traços paranoicos, com "mania de perseguição e delírios de grandeza". Ao assumirem posições de liderança, tornam-se facilmente líderes autocráticos e tóxicos.[128]

[126.] MAILHIOT, G. B. *Dinâmica e gênese de grupos*: atualidade das descobertas de Kurt Lewin. Belo Horizonte: Editora Vozes, 2013.
[127.] *Ibid.*
[128.] *Ibid.*

> Sou biólogo e viajo muito pela savana do meu país. Nessas regiões encontro gente que não sabe ler livros, mas que sabe ler o seu mundo. Nesse universo de outros saberes, sou eu o analfabeto.
>
> **Mia Couto, escritor**[129]

A colaboração, para mim, é uma entrega: só ocorre de fato com presença, com vontade, com ação. É preciso se despir de certezas, de crenças, de saberes para recomeçar, renovar, reinventar. Não há meio-termo, não há outra forma.

Para que a colaboração cumpra o papel de impulsionar a inovação, ambição de dez entre dez empresas, é preciso combinar a capacidade de colaboração do ser humano com as duas outras forças: a de perguntar e a de escutar. Os benefícios, então, se misturam e se multiplicam.

- Geração de ideias
- Pensamento crítico
- Aceitação a vulnerabilidades
- Agilidade/produtividade
- Cura
- Reflexão
- Comunicação
- Aprendizados
- Transparência
- Bem-estar
- Pertencimento
- Curiosidades
- Reconhecimento
- Sustentabilidade
- Coexistência
- Visão holística
- Evolução
- Coragem para assumir riscos

---

129. COUTO, M. *Post*. [*S. l.*], 3 jun. 2021. Facebook. Disponível em: https://www.facebook.com/miacoutooficial/posts/337786467714078. Acesso em: 1 jan. 2023.

Finalmente, é impossível praticar essa força humana sem:

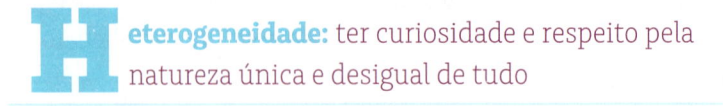

H **eterogeneidade:** ter curiosidade e respeito pela natureza única e desigual de tudo

U **rgência:** compreender a necessidade por novas formas de aprender e cocriar

M **udança:** querer explorar, sem temer, o desconhecido

A **ltruísmo:** pensar e priorizar o todo, mesmo diante de desvantagens pessoais

N **utrição:** criar e cuidar dos vínculos e das conexões

O **rganização:** buscar um modelo dinâmico e democrático para atingir o consenso ou o objetivo

Em tempos de ânimos alterados e capacidade reduzida de empatia, diálogo e conexão, tanto no Brasil como em várias partes do globo, o historiador Yuval Harari destaca a Constituição da União Europeia como inspiração para superar ideologias, individualismo e separatismo em nome de um destino mútuo entre os mais diferentes povos:

Mesmo num planeta unido haverá muito espaço para o tipo de patriotismo que celebra a singularidade de minha nação e salienta minhas obrigações com ela. Mas, se queremos sobreviver e florescer, o gênero humano não tem outra opção a não ser complementar essas lealdades locais com obrigações reais para com a comunidade global. Uma pessoa pode e deve ser simultaneamente leal à sua família, sua vizinhança, sua profissão e sua nação — por que não acrescentar à lista a humanidade e o planeta? É verdade que quando se tem múltiplas lealdades os conflitos são às vezes inevitáveis. Mas quem disse que a vida era simples?[130]

No próximo capítulo, eu demonstro como o Action Learning tira proveito dessas três forças humanas e usa os conflitos e problemas para criar diálogo e conexão.

> **Dicas da Maga**
>
> O que você não pode esquecer deste nosso papo:
>
> 1. A aceitação da própria vulnerabilidade e da interdependência com outras pessoas é o primeiro passo para ativar a colaboração.
> 2. É preciso reconhecer a heterogeneidade dos seres — do DNA à história e às experiências que tornam nossa comunidade tão plural e magnífica.
> 3. A força humana do colaborar é imbatível quando propósitos e forças estão integrados.
> 4. Os benefícios da inteligência colaborativa vão muito além de um problema resolvido — de inovações ao *lifelong learning*, passando por um novo sentido de comunidade, mais colaborativa, participativa, de sobrevivência.

---

130. HARARI, 2018.

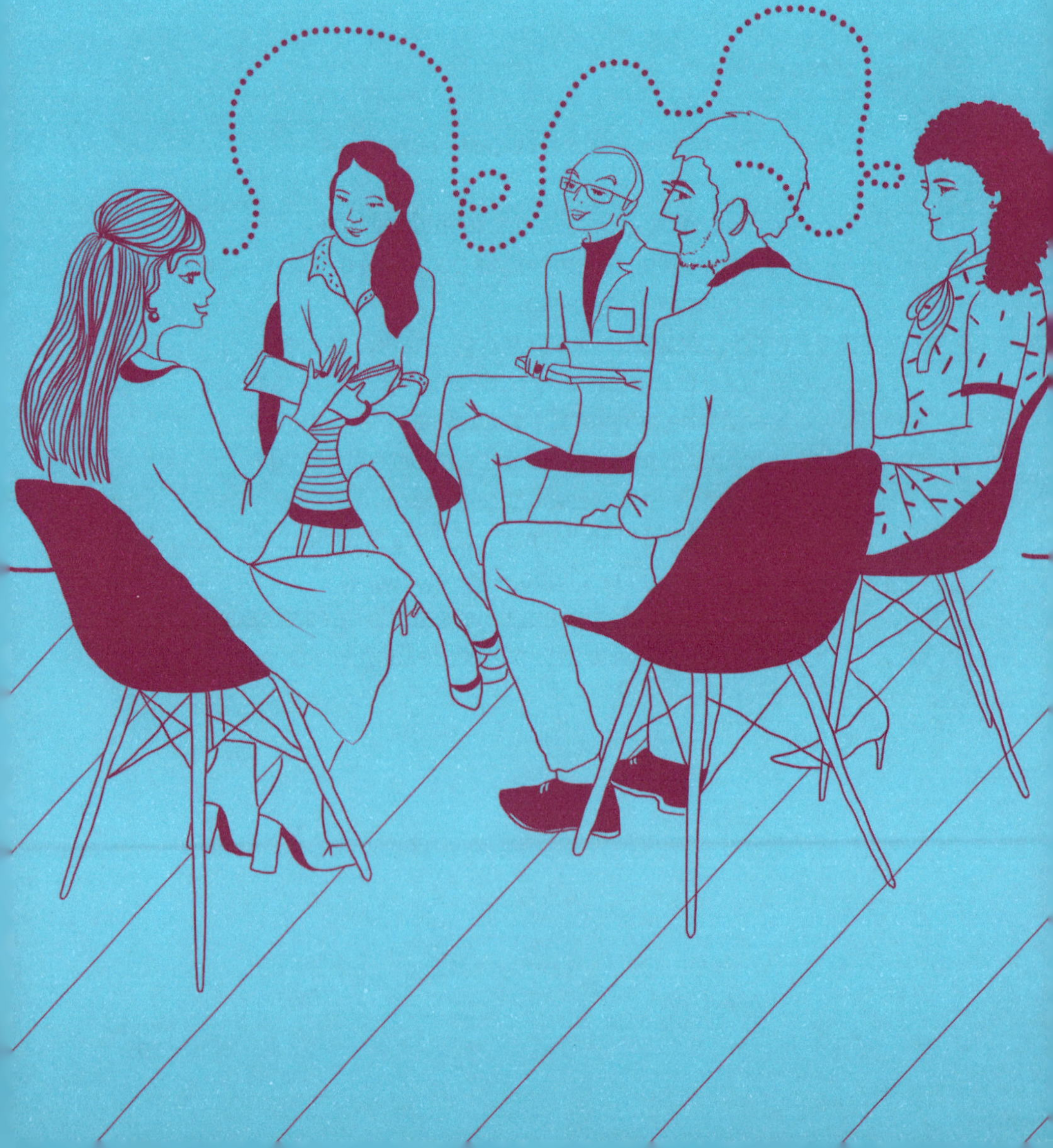

6

Action Learning:
o poder de um grupo com um propósito comum

**Não há aprendizagem sem ação,
nem ação sem aprendizagem.**
Reg Revans, professor e consultor

"Eu quero fazer isso!"

Foi esta a minha reação ao presenciar o que o Action Learning provocava nas pessoas e nos times. Até então, confesso, eu nunca tinha ouvido falar nesse método. No entanto, à medida que a sessão acontecia, os diálogos começavam a fluir, a conexão entre as pessoas se fortalecia e a cortina de névoa se abria — até para mim, mera observadora da dinâmica, da qual participavam sete superintendentes de um banco, todos profissionais experientes e, conforme manda a convenção, extremamente estressados e "isolados".

É verdade que esse setor sempre se caracterizou por longas jornadas, muita competição e estresse além da conta. Em 2014, porém, essa equação ganhou fatores adicionais: após um ano de manifestações populares em várias cidades do país, a Operação Lava Jato foi deflagrada pela Polícia Federal, a Copa do Mundo ocorreu em estádios superfaturados e Dilma Rousseff (PT) foi reeleita depois de uma disputa acirrada com Aécio Neves (PSDB).

O ambiente interno daquele banco, assim como ocorreu em outras organizações, foi afetado pelos acontecimentos externos. O clima amigável deu lugar a um semblante sério, com mandíbulas travadas. A pressão interna e externa havia aumentado muito, e nenhum daqueles executivos precisava consultar videntes para saber que o futuro ainda reservava a todos, pessoas físicas e jurídicas, inúmeras turbulências. O Brasil e os brasileiros não eram mais os mesmos. Uma grande mudança estava em curso e influenciava diretamente a economia, a democracia e a sociedade.

Diante de adversidades, a reação mais comum é se manter firme — foco e disciplina nos processos, nas metas e na direção.

Como um bom marinheiro, checa-se o tempo todo as condições do tempo para prever eventuais instabilidades e a necessidade de ajustes pontuais na rota de navegação.

Só que aquele banco estava disposto a ir além. Com mais de uma década de atuação, eles entendiam que as adversidades brasileiras não estavam tão descoladas da realidade vivida nos países mais desenvolvidos. Eles sabiam que não podiam esperar a tempestade passar para avaliar que mudanças deveriam ser feitas. Esperar significava, aos olhos deles, um risco muito maior e poderia até colocar em xeque a própria sobrevivência.

Aqueles superintendentes estavam reunidos a pedido do CEO do banco, que sabia que o principal inimigo estava dentro de casa. Histórias como a da Enron, companhia de energia que faliu após um dos maiores escândalos de corrupção e fraudes dos Estados Unidos,[131] deixavam claro que, por mais competente que a empresa ou a liderança fosse, ninguém era invencível.

Em seu livro *Mindset*, Carol Dweck relata o resultado de um estudo australiano, realizado por Robert Wood, sobre "teorias implícitas de habilidade, dinâmica de processamento e Atuação em Grupos de Tomada de Decisão":[132]

Há muitas maneiras pelas quais o mindset fixo cria o pensamento de grupo. Os líderes são considerados deuses que nunca se enganam. Um grupo pode arrogar-se de talentos e poderes especiais. Os líderes suprimem o desacordo, a fim de inflar seus egos. Ou, então, os funcionários concordam com os líderes para conseguir deles o reconhecimento. Por isso o *mindset* de crescimento é muito importante no momento de tomar as grandes decisões. Como demonstrou Robert

---

131. BONDARENKO, P. Enron Scandal. *Britannica*, [s. l.], [2001] Disponível em: https://www.britannica.com/event/Enron-scandal. Acesso em: 20 jan. 2022.

132. DWECK, 2017.

> Wood em seu estudo, o *mindset* de crescimento, ao libertar as pessoas das ilusões ou da carga da aptidão fixa, leva a um debate pleno e aberto das informações disponíveis e à tomada de decisões sensatas.

Era justamente isso que aquele banco buscava ao sugerir que a sua liderança desligasse o piloto automático e mergulhasse em uma nova trilha de desenvolvimento. Eles sabiam que a coesão era um dos principais desafios daquele time, que precisava desbloquear o diálogo para enxergar o benefício mútuo da colaboração como caminho para a inovação. Até então, cada superintendente era extremamente territorialista, um comportamento não muito diferente do que ainda acontece dentro de algumas empresas, também fracionadas em silos, que dificultam a conexão.

Por isso, o banco resolveu não economizar e contratar um programa inovador de desenvolvimento, do qual o Action Learning fazia parte, junto a uma série de encontros e experiências, alguns em lugares inusitados da grande São Paulo, como a Pinacoteca do Estado, a Cinemateca Brasileira e alguns restaurantes.

Na época, eu fazia parte da consultoria contratada para guiar o grupo por essa nova trilha. Após um ano sabático, eu havia decidido dar uma guinada de 180 na minha carreira e contribuir para o desenvolvimento organizacional de um outro lugar, em uma posição que demandava mais criatividade para combinar métodos e abordagens capazes de construir novos olhares, formar novas habilidades e garantir a sustentabilidade dos negócios — quando não, o futuro. Parece exagero?

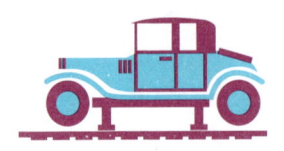

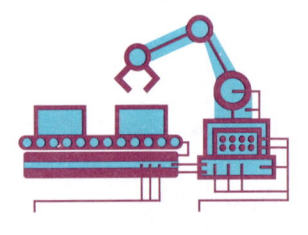

1800 – Indústria 1.0
A Revolução Industrial começa. Mecanização do processo fabril com a introdução das máquinas a vapor.

1900 – Indústria 2.0
Produção em massa e linhas de montagem com o uso da energia elétrica.

Indústria 3.0
Produção automatizada com o uso de eletrônica, controle lógico programável, tecnologia da informação, sistemas e robótica.

2000 – Indústria 4.0
A "Fábrica Inteligente": tomada autônoma de decisão a partir de sistemas ciberfísicos com o uso de machine learning e analytics de big data. Interoperabilidade com internet das coisas e tecnologia na nuvem.

Pense bem: a 4ª Revolução Industrial já chegou mostrando que a transformação nas indústrias e na sociedade não tomaria mais um século, como no passado, para renovar nossa forma de "fazer" e "ser".

Embora o termo tenha sido criado em uma feira de indústrias na Alemanha em 2011, a automatização extrema não se limitou às fábricas, mas a todo tipo de negócio. Em poucos anos, essa revolução atravessou o Atlântico e estendeu seus tentáculos sobre diferentes sistemas.

No Brasil, por exemplo, o Banco Central do Brasil (Bacen) já vinha, por meio de consecutivas resoluções, fomentando a entrada de novos *players* no setor bancário, que, além de extremamente regulado, sempre foi muito concentrado.

- 2010: quebra de exclusividade das principais bandeiras e credenciadoras
- 2013: regulação do mercado de pagamentos com a criação do papel de Instituição de Pagamento
- 2016: autorização de abertura de conta 100% digital
- 2017: obrigatoriedade de aceitação de todas as bandeiras em todas as credenciadoras
- 2020: regulação de pagamentos instantâneos e Open Banking[133]

Os *smartphones* já faziam parte da realidade de uma parcela significativa da população brasileira, que testava novos hábitos e exigia novos produtos e serviços. Foi nessa esteira, como explicado anteriormente, que as *fintechs* ganharam fôlego e começaram a abocanhar quem se mantinha à margem dos bancos tradicionais ou quem estava cansado das taxas cobradas por eles. É por isso que, nesse cenário, a decisão de investir em treinamento e desenvolvimento era uma estratégia de negócio necessária e urgente. Mudar o *mindset* interno e revolucionar a organização de cima para baixo era imperativo.

O projeto construído incluía várias abordagens, mas aquele método até então desconhecido chamou minha atenção logo na primeira sessão. Fui testemunha de uma mudança brusca na energia daquele grupo de executivos. Um a um, os escudos foram caindo para expor humanos esmagados por metas, cansados de matar não "um leão por dia", mas o reino animal inteiro.

---

[133]. EY BRASIL. Transformação do setor bancário e de pagamentos no Brasil. *EY Brasil*, [s. l.], 21 ago. 2020. Disponível em: https://www.ey.com/pt_br/financial-services/transformacao-do-setor-bancario. Acesso em: 8 jul. 2021.

Algo precisava mudar.

E essa mudança começava ali, com cada integrante daquele pequeno grupo.

Na mudança de atitude não há mal que não se mude
nem doença sem cura
Na mudança de postura a gente fica mais seguro
Na mudança do presente a gente molda o futuro

Até quando você vai levando porrada?
Até quando vai ficar sem fazer nada?
Até quando você vai ficar de saco de pancada?
Até quando você vai levando?

Gabriel, o Pensador, rapper e compositor[134]

Após apresentar o "mundo ordinário", aquele com que todos nós nos identificamos, a famosa "jornada do herói", de Joseph Campbell, realmente começa quando o personagem principal aceita o chamado à aventura. Alguns humanos, com genuínas almas de protagonistas, não aguardam uma adversidade se instalar para experimentar novos caminhos e desenvolver novas habilidades. E esta é a história de um homem nascido ao longo da Segunda Revolução Industrial, em uma cidade portuária inglesa chamada Portsmouth. Seu nome era Reg Revans.

A trajetória desse inglês poderia ter saído de um imaginativo folhetim: atleta olímpico, astrofísico, professor universitário, administrador e consultor, sabia ainda pintar, tocar instrumentos e construir móveis. Movido pela curiosidade e pela vontade de experimentar, Revans chegou à conclusão de que os problemas são partes integrais dos negócios e da vida. Resolveu, então, organizar as capacidades intrínsecas de qualquer ser humano em um método que valoriza o trabalho em grupo para criar soluções

---

134. ATÉ quando?. Compositores: Gabriel, o Pensador e Itaal Shur. Intérprete: Gabriel, o Pensador. Rio de Janeiro: Sony Music, 2001. 1 canção (4 min).

e conhecimento. A esse método, desenvolvido na década de 1940, ele deu o nome de Action Learning.

> Por que te calas
> diante de um desafio?
> Por que não investigas
> o que te deixa por um fio?
>
> Preferes viver assim,
> angustiado,
> esgotado e
> desconectado?
>
> Retome agora tua força,
> essa curiosidade louca,
> capaz de descortinar saídas
> e o verdadeiro poder da vida.

Incertezas inundavam pai e filho, donos de uma incorporadora imobiliária na região Nordeste do Brasil. Eles estavam prontos para colocar no mercado um projeto realmente revolucionário, em linha com a economia colaborativa e as necessidades de uma população jovem e plural, em uma região rica em universidades e empresas. Tinham confiança no produto em mãos, mas relutavam em anunciar o lançamento pela falta de dados que comprovasse o que a intuição lhes dizia. A pandemia da covid-19 dificultou o acesso ao público-alvo, impedindo um conhecimento mais aprofundado sobre a perspectiva do usuário e, claro, a validação desejada para o investimento.

O Action Learning cruzou o caminho desses empresários como uma alternativa para solucionar o problema, que se tornava cada vez mais real, importante e urgente — e esta, aliás, é a premissa para ativar o método que estimula o pensamento crítico, o trabalho em grupo e a geração de conhecimento em cadeia.

> **MAGA PERGUNTA**
> - Diante de um problema cabeludo, qual é a sua reação?
> - Que tipo de solução você procura?
> - Em que lugar você coloca as outras pessoas?
> - Como sente o mundo nessas situações desafiadoras?

Em um mundo que exige decisões rápidas e habilidade para desviar de julgamentos também ligeiros, é natural e biológica uma resposta programada, baseada na experiência anterior ou no conhecimento já adquirido. Só que essa fórmula tem se mostrado ineficiente, apesar de todos os nossos esforços de controle de resultado.

Após a sessão de Action Learning daquele banco, eu descobri que havia uma forma de "fazer junto" e "fazer melhor". Havia uma forma organizada, simples, ágil e democrática para:

- fomentar perguntas e reflexões que deflagram opiniões e percepções;[135]
- desvirtuar o *status quo* organizacional e individual, criando horizontalidade e despertando a criatividade;
- desbloquear e fomentar a inteligência coletiva;
- desenvolver pensamento sistêmico;
- criar condições para o desenvolvimento do senso de pertencimento e elevar a autoestima;
- desenvolver habilidades necessárias à liderança 4.0;
- fortalecer as bases de um mundo mais humano, gentil e generoso.

---

135. MARQUARDT, *et al.* 2018.

Habitante de um mundo cético, matemático e analógico, Revans foi capaz de colocar uma parte importante do método em uma fórmula:

Aprendizagem = **C**onhecimento **P**rogramado x **Q**uestionamento x **R**eflexão

Esta é uma forma de atrair aqueles que ainda acham que aprender e inovar é difícil, uma aptidão de poucos, dos "escolhidos", não de pessoas comuns, dotadas somente de curiosidade, coragem e empatia.

Ao buscar aprofundamento nesse método humano e transformador, eu conheci o World Institute for Action Learning (WIAL), único órgão certificador, presente em mais de 15 países, incluindo o Brasil. Michael Marquardt, que assina o prefácio deste livro, é um dos fundadores da organização, criadora de um processo composto de seis componentes e duas regras básicas, além de três níveis de beneficiários.

ACTION LEARNING

Os seis elementos

- PROBLEMA
- PERGUNTAS
- GRUPO
- AÇÃO
- COACH
- APRENDIZADO

Regras:
Afirmações podem ser feitas em resposta a perguntas e todos podem perguntar a todos.
O *coach* tem autoridade para intervir sempre que identificar oportunidades de aprendizagem do grupo ou do participante.

Beneficiários:
Indivíduo ou profissional.
Time ou grupo.
Organização ou sistema.

Em *Action Learning for Developing Leaders and Organizations* (Action Learning para desenvolvimento de líderes e organizações, em tradução livre), ele, em parceria com coautores, ensina:

Os problemas não são apenas fardos, mas também ocasiões para aguçar a inteligência, bem como as habilidades dos solucionadores de problemas. Uma premissa fundamental do Action Learning é que os indivíduos aprendem melhor ao executar alguma ação sobre a qual refletem e aprendem.[136]

Com a batata quente na mão, aqueles empresários do ramo imobiliário tiveram coragem para admitir que não resolveriam o problema sozinhos. Investir em um empreendimento no escuro era um risco alto demais a ser pago em um país instável, impactado por uma pandemia e às vésperas de uma eleição presidencial que prometia elevar ainda mais a temperatura. Decidiram, então, acolher o momento de vulnerabilidade, deles e da empresa, e reconhecer a dependência de outras mentes para solucionar a questão.

Confiaram o dilema a quatro colegas de pós-graduação, mais o coordenador do programa, durante uma sessão de Action Learning, organizada pela instituição de ensino. No mundo competitivo em que vivemos, pode ser difícil acreditar que eles anteciparam a grande aposta da empresa a um grupo de pessoas que atuava no mesmo setor. Só que o medo de entregar de bandeja para a concorrência a novidade gestada durante meses era bem menor que a confiança e o propósito compartilhado, dois componentes fundamentais para derrubar muros e construir pontes.

---

136. MARQUARDT, Michael J., *et. al. Action Learning for Developing Leaders and Organization*. American Psychological Association, 2012.

> Estamos tão habituados ao mundo que nos rodeia que a criatividade na base dele tende a ser invisível. Mas tudo —edifícios, remédios, carros, redes de comunicação, cadeiras, facas, cidades, aparelhos domésticos, caminhões, óculos, geladeiras etc. — é resultado de os seres humanos absorverem o que está a seu alcance, processarem e produzirem algo novo a partir disso. Em qualquer ocasião, somos herdeiros de bilhões de ancestrais rodando seus softwares cognitivos. Nenhuma outra espécie se empenha tanto em explorar territórios imaginários. Nenhuma outra espécie está tão determinada a transformar o faz de conta em realidade.
>
> **David Eagleman e Anthony Brandt, neurocientista e professor, respectivamente**[137]

Como comentei no início deste capítulo, a primeira vez que presenciei uma sessão de Action Learning foi em benefício da liderança de um banco. A ideia daquele programa de desenvolvimento era "desconstruir o olhar", mas esse processo só ocorreu quando o grupo passou a conversar sobre o que mais doía em cada um, quando as vestes de executivos bem-sucedidos e poderosos do mercado financeiro deram lugar a mulheres e homens com medos e dúvidas. Da vulnerabilidade compartilhada surgiu uma troca natural e ao mesmo tempo "controlada". Vi *in loco* o time se tornar mais coeso, descobrir afinidades e desenhar soluções para as mais diferentes questões — do presente e do futuro. Diante daquela "mágica", tão organizada e humana, meus olhos ficaram esbugalhados de perplexidade e emoção. "Funciona!", pensei. "É isso que eu quero fazer!".

---

137. EAGLEMAN, D.; BRANDT, A. *Como o cérebro cria*: o poder da criatividade humana para transformar o mundo. Rio de Janeiro: Intrínseca, 2020. E-book.

Eu logo busquei a certificação e, em 2015, ao concluí-la, decidi exercitar minha musculatura com o lançamento de um programa pioneiro voltado a empreendedores sociais. O "Action Learning for Sales" lançava um olhar para problemas focados na venda de produtos e serviços. As turmas eram abertas, uma novidade no Brasil, e ocorriam semanalmente, a partir de uma pré-inscrição. Vislumbrei ali a diversidade de dilemas, conhecimentos e soluções que pessoas que atuam em um mesmo setor podem ter.

Desde então, conduzi sessões em organizações das mais diferentes naturezas. Um dos meus projetos favoritos foi o "Action Learning for Transition", voltado a ajudar pessoas em transição. A iniciativa, feita em parceria com uma instituição, atraiu profissionais que buscavam mais propósito em seu trabalho — pais de família em dificuldade financeira, filhos mergulhados no luto e até uma pessoa em situação de rua que encontrou naquele círculo um espaço de reconhecimento como membro da comunidade humana.

É com essa bagagem que afirmo que não há limites para a aplicação desse processo, que pode colaborar com:

- pais e mães com problemas de comunicação com filhos;
- homens interessados em discutir o machismo dentro e fora das empresas;
- representantes de vendas com dificuldade para atingir metas;
- líderes ameaçados pelas novas competências exigidas com a era digital;
- gestores desafiados a lidar com diferentes gerações de profissionais dentro da equipe;
- profissionais interessados em obter mais equilíbrio entre vida pessoal e profissional;
- jovens estagiários ou *trainees* em busca de se integrar melhor à cultura do local de trabalho;
- consultores seniores com dificuldades para desenvolver um *mindset* de crescimento;

- líderes desconectados com as causas da diversidade e inclusão;
- líderes de recursos humanos (RH) com o desafio de desenvolver, atrair, reter e desenvolver talentos dentro desse contexto do futuro de trabalho 4.0;
- operadores patinando na performance de uma determinada linha de produção;
- equipes de melhorias de processo em áreas de produção ou de qualidade;
- times com dificuldades de entrosamento, interação e colaboração;
- empresas com o clima organizacional em queda;
- professores com poucos recursos em um mundo em constante mudança;
- instituições sociais carentes de recursos para desenvolvimento e manutenção das atividades;
- profissionais liberais desafiados pelas necessidades de uma sociedade em transformação;
- empreendedores instigados a testar suas hipóteses e protótipos;
- organizações interessadas em desenvolver o pensamento sistêmico;
- idosos com problemas da vida madura.

O método, que fomenta a inteligência coletiva, pode ser utilizado de forma isolada ou em programas desenhados para fins específicos. Em casa ou no trabalho. É um instrumento valioso para voltar a se comunicar com o mundo. Como disse anteriormente, basta ser humano.

Acho que você, que segura este livro nas mãos, se qualifica, né?

> O Action Learning combina com tudo e não briga com nada.
> **Marina Mazi, consultora**

A frase da Marina, profissional que logo terei o prazer de apresentar de forma mais completa, tornou-se uma máxima para quem pratica o método. O coordenador daquela pós-graduação chegou a chamá-lo de *"brainstorming* 2.0" pelo *reboot* criativo que gera nas pessoas. O Action Learning cria uma visão positiva de futuro.

Atenção: nada de positividade tóxica!

Ao estimular a ação e o aprendizado, os participantes abandonam as lamúrias e a procrastinação para testar, por meio das perguntas, da escuta e da troca, hipóteses, experiências e até soluções. Após a sessão de 80 minutos, aqueles dois empresários, pai e filho, saíram com uma lista de ações simples e concretas para atacar o problema que tinham — de incentivos para participação em um *focus group* presencial a um rastreamento de outros possíveis usuários e funções para o empreendimento tão desejado.

É verdade, porém, que nem sempre basta ter um grupo experiente que conheça o assunto ao lado de um *coach* capaz de apoiar o grupo e calibrar na medida certa a conversa, aprendendo com os desvios e excessos para garantir o foco na temática e a qualidade do conhecimento adquirido e compartilhado. Que o diga o time de uma farmacêutica com um problema histórico de produtividade, aparentemente à prova dos mais diferentes treinamentos.

Para eles, eu desenhei três sessões com dois grupos formados por profissionais de diferentes subáreas. A primeira etapa ocorreu sem intercorrências. As conversas, para a minha surpresa, ocorreram com fluidez, e ações foram desenhadas com relativa facilidade. Todas elas deveriam ser abordadas em um período de quatro semanas, antes das sessões seguintes, que colocariam em pauta eventuais bloqueios e evoluções.

Quando o dia D chegou, silêncio na sala. As ações não tinham saído do papel. O mesmo ocorreu algumas semanas depois, na data marcada para a terceira sessão. O Action Learning só não entrou para a lista de fracassos daquela empresa porque um novo problema se tornou evidente:

a dificuldade do time em priorizar ações que fariam o problema ou a situação mudar de figura.

A psicologia, assim como toda a literatura de autodesenvolvimento, deixa claro este ponto: só se ajuda quem quer ser ajudado. É necessária a intenção de resolução do problema para que haja comprometimento na execução. Quando isso acontece, até mesmo desconhecidos se mobilizam e desviam do próprio caminho para ajudar o cumprimento do objetivo ou a resolução do problema.

O filósofo Tzvetan Todorov, em seu livro *Diante do extremo*,[138] destaca a natureza do cuidado como uma virtude ao relatar a história de uma mulher que deu à luz uma criança em um vagão de trem durante a Segunda Guerra Mundial. Nesse contexto, é óbvio que não havia liberdade para ir e vir — até as visitas ao banheiro eram reguladas. As regras eram as mesmas para todos, sem exceção. Isso quer dizer que aquela mãe não tinha tempo suficiente para lavar fraldas sujas, mas ela não precisou dizer uma palavra sequer às outras mulheres. Cada uma, ao entrar no banheiro, retirava voluntariamente uma fralda suja do balde para garantir a sua higienização.

Essa história reforça como a preocupação com o outro nos torna mais humanos. E é isso que acontece em uma sessão de Action Learning. Nesse encontro entre humanos, a tensão é dissolvida pela vontade de ajudar a quem precisa. Daniel Goleman traz outra perspectiva para esse impulso humano e o chama de preocupação empática — o ser humano sabe que precisa ajudar o outro e se mobiliza para isso. Há ação e movimento. "Essa atitude compassiva se forma numa parte profunda do cérebro, nos sistemas primários de baixo para cima vinculados ao afeto e ao apego, ainda que se misturem com circuitos mais reflexivos, de cima para baixo, que avaliam o quanto valorizamos o bem-estar alheio", explica em *Foco*.[139]

---

138. TODOROV, T. *Diante do extremo*. São Paulo: Editora Unesp, 2017.
139. GOLEMAN, 2013.

> **MAGA PERGUNTA**
> - Como essa relação de ajuda aconteceu ou acontece na sua vida?

Essa resposta biológica, porém, pode sofrer com ruídos inibidores de ação. Entre eles está uma característica muito presente nos corredores das organizações e nas famílias: a competição — seja por antipatia com o necessitado, seja por uma rivalidade específica, incluindo aquele último pedaço suculento de frango. Nenhum sistema está livre disso, até mesmo em organizações cujo propósito é zelar pelo cuidado.

Acompanhei essa situação em uma instituição voltada a ajudar crianças e adolescentes em situação de vulnerabilidade e risco. O time da casa era formado por cerca de 20 profissionais, divididos entre equipe técnica e operacional. Ainda que trabalhassem por um propósito em comum, não havia comunicação entre eles, só intrigas e fofocas impactando tanto a gestão da organização quanto o cuidado com os moradores.

As oito sessões de Action Learning, com duas horas de duração cada uma, aconteceram em períodos distintos, de forma a contemplar o maior número de colaboradores possível. Cada participante foi convidado a trabalhar uma habilidade durante os encontros.

- Responder de forma objetiva.
- Exercitar a paciência.
- Ouvir profundamente.
- Fazer perguntas poderosas.
- Manter o foco.
- Controlar a ansiedade.
- Fazer perguntas objetivas.
- Fazer uma escuta ativa.
- Ter uma presença consciente na sessão.
- Valorizar diversas percepções, entre outras.

Além de mim, outras três *coaches* com experiência ou interesse em projetos sociais acompanharam as sessões, que mergulharam em problemas definidos pelos próprios participantes. Entre eles estavam:
- falta de comunicação entre e nas equipes;
- falta de autonomia para a tomada de decisão;
- falta de empatia;
- falta de organização e de cumprimento de regras;
- falta de colaboração.

Como resultado, ao final das sessões, algumas ações foram listadas.
- Melhorar a escuta, intensificar o diálogo, não enxergar os problemas da instituição como pessoais, ter olhar flexível diante das situações e se atentar a anotar mais as informações.
- Realizar conversas nas trocas de turno para melhorar o alinhamento entre as equipes, respeitando as decisões tomadas.
- Colocar-se no lugar do outro.
- Leitura diária da ata pela coordenadora e pela equipe técnica.
- Aumentar o feedback e criar mais conversas entre os grupos.

Os apresentadores dos problemas também mencionaram aprendizados importantes, como:
- dialogar como forma de construção de uma solução;
- expor problemas e necessidades;
- ouvir de forma mais empática, buscando entender o que as pessoas realmente querem dizer;
- compartilhar a importância das atividades e funções;
- envolver toda a equipe e buscar o consenso.

Os demais participantes também relataram o que aprenderam.
- A importância da conversa e da troca de experiências.
- A riqueza de respostas e visões até entre quem tem, às vezes, a mesma função.
- A diferença entre fazer perguntas e fazer críticas.
- A diferença entre trabalhar sozinho e em grupo.
- A consciência de que a mudança do outro só depende dele.

Nunca duvide que um pequeno grupo de cidadãos atenciosos e comprometidos pode mudar o mundo.
Margaret Mead, antropóloga

Aprendi essa frase com Marquardt. A antropóloga cultural Margaret Mead também disse, durante uma palestra, que um fêmur quebrado e curado pode ter sido um dos primeiros sinais de civilização. O maior osso humano pode levar, sem os devidos cuidados médicos, até seis meses para cicatrizar e se consolidar. Logo, sem os cuidados de outro ser humano, a espécie humana não sobreviveria à selvageria do reino animal.

Somos seres sociáveis, criativos e compassivos por natureza. E é nisso que o Action Learning se apoia para construir diálogo e conexão.

// Fale
Pergunte
Escute
Colabore
Crie
Transforme

Este é o convite que solto
Este é o convite que faço
Este é o convite que ouço
Este é o convite que desejo
Este é o convite que imagino
Este é o convite que entrego

> Peço que aceite esse chamado
> Não se sinta pressionado
> Pode não ser apropriado
> Talvez até seja prematuro
> Mas sem isso não há futuro //

Embora o noticiário já mostrasse um cenário desolador fora do Brasil, a pandemia de covid-19 só se tornou realidade para mim quando o primeiro *lockdown* foi anunciado pelas autoridades em março de 2020. À medida que os dias foram passando, o medo foi se ampliando e abrangendo a comunidade da qual faço parte. Nossa humanidade estava explícita, à flor da pele. Apesar de toda evolução, vimo-nos como realmente somos: seres vulneráveis, acuados por um pesadelo saído das páginas de um livro de José Saramago ou de história. A reprise da gripe espanhola, 100 anos depois e em uma escala bem mais perturbadora, era inimaginável.

Uma das minhas sócias e amigas viu-se impelida a ajudar e, entre as várias mobilizações, decidiu timidamente fazer uma sessão de Action Learning para apoiar empreendedores e profissionais liberais do seu círculo mais íntimo. Com o sucesso garantido, juntei forças ao movimento e reuni um grupo de *coaches* de Action Learning, pessoas que tinham feito a capacitação comigo, para uma força-tarefa pela covid-19.

Usamos o método para ajudar a aliviar a dor e a preocupação de cerca de 200 pessoas que participaram das mais de 30 sessões gratuitas voltadas à resolução dos mais diferentes problemas. Cercamo-nos dos nossos poderes humanos — das perguntas, da escuta e da colaboração — para reduzir o impacto e encontrar soluções individuais e coletivas, locais e regionais, para a maior tragédia sanitária do século 21.

As sessões foram adaptadas à nova realidade e aconteceram de forma remota. É claro que a tecnologia não substitui o olho no olho, mas permitiu, naquele momento de adversidade, a conexão entre pessoas geograficamente distantes, mas com necessidades e emoções semelhantes.

Tirando esse "detalhe", a dinâmica foi preservada, com respeito total aos seis componentes do Action Learning, conforme detalho a seguir.

1. Problema

É o estopim para o encontro, o motivo de as pessoas se unirem e conectarem. Você deve se lembrar que sempre descrevi os problemas tratados pelo Action Learning como reais, importantes e urgentes. Pode parecer meio redundante dizer isso, já que qualquer dificuldade ou incômodo pode ser tomado como tal por quem sofre as dores. No entanto, ao jogar luz sobre essa sombra, o método traz à tona a raiz do problema, bem como sua efetividade e criticidade. A delicadeza dessa questão me fez dedicar um capítulo inteiro a ela. Por ora, basta saber que o Action Learning se debruça sobre os mais diferentes tópicos relacionados a uma pessoa, grupo ou organização. Trabalha bem, principalmente, os problemas que indicam falta, dificuldade, medo ou ausência, por exemplo. Na força-tarefa da covid-19, por exemplo, tratamos de:

- dificuldade de organização e priorização;
- dificuldade de lidar com o isolamento;
- insegurança do momento para colocar algumas ideias em prática;
- medo de negociar o aluguel;
- dificuldade de manter a calma em situações que não podem ser controladas;
- dificuldade para iniciar uma transição de carreira em meio à pandemia;
- dúvida sobre como se comportar diante da equipe;
- dificuldade de lidar com o excesso de individualidade nas relações;
- dificuldade de lidar com a saúde mental dos colaboradores;
- dificuldade de tomar decisões assertivas.

2. Grupo

É o poder humano da colaboração em ação, um conjunto de pessoas querendo resolver a mesma questão a partir de diferentes experiências, necessidades e perspectivas. Sim, a diversidade é fundamental, como já explorado no capítulo anterior. Um grupo de Action Learning deve ter um número reduzido de participantes — entre quatro e oito. É de forma organizada e democrática, dando voz a todos os integrantes, que o diálogo começa, a conexão se forma e a criatividade toma espaço, gerando *insights* e aprendizados.

Ao estudar dinâmicas e gênese de grupos, a partir do trabalho de Kurt Lewin, Gérald Bernard Mailhiot reforça a existência de inúmeras pesquisas sobre a importância de grupos pequenos. Algumas, por exemplo, sugerem que o time seja formado por cinco ou sete pessoas. A escolha por um número ímpar seria para facilitar a formação de maioria no que diz respeito à criação de consensos. Grupos maiores, com mais de uma dezena de participantes, tendem a seguir no caminho oposto, gerando divisão e divergências.[140]

3. Perguntas

Este poder humano é nada mais, nada menos que a alma do Action Learning. Daí ser a primeira regra básica, aquela que garante que opiniões e julgamentos não inibam a curiosidade e o diálogo. "Habilidades de liderança são construídas e implementadas por meio de perguntas e reflexões", reforça Marquardt.[141] É por isso que, em uma sessão de Action Learning, afirmações podem ser feitas em resposta a perguntas, um poder de todos a ser utilizado na resolução do problema e na aprendizagem individual e coletiva. Nada de premissas, preconceitos, julgamentos. Só pergunte e escute.

---

[140]. TMAILHIOT, 2013.
[141]. MARQUARDT, *et al.*, 2018.

4. Ação

Quem acha que onde há diálogo não há ação nunca participou de uma sessão de Action Learning. Como dito anteriormente, este é um método de resolução de problemas, e um dos objetivos é gerar caminhos de soluções concretas, criativas e eficazes para o problema. Recomendações não enchem barriga, nem geram resultado. A transformação só acontece quando se coloca a mão na massa. Ao colocar as ações em prática, pessoas e organizações conseguem saber se as ideias são factíveis ou viáveis. Nesse sentido, testes e aprendizados cabem na equação, gerando novos caminhos de solução ou constatações que apoiam os aprendizados.

Na força-tarefa da covid-19, algumas das ações listadas para os tópicos mencionados foram:

Dificuldade de organização e priorização.	Construir uma linha do tempo para projetos e ideias, organizá-los de acordo com o impacto esperado.
Dificuldade de lidar com o isolamento.	Manter contato regular com as pessoas virtualmente.
Insegurança do momento para colocar algumas ideias em prática.	Revisar a agenda atual e abrir espaço para as necessidades e prioridades.
Medo de negociar o aluguel.	Análise e identificação de pontos, de fácil alcance, que poderiam servir como argumento de troca na conversa com a imobiliária.
Dificuldade de manter a calma em situações que não podem ser controladas.	Controlar a exposição a notícias para manter o foco no que precisa ser feito.
Dificuldade para iniciar uma transição de carreira.	Avaliar prós e contras sobre ser desligado ou pedir demissão, além de definir planos A e B.

Dúvida sobre como se comportar diante da equipe.	Atuar com transparência e autenticidade junto ao time, demonstrando, inclusive, as próprias emoções.
Dificuldade de lidar com o excesso de individualidade nas relações.	Buscar, inspirar-se e compartilhar exemplos positivos.
Dificuldade de lidar com a saúde mental dos colaboradores.	Compartilhamento de ideias e práticas entre gestores sobre como estimular cuidados com a saúde mental.
Dificuldade de tomar decisões assertivas.	Fazer uma lista de pontos positivos e negativos das situações como forma de parar, respirar e pensar melhor sobre as questões.

Trazer o aprendizado da sessão para a ação do cotidiano também é uma premissa.

5. Aprendizado

O segundo objetivo do Action Learning é também um dos resultados obtidos ao participar de uma sessão. Para começar, o uso de perguntas, feitas por pessoas envolvidas ou não na questão, nos provoca a criar distância do problema para analisar outros ângulos e diferentes perspectivas. A aprendizagem só se completa, porém, quando colocamos a mão na massa. Daí a ligação com o elemento anterior e a frase épica de Revans: "Toda aprendizagem gera ação, toda ação gera aprendizagem". É preciso transformar a teoria em prática, desenvolver a cognição e transformar o desafio em uma habilidade. Vamos falar mais sobre isso no Capítulo 8, mas já adianto: aprender torna-se um estilo de vida. Na força-tarefa da covid-19, alguns dos aprendizados mencionados, que superam o problema discutido, foram:

Dificuldade de organização e priorização.	Construir uma linha do tempo para projetos e ideias, organizá-los de acordo com o impacto esperado.	"O Action Learning tira a gente do papel da lamentação e nos faz contribuir para pensar em soluções juntos."
Dificuldade de lidar com o isolamento.	Manter contato regular com as pessoas virtualmente.	"Nossos problemas, às vezes, são os mesmos, mas não nos damos ao trabalho de olhar para o lado."
Insegurança do momento para colocar algumas ideias em prática.	Revisar a agenda atual e abrir espaço para as necessidades e prioridades.	"É possível resolver problemas em tempos de crise e pensar em soluções ao ter foco e compartilhar os problemas com outras pessoas."
Medo de negociar o aluguel.	Análise e identificação de pontos, de fácil alcance, que poderiam servir como argumento de troca na conversa com a imobiliária.	"A importância do acolhimento e da inteligência coletiva — às vezes, queremos rodar sozinhos, com a nossa cabeça, mas não encontramos soluções."
Dificuldade de manter a calma em situações que não podem ser controladas.	Controlar a exposição a notícias para manter o foco no que precisa ser feito.	"A troca real é possível, mesmo em um grupo de desconhecidos, contanto que haja abertura e honestidade."

Dificuldade para iniciar uma transição de carreira.	Avaliar prós e contras sobre ser desligado ou pedir demissão, além de definir planos A e B.	"Explorar a questão por intermédio das perguntas ajuda a tirar as camadas, como se fosse uma cebola. Isso possibilita maior assertividade na busca pela solução do real problema."
Dúvida sobre como se comportar diante da equipe.	Atuar com transparência e autenticidade junto ao time, demonstrando, inclusive, as próprias emoções.	"Procurar controlar a ansiedade para avaliar melhor o que está sendo dito pelo grupo."
Dificuldade de lidar com o excesso de individualidade nas relações.	Buscar, inspirar-se e compartilhar exemplos positivos.	"Quebrar o paradigma de que o individual é o vilão e o coletivo é o mocinho; olhar para esses aspectos sobre outra abordagem."
Dificuldade de lidar com a saúde mental dos colaboradores.	Compartilhamento de ideias e práticas entre gestores sobre como estimular cuidados com a saúde mental.	"Não existe uma solução única."
Dificuldade de tomar decisões assertivas.	Fazer uma lista de pontos positivos e negativos das situações como forma de parar, respirar e pensar melhor sobre as questões.	"Não existe fórmula correta para controlar a ansiedade, cada pessoa funciona de um jeito diferente. O mais importante é entender o gatilho e lidar com a origem dela. Perguntas levam a reflexões e a encontrar respostas dentro da gente."

6. Coach

A aprendizagem é tão importante no Action Learning que uma pessoa tem a missão de zelar por ela durante toda a sessão. Cabe ao *coach* intervir sempre que identificar oportunidades de aprendizagem para o grupo ou para os indivíduos. "O *coach* ajuda o grupo a refletir sobre como eles ouvem, como podem reformular o problema, como dão *feedback* uns aos outros, como estão planejando e trabalhando e quais suposições podem estar moldando suas crenças e ações", explica Marquardt.[142]

A crença em perguntas é reforçada ao utilizá-las nas intervenções de forma clara, direta e, principalmente, aberta, em um ritmo que permite aos membros do grupo pensar, sentir ou refletir. Vale destacar que o *coach* é membro do grupo. Sua atuação reflete e demonstra apoio e cuidado, além de reconhecer avanços e padrões, atuando em parceria e colaboração com o grupo o tempo todo.

Jenny Rogers, uma das *coaches* mais respeitadas do Reino Unido, ressalta, no livro *Aprendizagem de adultos*, a importância de a figura do *coach* de Action Learning estar devidamente capacitada para tal. "De fato, uma vez separados esses preconceitos compreensíveis, a aprendizagem-ação é um dos instrumentos mais poderosos de qualquer pessoa comprometida com a aprendizagem de adultos, e, a despeito do que pensava o irmão da minha colega, ela funciona quando existe uma facilitação efetiva."[143]

Ao longo dos anos, observei a diferença que a presença desse profissional no Action Learning tem em relação a outros métodos ágeis que também focam a resolução de problemas. O *coach* enxerga, nos participantes e no grupo, o potencial individual e coletivo para, mais do que ajudar no desenho de uma solução, alavancar as performances. Com a sua experiência, ele aponta um caminho, cabendo a cada um a decisão de trilhá-lo ou não. Afinal, como bem

---

142. MARQUARDT, 2018.
143. ROGERS, J. *Aprendizagem de adultos*: fundamentos para a educação corporativa. Porto Alegre: Artmed, 2010.

disse o psicólogo Carl Rogers, "não podemos ensinar outras pessoas de forma direta, mas apenas facilitar sua aprendizagem".

Humano e ágil, esse método preza pelo cuidado não só com as pessoas mas também com o tempo, recurso tão valioso. As sessões têm tempo para começar e para terminar, além de minutos voltados à reflexão e aprendizagem. Cabe ao *coach* controlar o tempo e ajudar o grupo a utilizá-lo da forma mais proveitosa possível, ampliando a consciência também sobre esse recurso.

Antes de começar a sessão, há uma etapa inicial, que na minha prática se mostra importantíssima, por isso eu a chamo de Momento 0 (zero), em que alguns acordos são feitos — entre eles, papéis são delimitados, regras básicas são apresentadas, tempo para realização das tarefas é acordado e habilidades de desenvolvimento são devidamente escolhidas. Sob a coordenação do *coach*, a sessão mais tradicional é dividida em cinco grandes momentos:

1. Apresentação do problema: o dono ou *sponsor* do problema apresenta, em linhas gerais, a situação atual e a ajuda a receber. Neste momento, o problema deixa de ser do apresentador e passa a ser do grupo, que trabalha em conjunto para encontrar caminhos para a solução.

2. Entendimento do problema: a interação do grupo é direcionada a perguntas para ampliar a compreensão do problema, identificando a sua causa raiz, os impactos, a situação futura desejada e a real dificuldade.

3. Redefinição do problema: o grupo reescreve o problema a partir dos elementos expostos e define conjuntamente onde investir energia para solucionar a questão, criando um consenso quanto a esses elementos, além de interação.

4. Busca de solução: este momento prevê que o grupo trabalhe para encontrar possíveis caminhos de solução para o problema.

5. Reflexão e aprendizagem: o final da sessão é marcado pela consolidação das ações a serem postas em prática, além do reconhecimento, por parte do grupo, dos avanços a respeito das habilidades trabalhadas. *Feedbacks* também são solicitados, incentivados e muito bem-vindos.

Como já deve ter percebido, essa é uma trilha organizada, colaborativa e criativa para construir um futuro individual e coletivo.

Se este é o seu primeiro contato com o Action Learning, eu espero ter regado a sua curiosidade. Imagino que a dinâmica, para não dizer a magia, que acontece em uma sessão ainda pode não estar tão clara. Este livro não foi escrito como um passo a passo para aplicação imediata. Meu objetivo é:

- demonstrar como esse método ágil ativa a inteligência coletiva para criar diálogos efetivos, solução para os problemas e aprendizados individuais e coletivos;
- mostrar a disponibilidade de recursos, internos e externos, que temos para responder aos mais diferentes desafios da vida moderna;
- inspirar, quem sabe, o pensamento e a ação diferentes daqui para a frente, desbloqueando sua carreira, liderança e sua vida;
- libertar o potencial existente dentro de você para responder à necessidade mais urgente do século 21: o diálogo e a conexão entre a nossa espécie humana.

Precisamos nos lembrar da nossa humanidade. As pessoas não são robôs. Nem deveriam ser. Pessoas têm medo, têm necessidades, têm desejos...
Rodrigo V. Cunha, consultor[144]

Para instigar ainda mais sua curiosidade sobre esse método e tentar elucidar melhor algumas dúvidas que ainda possam existir, tenho um convite e um presente para você.

O primeiro eu revelarei logo mais, em um momento mais apropriado. O segundo, o presente, é o privilégio de trazer para estas páginas uma entrevista exclusiva com a Dr. Bea Carson, uma das maiores especialistas em Action Learning no mundo. Ela é cofundadora e diretora emérita do WIAL e teve grande influência na minha formação, me avaliando e guiando durante o processo.

---

[144]. CUNHA, R. V. *Humanos de negócios*: histórias de homens e mulheres que estão (re)humanizando o capitalismo. Belo Horizonte: Voo, 2020. E-book.

Diálogo e Conexão com Bea Carson

Magali: O Action Learning foi criado na década de 1940, quando ainda não se falava em um mundo plural como o de hoje. O que o fez sobreviver por todos esses anos?

Bea: O Action Learning incentiva as equipes a decidir como trabalhar melhor juntas. Ele não tenta usar uma definição de livro de como as pessoas devem interagir. Em vez disso, o *coach* traz uma situação à consciência (sem julgamento) e deixa para a equipe determinar o impacto e o caminho a seguir. Visto que cada equipe decide o que funciona para si, sempre dá certo. Por exemplo, quando pergunto qual é o impacto de deixar os telefones celulares ligados, a maioria das equipes decide que é melhor deixá-los desligados durante a sessão. Outros decidem colocá-los no modo silencioso e só aceitar ligações urgentes. Uma equipe decidiu não os desligar. Em vez disso, eles mantiveram uma lista das decisões tomadas na frente da sala. Se você estivesse fora da sala quando uma decisão fosse tomada, você concordaria automaticamente com ela. Você deveria ler a lista ao retornar, nada nela estaria aberto a discussão posterior.

Magali: Você pode me contar sobre a sua primeira impressão sobre esse método? Quando foi e o que fez você se aprofundar nisso?

Bea: Lembro-me do meu primeiro encontro como se fosse ontem — na verdade, foi há quase 20 anos. Eu tinha decidido voltar para a escola, para o meu doutorado, e o programa incluía uma residência inicial de dez dias. O Dr. Michael Marquardt foi um dos meus instrutores. Durante essa residência, ele nos apresentou o Action Learning. Fiquei totalmente encantada com a simplicidade e o poder disso. Como parte do programa de doutorado, precisávamos completar duas disciplinas eletivas, e eu optei pelo Action Learning. Durante a aula, nos revezávamos como *coaches*, apresentadores de problemas ou participantes. Na semana em que era a minha vez de apresentar o problema, trouxe um desafio muito real para a equipe. Na época eu era mãe solo, tinha a minha mensalidade da faculdade, uma filha já na faculdade e outra prestes a começar. Com três mensalidades, permanecer em um emprego remunerado era extremamente importante. No entanto, ao chegar, se o carro do meu chefe já estivesse no estacionamento, eu precisava parar no banheiro feminino e vomitar antes de subir para a minha mesa. Ao identificar o problema e o caminho a seguir, determinamos que pedir demissão era a única opção. Eu deixei o emprego e tenho feito Action Learning desde então. Após a formatura, Mike me pediu para cofundar o World Institute for Action Learning (WIAL) com ele e outros. E o resto é história.

Magali: A meu ver, o Action Learning explora características humanas atrofiadas, como a capacidade de fazer perguntas, ouvir e colaborar. Como você vê isso?

Bea: Para mim, o Action Learning cria um ambiente psicologicamente seguro, que permite aos participantes estarem totalmente presentes e abertos aos seus colegas de equipe. Concordo que fazer perguntas, particularmente perguntas verdadeiramente curiosas, é uma arte perdida e que o Action Learning, com seu ambiente seguro, torna possível não só apenas fazer perguntas curiosas mas também corajosas.

Magali: Você tem algum exemplo ou história a esse respeito?

Bea: Eu estava trabalhando com uma equipe em uma usina de energia. Não lembro se tínhamos seis ou sete níveis de gestão na sala, mas nem é preciso dizer que eram muitos. O problema, tal como foi apresentado, parecia, na verdade, um quebra-cabeça. O desafio apresentado era "precisamos de uma programação de turnos justa para a fábrica, que cubra 24 horas por dia, seis dias por semana". Como todos na sala eram engenheiros, a conversa continuou muito técnica. Um novo gerente na equipe estava presente e se mantinha em silêncio. Depois de algumas intervenções, finalmente vimos os membros da equipe fazendo perguntas diretamente ao novo gerente. Acontece que ele era um técnico na fábrica quando eles passaram de 24/7 (fácil de programar com equidade) para 24/6 (quase impossível para manter todos felizes). A peça mais fascinante apareceu quando finalmente descobrimos o verdadeiro problema. Os técnicos nunca foram consultados sobre a mudança de turno. Ela foi imposta a eles. Como havia apenas 12 técnicos, a comunicação não deveria ser um problema tão grande quanto foi.

Magali: Como, na sua opinião, o Action Learning pode ajudar a criar diálogo?

Bea: Na minha opinião, o *coach* é o catalisador que faz a mágica acontecer. Um *coach* forte e habilidoso pode rapidamente reunir uma equipe para trabalhar em conjunto de forma mais eficaz. No Action Learning, aprendemos essas novas habilidades enquanto trabalhamos em problemas reais. Portanto, quando voltamos ao trabalho, é fácil integrar essas habilidades ao cotidiano.

Magali: A tecnologia, ao conectar, cria ruído, amplifica divergências e gera ainda mais isolamento. Você acha que o Action Learning pode ajudar a criar mais pontes?

Bea: Pessoalmente, descobri que tecnologias mais recentes, como o Zoom, preencheram a lacuna. É muito mais fácil treinar uma sessão, virtualmente, em que posso ver as pessoas. O Action Learning nos ajuda a superar muitas diferenças que podem surgir — seja virtual ou presencial, o *coach* se certifica de nomear os comportamentos e orientar a equipe para determinar qual deve ser sua norma.

Magali: Você trabalha com Action Learning há muitos anos. O que o torna diferente de outros métodos ágeis que promovem a colaboração, por exemplo?

Bea: Nunca é dito à equipe como processar; o *coach* faz perguntas sem julgamento para o time tomar decisões por si mesmo. Essa habilidade de ser capaz de dar nome a uma situação e determinar o melhor caminho a seguir acaba se tornando parte da cultura das organizações que adotam o Action Learning.

Magali: Pela sua experiência, o Action Learning pode ajudar nos desafios atuais, desde os mais complexos, como as mudanças climáticas, até situações mais comuns, como problemas de relacionamento de equipe?

Bea: Não consigo imaginar nenhum problema em que o Action Learning não seja útil. O desafio é colocar as pessoas certas na sala. Nos problemas maiores, pude ver uma equipe identificar subproblemas no problema principal e, em seguida, ter equipes diferentes trabalhando em cada um dos subproblemas.

Magali: Você poderia contar a história que mais a impressionou? Houve algum problema ou situação que você duvidou que pudesse ser resolvido ou ficou surpresa com a solução?

Bea: Uma das sessões mais interessantes em que atuei como *coach* começou com o seguinte problema: "Como nos reestruturamos para sermos mais eficazes?". Na realidade, essa é mais uma solução do que um problema e, na minha opinião, uma solução muito pobre em geral. A reestruturação dificilmente é eficaz, mas adoramos mover as caixas. Depois de nos aprofundarmos por várias horas, tivemos a descoberta. Eles decidiram que o verdadeiro problema era "não podemos nunca dizer que algo não vale a pena economicamente. Não importa como nos reestruturemos, nunca seremos eficazes". Tenho que elogiar a diretora por ter optado por adiar a reestruturação e resolver os problemas de comunicação. Fizemos três sessões de quatro horas e abordamos todas as linhas de comunicação. No final das contas, eles identificaram oito pontos de melhoria. Eles o chamaram de "Código de Conduta de Comunicação". Fizemos cartões do tamanho de uma carteira com os oito pontos listados. Eles sempre carregavam esses cartões com eles. Quando tinham uma reação visceral a algo que aconteceu, em vez de reagir, eles puxavam o cartão e conversavam com as partes envolvidas. Em menos de dois meses, deixaram de ser a equipe menos funcional para se tornar a melhor. Eles nunca fizeram a reorganização — simplesmente aprenderam a falar uns com os outros.

Maga: Qual a importância do papel do *coach*, na sua opinião?

Bea: Absolutamente crítico! O *coach* dá o tom e cria o ambiente seguro. O *coach* tem a coragem de trazer à tona as conversas que costumamos evitar. Ele força os membros da equipe a decidir os processos que os tornarão mais eficazes. Sem o *coach*, ninguém estaria investindo no aprendizado da equipe, que cairia rapidamente em seus antigos padrões. Eu acompanhei um time que só podia bancar a minha presença a cada três semanas. Durante uma sessão, descobri que quando eu não estava lá, eles não eram tão eficazes — a ponto de serem quase ineficazes. Eles compraram um zangão empalhado para levar às reuniões em que a Dra. Bea não estaria simplesmente para se lembrar de seguir as regras.

Magali: Fala-se muito que o mundo e as organizações precisam de uma nova liderança. Como o Action Learning contribui para o desenvolvimento dos altos líderes para que possa enfrentar adequadamente os desafios de nossos tempos?

Bea: A aprendizagem pela ação torna líderes e equipes mais ágeis e, em última instância, as organizações de aprendizagem mais ágeis. Líderes altamente ágeis reconhecem que as mudanças nunca param em um mercado global complexo e competitivo. Eles estabelecem novos padrões de referência, questionando antigas suposições e encorajando ativamente outros a fazerem o mesmo. Os líderes ágeis também usam diversas perspectivas para ver uma situação de negócios de vários ângulos e, em seguida, sintetizam as informações para chegar a soluções inovadoras e potencialmente revolucionárias. Para esses líderes, tanto os fracassos quanto os sucessos são vistos como oportunidades de aprendizagem, que podem promover o aprendizado contínuo em uma organização. Os aprendizes da ação (Action Learning) vivem em liderança compartilhada. Frequentemente, eles se esforçam para encontrar um entendimento comum para os problemas, o que lhes dá um propósito e uma orientação compartilhados. Eles procuram soluções que realmente abordam o desafio, sem levar em conta a resposta politicamente correta. Experimentar e fracassar não são mais temidos, mas abraçados e vistos como oportunidades de se destacar.

Magali: Resolver problemas complexos e pensamento sistêmico estão entre as habilidades necessárias para a transformação digital. No meu entendimento, Action Learning pode ajudar a resolver isso, bem como muitas outras habilidades exigidas pela Revolução Industrial 4.0. Como você vê isso?

Bea: O Action Learning é muito eficaz na decomposição de grandes problemas em pequenos pedaços, tornando gerenciáveis questões aparentemente intransponíveis. Ao mesmo tempo, precisamos estar cientes de todo o sistema. Não queremos consertar algo dentro do sistema apenas para quebrar outra coisa. Se a equipe tiver problemas para chegar lá, o *coach* ajudará fazendo perguntas sobre o processo, para ter certeza de que todos os aspectos foram examinados, bem como outros elementos dentro do sistema que possam ser afetados.

Por meio da sua metodologia, o Action Learning ataca diretamente alguns dos principais desafios de uma organização preocupada com o futuro.

- Desbloquear soluções e estratégias para abordar os mais diversos problemas.
- Ter uma cultura de aprendizagem.
- Ter equipes de alto desempenho.
- Desenvolver e ter uma liderança preparada para a mudança constante dos desafios.
- Promover os diferentes recursos para aumentar a produtividade, o pertencimento e a satisfação da equipe.

Não se engane: a mudança é um processo doloroso. Gera resistências internas, processos engessados, disputa por poder, lentidão e inúmeras questões. Muitas empresas buscam atalhos, como adquirir startups para escalar tecnologia ou criar possibilidades de inovação. Outras preferem apostar no talento interno, na autonomia, no diálogo e na conexão, para experimentar possibilidades. É um risco calculado, talvez mais vagaroso, mas que se infiltra pelo sistema organizacional, gerando resultados muito além do esperado, já que transforma as pessoas, os times, a empresa e, por fim, todo o ecossistema. Testemunhei isso diversas vezes, desde aquela primeira experiência como mera observadora do Action Learning. Posso garantir, porém, que não me canso de descobrir mais e mais benefícios nesse método.

Dez benefícios adicionais do Action Learning

Convite a desligar o piloto automático

Reconhecimento de pontos cegos e vieses

Investigação profunda do problema

Lembrete da importância da diversidade e inclusão

Senso de pertencimento

Desenvolvimento de habilidades de liderança

Resgate do diálogo e de habilidades sociais

Autoconhecimento

Alta performance

Propósito e autorrealização

Nos próximos capítulos, vou me aprofundar em alguns elementos que não são importantes somente para quem pratica o Action Learning mas também para quem está interessado em viver, trabalhar e conviver melhor.

E, então, será que você está pronto para ver os seus problemas ou o mundo de uma outra forma?

> **Dicas da Maga**
>
> O que você não pode esquecer deste nosso papo:
>
> 1. O Action Learning é um método ágil e humano para a resolução de problemas e a geração de aprendizados.
> 2. Ele cria diálogo e conexão ao priorizar perguntas, escuta e colaboração.
> 3. Uma sessão de Action Learning gera três níveis de aprendizado: para o indivíduo (sendo ele o dono ou não do problema), para o grupo e para a organização.
> 4. Ação e aprendizado são os dois lados de uma mesma moeda — um não existe sem o outro.
>
> PS: Calma! O convite está chegando!

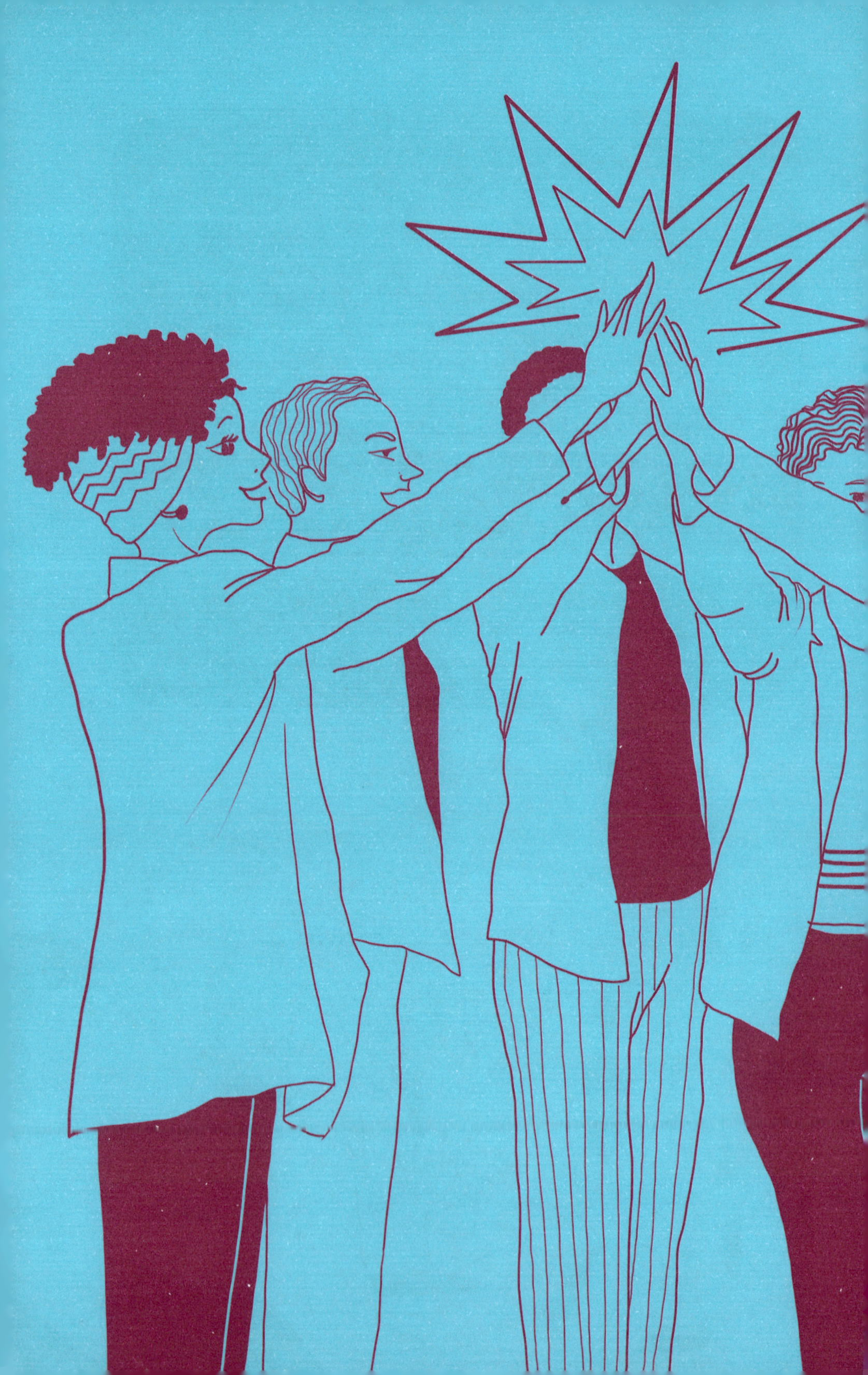

7

Novas perspectivas:
o poder de solucionar problemas

**Se você está atravessando
o inferno, continue.**
Winston Churchill,
ex-primeiro-ministro do Reino Unido[145]

---

145. 50 SIR Winston Churchill Quotes To Live By. *BBC America*, [s. l.], 9 de abr. 2015. Disponível em: https://www.bbcamerica.com/blogs/50-churchill-quotes--49128. Acesso em: 12 ago. 2021.

Quantas vezes você se sentiu assim diante de um problema? Atravessando o inferno?

Foi dessa maneira que o diretor de RH de uma indústria pesada, com grande capilaridade no mercado interno e externo, se sentiu diante do projeto mais importante da sua área.

Para a indústria em questão, manter a competitividade em um ambiente extremamente pulverizado e complexo, sob intensa pressão regulatória, exigia não só tecnologia de ponta, mas uma mão de obra afiada para lidar com os mais diferentes desafios. Logo, a estratégia de RH contemplava não só a retenção dos melhores profissionais mas também ter um *pipeline* calibrado de jovens talentos, aptos a assumir cargos de liderança em um período cada vez mais curto.

Nesse cenário, o programa de *trainees* tornou-se a joia da coroa. Após uma seleção rigorosa, os futuros líderes passavam por uma intensa jornada de desenvolvimento, voltada não só a formar conhecimento sobre o negócio e a cultura da empresa mas também para trabalhar a diversidade e desenvolver as competências necessárias para manter a sustentabilidade em longo prazo. Como não poderia deixar de ser, a expectativa em relação ao sucesso da iniciativa era alta — e dos dois lados, isto é, da liderança atual, ansiosa pela criação de soluções disruptivas pela nova geração, e da futura, interessada em dar saltos cada vez mais rápidos na organização.

Como todo RH, uma das áreas mais atingidas e envolvidas pelas mudanças organizacionais exigidas pela Quarta Revolução Industrial, esse líder já estava acostumado a lidar com a pressão. Ele e a equipe acompanhavam de perto todo o processo, justamente para aparar as arestas e corrigir eventuais desvios.

Para a surpresa de todos, os sinais de alerta começaram a soar antes do previsto. Líderes atuais e futuros mostraram-se insatisfeitos com o processo. Os primeiros reclamavam da falta de iniciativa dos outros, extremamente ansiosos para pular etapas e se sentar logo na cadeira de comando.

Quando a situação ameaçava fugir do controle, o diretor de RH me procurou. Decidiu que nem ele nem a equipe precisavam oferecer "sangue, labuta, lágrimas e suor",[146] como declamou Churchill ao assumir como primeiro-ministro da Inglaterra, em plena Segunda Guerra Mundial. Nenhum problema, por mais cabeludo que seja, precisa ser sinônimo de (mais) dor. E o Action Learning, presumiu, era a ferramenta certa para ajudá-lo a evitar uma crise.

Problema todo mundo tem
Quem não tem problema não é ninguém
Problema todo mundo tem
Cada um cuida do seu e tudo bem
Problema todo mundo tem
Tem até quem vê problema onde não tem
Problema todo mundo tem
Cada qual com o problema que lhe convém
Quem não tem invente
Pegue de algum parente
Mastigue pedra pra ter dor de dente
Escreva uma carta para o presidente
Arranje um problema para ser mais decente
Se você quiser eu te dou um de presente.
Titãs[147]

Assim como esse diretor de RH, eu sempre tive uma abordagem muito prática para a vida, característica herdada da minha família. Diante de um problema, meus

---

146. Referência ao primeiro discurso de Winston Churchill no Parlamento Inglês, em 13 de maio de 1940, três dias após se tornar primeiro-ministro da Inglaterra, durante a Segunda Guerra Mundial.
147. PROBLEMA. Compositores: Arnaldo Antunes, Liminha e Paulo Miklos. Intérpretes: Titãs. São Paulo: Midas Music, 2019. 1 canção (3 min).

pais sempre se recusaram a fazer drama — sentiam o impacto, como qualquer ser humano, mas escolhiam focar a resolução da questão o mais rápido possível.

Acelerada e curiosa, eu me espelhei neles para também enxergar os problemas por diferentes prismas, mesmo diante do desconforto e, inevitavelmente, da dor. Meu foco sempre foi olhar lá para a frente, para descobrir o impacto das possíveis reações. Entenda: eu não procuro minimizar o problema, mas enxergá-lo por diferentes perspectivas.

Essa mesma característica questionadora foi o que fez o trabalho da neurocientista brasileira Suzana Herculano-Houzel ficar famoso no mundo inteiro.[148] Ela trabalhava na Universidade Federal do Rio de Janeiro (UFRJ) quando colocou em dúvida o número de neurônios humanos. "Talvez vocês tenham ouvido falar que temos 100 bilhões de neurônios", contou, em uma conferência TED Global em 2013.[149] "Então, dez anos atrás, perguntei aos colegas se sabiam de onde veio esse valor. Mas ninguém sabia. Pesquisei na literatura a origem desse número e nada encontrei. Parece que ninguém havia contado o número de neurônios em humanos, ou em qualquer outro ser."

Ao questionar um valor usado no mundo todo, Suzana expôs um furo da literatura científica. Ela poderia ter empurrado esse problema para debaixo do tapete, como a gente gosta de fazer vez ou outra.

Quem nunca, né?

---

148. GRANDELLE, R. Neurocientista deixa o Brasil por falta de recursos: 'condições degradantes. *O Globo*, [s. l.], 5 maio 2016. Disponível em: https://oglobo.globo.com/saude/ciencia/neurocientista-deixa-brasil-por-falta-de-recursos-condicoes-degradantes-19233839. Acesso em: 2 jan. 2023.
149. HERCULANO-HOUZEL, S. What is so special about the human brain. *TED Global*, [s. l.], 2013. Disponível em: https://www.ted.com/talks/suzana_herculano_houzel_what_is_so_special_about_the_human_brain/transcript?language=pt-BR#t-226476. Acesso em: 13 ago. 2021.

> **? MAGA PERGUNTA**
> - Qual foi o último problema que resolveu?
> - Quanto tempo demorou para olhar para ele de fato?

Só que a curiosidade e o comprometimento de Suzana com o trabalho não lhe permitiram deixar a questão para lá. Acostumada a cortar cérebros em seu laboratório, ela criou uma forma própria de contagem de neurônios. O resultado foi exposto em uma das publicações científicas mais importantes, o *Jornal de Neurologia Comparada*, consolidando a reputação da neurocientista brasileira no cenário mundial.

O cérebro humano, segundo Suzana Herculano-Houzel

É maior que o do gorila, mas menor que o da baleia e o do elefante

Pesa de **1,2 a 1,5 kg**, cerca de 2% do corpo

Consome diariamente 25% de energia do corpo

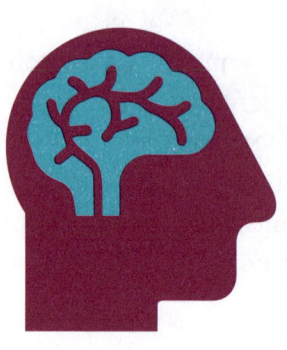

Tem 86 bilhões de neurônios

Roedores também têm 86 bilhões de neurônios

Até 18% dos nossos neurônios estão no córtex cerebral, responsável pela nossa capacidade cognitiva

Fonte: Adaptado de Herculano-Houzel /TED Global[150]

---

150. 2013.

Pode não parecer, mas nós seres humanos somos inventivos por natureza. O trabalho de Suzana nos mostra que nosso cérebro é a engenhoca mais misteriosa e fantástica que existe. Desculpe aí, Alexa!

O que nos diferencia dos animais é justamente a quantidade de neurônios no córtex. O que nos ajudou a desenvolver essa região foi, segundo a própria neurocientista, um hábito iniciado há mais de 1,5 milhão de anos e ainda presente na nossa rotina. Consegue imaginar o que é?

Pois prepare-se para olhar de outra forma, daqui para a frente, para o seu fogão e as suas panelas. "Cozinhar é usar o fogo para pré-digerir alimentos fora do corpo. Alimentos cozidos são mais macios, mais fáceis de mastigar e de amolecer na boca, para serem totalmente digeridos e absorvidos no intestino, obtendo, assim, mais energia em menos tempo. Portanto, cozinhar nos libera tempo para fazer coisas mais interessantes com o nosso dia e os nossos neurônios do que apenas pensar em comida, procurá-la e engoli-la o dia todo."[151]

Graças aos nossos ancestrais, desenvolvemos uma parte do cérebro capaz de solucionar problemas, de expressar emoções, de desenvolver habilidades, de controlar impulsos e de criar conexões. Acontece que tudo isso consome energia e, por proteção, nosso cérebro é cauteloso. Diante de um desafio, ele prefere manter a calma, evitar riscos e recorrer a eventos, situações e soluções já conhecidas ou experimentadas em nossa vida.

> **Somos criaturas que vivem e morrem de acordo com os estoques de energia acumulados no corpo. Lidar com o mundo é uma tarefa difícil que exige movimento e muito raciocínio — é um empreendimento energeticamente dispendioso. Quando fazemos previsões corretas, economizamos energia. Quando se sabe que insetos**

---

151. HERCULANO-HOUZEL, 2013.

comestíveis podem ser encontrados debaixo de certos tipos de pedra, isso poupa o trabalho de revirar todas as pedras. Quanto melhor a previsão, menos energia gastamos. A repetição nos torna mais confiantes em nossas previsões e mais eficientes em nossas ações.

David Eagleman, neurocientista [152]

Além disso, os problemas mexem, muitas vezes, com a nossa autoestima. Achamos que não somos capazes de lidar com esse desconhecido. Temos medo da crítica, do julgamento, do fracasso. Por isso, evitamos riscos, suamos frio de vergonha e temos pesadelos com a possibilidade de cancelamento ou ridicularização. Afinal, quem quer deixar de pertencer?

> **MAGA PERGUNTA**
> Retome a reflexão acima e investigue um pouco mais:
> - Como se sentiu antes, durante e depois de encontrar a solução para a questão?

Muitos começam a se esquivar dos problemas ainda na escola. Ali nasce o medo da exposição diante de respostas erradas ou de notas baixas. Quem nunca teve pesadelo com a chamada oral? E prova surpresa?

A verdade é que não fomos educados para ver os problemas como oportunidades. Em muitas escolas, inclusive nas aulas de matemática, nós aprendemos a buscar padrões ou a usar fórmulas, como se os desafios profissionais e pessoais também fossem padronizados, encaixando-se como peças de Lego.

---

152. HERCULANO-HOUZEL, 2013.

Não sei você, mas a minha vida não é assim.

É por isso que a preocupação e a urgência daquele *head* de RH, diante das críticas de um dos principais programas da sua área, eram tão válidas. A complexidade da questão, que envolvia inclusive um conflito de gerações, tornava-a ainda mais delicada. E este é um dos problemas que muitos líderes de negócios vêm enfrentando.

De acordo com pesquisa da *Harvard Business Review*[153], 43% do C-suite considera que a complexidade atual "retarda o crescimento, impede a capacidade de responder rapidamente às ameaças da concorrência e interfere na tomada de decisão eficaz". Esse estudo foi feito em 2015 e, na velocidade do mundo vigente, eu aposto que, mesmo antes da pandemia de covid-19, essa porcentagem já tinha aumentado significativamente.

Para muitos de nós, a complexidade exige uma criatividade digna dos grandes gênios. Diante de uma questão aparentemente sem solução, jogamos a toalha antes mesmo de nos debruçarmos sobre ela. Não temos paciência, não temos educação, tampouco aptidão. Será mesmo?

Minha ambição neste capítulo é inspirá-lo a olhar para qualquer adversidade por outra ótica. Porque, como diz Suzana, a neurocientista, "mais importante não é o cérebro com que você nasceu, mas o que você faz com ele".[154]

---

[153]. THE BUSINESS Case for Managing Complexity. *Harvard Business Review*, [s. l.], c2015. Disponível em: https://hbr.org/resources/pdfs/comm/sap/19277_HBR_SAP_Report_5.pdf. Acesso em: 13 ago. 2021.

[154]. HERCULANO-HOUZEL, S. Mais importa o que você faz com o cérebro que tem. *Folha de S.Paulo*, 27 jul. 2020. Disponível em: https://www1.folha.uol.com.br/colunas/suzanaherculanohouzel/2020/07/mais-importa-o-que-voce-faz-com-o-cerebro-que-tem.shtml. Acesso em: 17 ago. 2021.

E se, de repente, você passasse a enxergar os problemas
como um monstrinho?
Em um primeiro momento, ele é mesmo assustador,
inibe qualquer reação, tamanho nosso pavor.
Mas, se olhar com carinho,
pode fazer dele seu amigo
e um portal para novos caminhos.

Pode parecer brincadeira, mas um dos grandes gênios da humanidade era *expert* em transformar questões cabeludas em monstrinhos. Talvez você desconheça a história de Albert Einstein, que chegou a ser chamado de "estúpido" e teve sua capacidade cognitiva questionada pela família quando criança. Desesperados, seus pais o levaram ao médico, certos de que tinha algo errado, pois o filho tinha muita dificuldade para falar.[155]

Quando ingressou na escola, seu comportamento foi taxado de rebelde — Albert não gostava de decorebas, da falta de tempo para refletir sobre as questões, da autoridade que cobrava disciplina e da conformidade de tudo e de todos. Ria de quem o achava um "vagabundo", pois seu apreço pelo estudo residia em seguir a própria curiosidade.

Em *O cérebro e inteligência emocional: novas perspectivas*, Daniel Goleman explica onde reside o pulo do gato: "Muita gente diz que um dos sinais dos gênios numa área é a capacidade de ver problemas e desafios e fazer perguntas que mais ninguém vê ou faz. Portanto, primeiro descubra e enquadre o desafio criativo".[156]

É claro que nenhum de nós questiona a genialidade de Einstein. Contudo, o que acontece com a maioria das pessoas é que, desconhecendo os gatilhos e mecanismos

---

155. ISAACSON, W. *Einstein: sua vida, seu universo*. São Paulo: Companhia das Letras, 2007.
156. GOLEMAN, D. *O cérebro e a inteligência emocional novas perspectivas*. Rio de Janeiro: Objetiva, 2012. E-book.

do cérebro, elas se mantêm na zona de conforto, por medo do desconhecido e de todos os desconfortos provenientes. Esquecem-se, assim, de outra característica humana, que é o tédio em relação à rotina. Sem o elemento surpresa, nossa tensão diminui e a indiferença cresce. "É por isso que o casamento precisa ser constantemente reavivado. É por isso que você não ri várias vezes da mesma piada. É por isso que — mesmo que goste muito de esportes — você não vai ficar satisfeito assistindo sempre ao mesmo jogo. Embora a previsibilidade nos dê segurança, o cérebro se esforça para incorporar novos fatos a seu modelo do mundo. Ele está sempre em busca de novidades e fica animado quando se atualiza", explica o neurocientista David Eagleman[157].

Ao se deparar com um problema, qualquer pessoa também tem a possibilidade de acionar o sistema de recompensa, ligado à motivação, os significados, à criatividade e à aprendizagem. Diante de um desafio, se olharmos para a questão como a possibilidade de quebrar a rotina, de se colocar em movimento e aprender algo, o tão temido desconhecido cede lugar para a curiosidade e para a realização. Quando o prazer de conquistar algo entra em cena, somos inundados de dopamina, o neurotransmissor do prazer. Acredite: é viciante!

> **MAGA PERGUNTA**
> E se, diante de um desafio, a gente fizesse uma pausa para avaliar nosso piloto automático?
> - Será que ele acelera para a ação (recompensa) ou para a reação (zona de conforto)?

---

157. EAGLEMAN; BRANDT, 2020.

Uma estratégia de comunicação para dar um "chega pra lá" no cérebro reptiliano é mudar o vocabulário. Em *Optimizing the power of action learning*, Marquardt e coautores destacam que algumas pessoas evitam usar a palavra "problema", preferindo sinônimos como tarefas ou questões. O objetivo é desativar esse cérebro primitivo, da luta ou da fuga, para enxergar situações novas e desafiadoras não como risco, mas como oportunidade.

O Action Learning, no entanto, faz questão de usar a palavra "problema", que empresta à experiência outro propósito. Denota a criticidade e a urgência do que está sendo imposto. "Um problema gera uma pressão saudável sobre o grupo, o que leva a um maior aprendizado, ação e percepção, todos essenciais para o método. Embora termos como questão, desafio ou oportunidade possam igualmente implicar que o grupo está trabalhando em um tópico interessante, essas palavras podem não dar ao grupo o mesmo sentimento de seriedade e significado. O entusiasmo e o comprometimento do grupo são afetados, assim como a qualidade da solução e do aprendizado."[158]

O ponto levantado pelos autores também é explicado pela neurociência. Embora provoque reações físicas e mentais, o estresse não deve ser rotulado como um inimigo. Ele pode ser positivo, aumentando nossa concentração e criatividade, por exemplo. Torna-se um inimigo, extremamente danoso ao nosso corpo e à mente, quando somos inundados por uma sensação de falta de controle ou de incapacidade.[159]

---

158. MARQUARDT *et al*, 2018.
159. TOZZI, E. Seu cérebro no trabalho. *Exame*, [s. l.] 17 maio 2013. Disponível em: https://exame.com/carreira/seu-cerebro-no-trabalho/. Acesso em: 16 ago. 2021.

As sutilezas na solução de problemas

De acordo com Goleman, várias pesquisas apontam que nosso humor ou estado mental influenciam nossa capacidade de resolver problemas

Quando estamos bem, a criatividade aflora, assim como a flexibilidade diante do inesperado. Quando o campo se abre, a tendência é: mais soluções, melhores decisões.

Quando não estamos bem, nossa energia cai e nosso campo de visão fica reduzido. Em geral, ficamos mais apressados e menos críticos, deixando de vislumbrar detalhes e perspectivas.

Fonte: Adaptado de Goleman[160]

Eu vi isso acontecer em uma sessão com gerentes de uma multinacional de bens de consumo. Rapidamente eles decidiram que o problema a ser trabalhado era a dificuldade de mobilizar pessoas de áreas diferentes. Este, aliás, é um dilema muito comum em várias organizações, de médias a grandes. As pessoas aceitam o convite, mas não comparecem. São atropeladas por outros compromissos, geralmente ligados às próprias metas, a serem entregues em prazos cada vez mais curtos.

A sessão mal começou e um dos gerentes já se mostrava desconfortável. Sua linguagem corporal demonstrava falta de abertura; a expressão facial deixava escapar uma leve irritação. Como *coach*, fiz uma pausa para identificar como o grupo estava sentindo a discussão, se havia consenso sobre o assunto. Ele logo levantou a mão e revelou que discordava do problema, sem dedicar importância ou criticidade a ele.

160. 2012.

A tensão, em doses saudáveis, cria um ciclo virtuoso.
- Se eu reconheço a importância, eu me implico.
- Se eu me implico, eu não implico.
- Se eu não implico, eu me abro para o risco.
- Se eu me abro para o risco, eu também posso ser mais criativo.
- Para ser mais criativo, eu colaboro.
- Quando eu colaboro, eu somo e aciono a inteligência coletiva.

O problema é o estopim do Action Learning, é o que nos coloca nessa zona de tensão e criação, é o *gap* entre onde estou e onde preciso ou quero estar. É a dificuldade sentida, a necessidade não atendida, um dilema que me impede de cumprir uma meta.

Eu sei o que você está pensando: quem dera a solução estivesse sempre em uma linha reta entre dois pontos, não é?

Problema: como a gente gostaria que fosse

Onde estou ⟶ Onde preciso ou quero estar

Problema: como realmente é

Onde estou ~~~ Onde preciso ou quero estar

O Action Learning, como método de resolução de problemas, não abrevia essas curvas — desvios, altos e baixos —, mas definitivamente as torna menos custosas ao promover um olhar para o problema sob diferentes prismas, de forma a buscar a verdadeira causa da dor. Muitas vezes, ela se encontra escondida, como a raiz profunda de uma árvore. À medida que se desenvolve, cria inúmeros desconfortos, e só decidimos olhar para ela quando o incômodo se torna insuportável. Nesse momento, já não adianta mais tratar os sintomas, é fundamental tratar a causa.

É por isso que o Action Learning dá preferência à resolução de problemas complexos, sem precedentes nem solução aparente. Marquardt[161] refere-se a eles como problemas adaptativos, por não serem fáceis de solucionar, como ocorre com problemas mais técnicos, por exemplo, uma vez que podem exigir mudança de comportamento, aperfeiçoamento de habilidades e até a exploração de novas competências.

Eu já comentei que o Action Learning gosta de trabalhar com problemas reais, importantes e urgentes. Não é uma reunião de pessoas para tratar de caprichos. Não é algo que alguém ou alguma organização "deseja" ou "gostaria" de obter ou alcançar, mas algo que falta, que é difícil, que gera medo ou tira o sono, algo extremamente necessário para mudar uma situação conflitante.

É pelo mérito e urgência que um grupo de conhecidos ou de desconhecidos se debruça sobre o problema e investe tempo e energia para solucioná-lo. É isso que faltava àquele gerente, que só se juntou efetivamente ao grupo ao ser esclarecido por outro membro do time do propósito da ação. Quando colocou em uso o seu poder humano de fazer perguntas e de ouvir, ele entendeu os benefícios de mobilizar mais pessoas, implicou-se no processo, colaborando com o seu conhecimento e experiência para a solução.

Após acompanhar centenas de sessões, não tenho receio de afirmar que o Action Learning é capaz de transformar o que parecia impossível, por meio do diálogo e da conexão, da ação e do aprendizado, em algo completamente possível.

---

161. MARQUARDT *et al.* 2018.

// No mundo invisível
que nos contorna e nos permeia
há uma teia que nem parece crível

Somos seres conectados
somados e, às vezes, atados
muito além do nosso tato

Bilhões de neurônios
controlam e se comunicam
em um exímio desafio

Com centenas de músculos
que respondem a estímulos
como verdadeiros discípulos

Há, na verdade, uma cumplicidade
uma paridade e uma unidade
capaz de transformar a realidade

Dentro de nós ocorre essa dança paralela
que um novo mundo modela
sempre que abandonamos a sentinela //

Quando decidiu participar de uma sessão de Action Learning, o gerente comercial de uma multinacional japonesa de tecnologia tinha um belo "presente de grego" em mãos. Ao mesmo tempo que se sentia animado em lançar o principal produto da empresa no Brasil, com potencial para se tornar rapidamente líder de mercado, ele também se sentia paralisado quanto ao modo de fazer isso sem verba. O peso da responsabilidade era tão grande que ele não conseguia se mexer. À medida que as dúvidas se multiplicavam em sua mente, o estresse ruim crescia e o problema se tornava cada vez maior.

Ao apresentar a questão em uma sessão de Action Learning, ele foi descobrindo que a afobação e o medo encobriram seu próprio julgamento sobre o problema, algo muito comum de acontecer, inclusive com profissionais experientes.

Funciona mais ou menos assim:

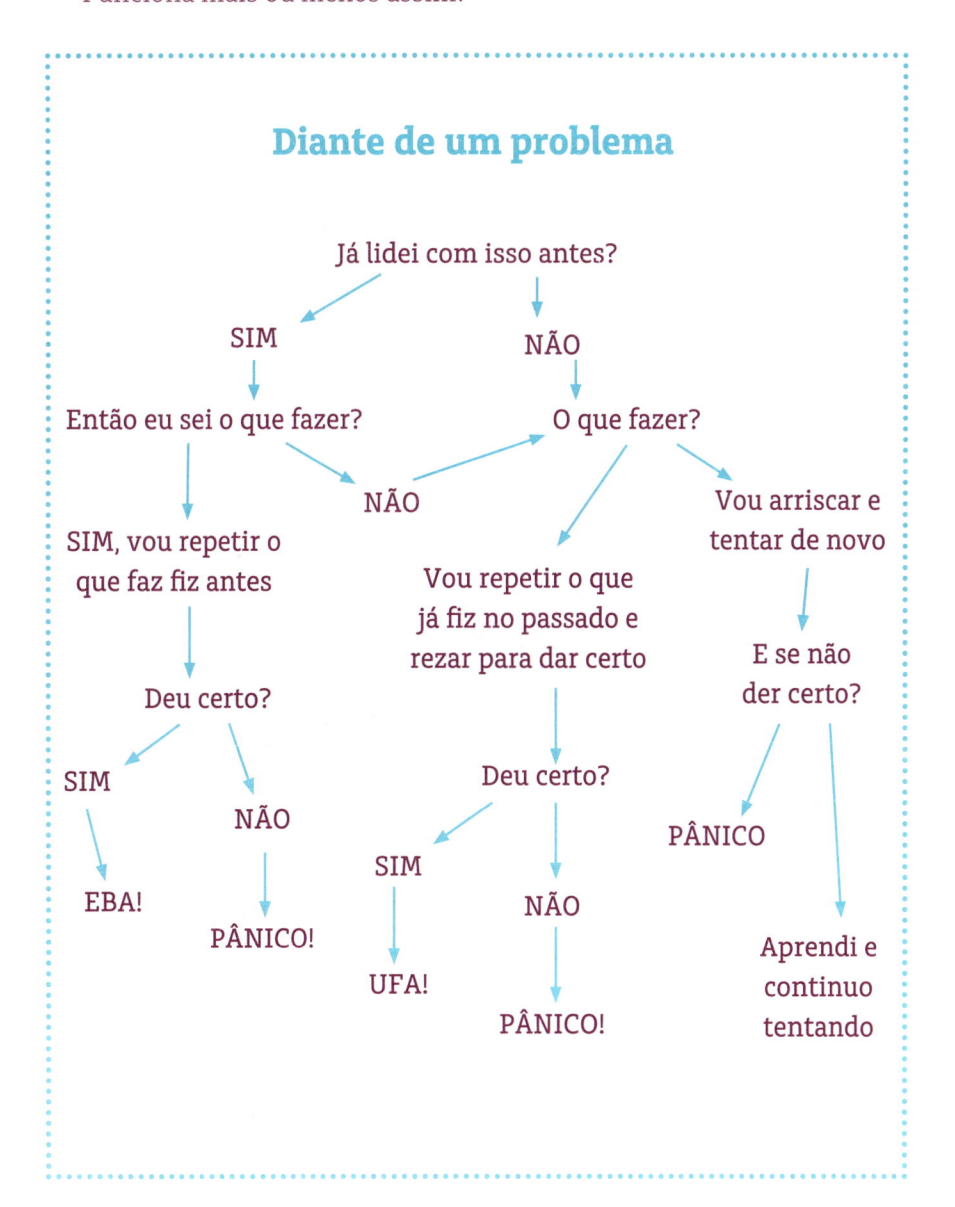

Diante de um problema

Já lidei com isso antes?

- **SIM** → Então eu sei o que fazer?
  - **SIM**, vou repetir o que faz fiz antes → Deu certo?
    - SIM → EBA!
    - NÃO → PÂNICO!
  - **NÃO** → (vai para "O que fazer?")
- **NÃO** → O que fazer?
  - Vou repetir o que já fiz no passado e rezar para dar certo → Deu certo?
    - SIM → UFA!
    - NÃO → PÂNICO!
  - Vou arriscar e tentar de novo → E se não der certo?
    - PÂNICO
    - Aprendi e continuo tentando

253

Diante de um problema, muitos de nós ficamos tão bloqueados pelas incertezas que apostamos todas as nossas fichas em experiências passadas. Não paramos para refletir — às vezes, nem para respirar. Ligamos o piloto automático, partimos para a ação e rezamos pelo melhor. Se houver realmente similaridade entre as duas situações, a chance de acerto é alta — ainda assim, diante da transformação digital e da velocidade que ela inflige, o plano não é infalível. Mas e quando a situação ou o problema é outro?

Durante muito tempo, a resposta mais comum no mundo corporativo, diante da necessidade de inovar para se manter competitivo no mercado, foi criar ou contratar uma pessoa ou um grupo capaz de romper as amarras e elevar a empresa a um outro nível.

Para Winston Churchill, era este o segredo para superar momentos de adversidades. Pessoas com esse *mindset*, como o matemático e cientista da computação Alan Turing, que decifrou o código nazista, acelerando o fim da Segunda Guerra Mundial,[162] eram dotadas de criatividade, protagonismo, inteligência emocional, foco.

As corporações, assim como Churchill, sempre gostaram de procurar gênios como Turing para resolver seus problemas. Só que essa solução, ainda em uso em muitas organizações, começou a pesar no orçamento e a se mostrar, em alguns casos, ineficiente. O tal do ROI continuava no vermelho. E aí? *Como faz?*

Acredite: esse dilema atormentou, e continua atormentando, muitos líderes de negócios.

Pesquisa com 106 executivos do C-suite de mais de 90 companhias com atuação em 17 países revelou que

---

162. FINNIE, N. Corkscrew Thinking won the war. Here's how to use it in business, *The Guardian*, [s. l.] 7 abr. 2017. Disponível em:https://www.theguardian.com/small-business-network/2017/apr/07/corkscrew-thinking-world-war-two-business-winston-churchill. Acesso em: 16 ago. 2021.

85% reconheceram a dificuldade em diagnosticar problemas

87% reconheceram o custo alto desse comportamento.[163]

É inegável o que gênios como Einstein e Turing aportam a qualquer time. Entretanto, sabendo da capacidade deles de enquadrar corretamente um problema e da importância disso para a inovação, uma série de métodos foram criados. São ferramentas úteis que podem, inclusive, ser utilizadas em conjunto.

Cynefin · Peixe · Thinking · Círculo · Map · Brainstorming · SWOT · Mind · SMART · Dourdo · de · Stakeholders · Porquês · STEEP · Design · Espinha · CIA

---

163. ARE You Solving the Right Problems?. *Harvard Business Review*, [s. l.], jan./fev. 2017. Disponível em: https://hbr.org/2017/01/are-you-solving-the-right-problems. Acesso em: 18 ago. 2021.

O Action Learning, como você já sabe, também fomenta essa investigação por meio das perguntas, da escuta e, claro, do trabalho colaborativo. Os motivos para iniciar uma sessão podem ser muitos: um problema individual ou coletivo, por exemplo. Em geral, podemos dividi-los em três categorias:

1. problemas a resolver;
2. oportunidades a explorar;
3. dilemas a gerenciar;

Exemplos:
- Implantar programas de desenvolvimento de liderança.
- Sanar conflitos entre times.
- Reduzir custos de produção ou *turnover*.
- Alteração no horário ou modelo de trabalho.
- Desenvolvimento de novos produtos.
- Conciliar carreira e maternidade.
- Atrair e reter talentos.
- Aumentar a adesão ao propósito e valores da empresa.
- Fazer uma transição de carreira.
- Sobreviver em um ambiente econômico difícil.
- Lidar com um chefe tóxico.

São tópicos como estes sobre os quais um pequeno grupo, preferencialmente diverso, se debruça e começa a debulhar diferentes observações, sentimentos e experiências, revelando nuances muito além do imaginado.

As pessoas consideram desafios como problemas,
mas, pelo contrário, digo que problema é quando
não há desafio.
Quem não tem desafio não cresce,
não evolui, não ganha, não conquista, não está sobre.
Aquele que sabe que é necessário passar pelo medo,
romper uma barreira e transpor um limite

> para seguir crescendo, comemora sempre que vê um desafio.
>
> **Caio Carneiro, empreendedor**[164]

Em uma sessão de Action Learning, olhares enviesados são deixados do lado de fora. O problema precisa ser apresentado de forma simples e direta, em poucos minutos. Por meio das perguntas, preconceitos são revelados, experiências anteriores são revisitadas, a importância da questão é reforçada e reescrita, a força da inteligência coletiva é revelada. Sempre de forma plural e democrática.

Bea Carson, em *Breakthrough Solutions with Action Learning*,[165] comenta como muitos métodos tradicionais de resolução de problemas acabam não sendo funcionais quando:

- a tomada de decisão é centralizada — no Action Learning, estimula-se a participação e a contribuição de todos os participantes.
- a diversidade, inclusive de pensamento, não é valorizada — no Action Learning, todo mundo tem voz e, quanto mais pluralidade, melhor;
- a escuta e o *feedback* são rechaçados — no Action Learning, a escuta é parte imprescindível do processo de aprendizagem individual e coletivo;
- a cultura organizacional ou do grupo reprime a expressão — no Action Learning, um dos efeitos colaterais é justamente o fortalecimento de uma cultura de aprendizagem, sustentada pela abertura, inclusive, a erros.

---

164. CARNEIRO, C. *Seja foda*. São Paulo: Buzz Editora, 2017. E-book.
165. CARSON, B. Breakthrough Solutions with Action Learning". *TD at Work*, [s. l.], v. 33, p. 1-14, ago., 2016. Disponível em: https://d22bbllmj4tvv8.cloudfront.net/42/7d/6e7acd72cccf084c1f6021ff3854/lookinside-aug2016-tdw.pdf. Acesso em: 25 out. 2022.

Action Learning é um processo dinâmico
para solução de problemas organizacionais,
promoção de habilidades individuais, construção de equipes e
desenvolvimento de líderes.

Bea Carson, consultora[166]

O gerente comercial da multinacional japonesa apresentou seu problema de uma forma bem simples: "Eu não sei como apresentar um produto desse ao mercado sem *budget*". O grupo, formado por executivos que ocupavam a mesma posição em outras áreas da companhia, começou, então, a fazer perguntas para compreender melhor o problema apresentado. Descobriram, por exemplo, que ele não tinha envolvido outras áreas; não tinha mapeado os canais mais adequados para o produto; nem tinha pensado na melhor forma de apresentar um *case;* não havia perguntado sobre outros lançamentos para aprender com erros e acertos.

O problema foi, então, redefinido e reescrito em uma perspectiva mais poderosa e profunda: "a dificuldade para saber qual a expectativa da empresa".

Ele não sabia. Presumiu que seria repetir o sucesso obtido no exterior, alcançando a liderança do mercado. É bem possível, mas em quanto tempo?

Ao receber a missão, ele não fez perguntas. Entrou no piloto automático e congelou.

---

[166]. CARSON, 2016.

Action Learning em ação

Momento 1
Apresentação do problema

Momento 2
Entendimento do problema

Momento 3
Definição/consenso sobre o problema

Identificando do real problema/causa-raiz

Momento 4
Busca de caminhos para solução do problema

Geração e seleção de ideias

Momento 5
Reflexão sobre o aprendizado da construção em conjunto e individual

Aprendizagem

Momento 6
Implementação de ações

Momento 7
Reflexão de afetividade

Momentos realizados em grupo durante a sessão de AL

Reflexão de como o problema se apresenta agora
Momento 8

NÃO RESOLVEU

Fonte: Inspirada nas etapas do método, conforme modelo utilizado no World Institute for Action Learning — WIAL

259

Em uma sessão de Action Learning, o apresentador do problema pode ser o portador das "más notícias", mas, assim que as palavras saem da sua boca, ele não está mais sozinho na busca de uma solução. O *gap* a ser preenchido ou reduzido torna-se uma missão de todos ao longo da sessão.

Este foi um dos principais aprendizados daquele gerente da multinacional de bens de consumo. Quando entendeu o processo e a importância do problema tratado, o comportamento dele mudou perante os pares. Ao final da sessão, ele disse ter aprendido a ter mais empatia: pessoas em uma mesma posição podem ter necessidades diferentes ou, ainda, emprestar outros significados e valor a situações corriqueiras. A experiência acabou, como disse Bea, modificando aquele grupo, agora mais unido e pronto para elevar a performance individual, da equipe e da empresa.

Essa experiência pode não ser tão sutil com alguns grupos ou pessoas. O entendimento do problema, bem como a exposição da raiz ou da verdadeira causa, é uma etapa de divergência, como bem expõe Skipton Leonard.

Estágios para efetividade em resolução de problemas

Divergência ⟶

- Identificação do problema (apresentação do problema)
- Análise do problema (causa-raiz)
- Definição do problema (estado futuro)
- Geração de ideias/de solução
- Definição do problema (fonte de dor)
- Aceitação do problema

Convergência ⟶

- Ideias críticas
- Implementação de planos para melhores ideias
- Identificação de novos problemas
- Seleção de melhores ideias
- Avaliação dos resultados

Fonte: Adaptado de Skipton Leonard, 2013

Como tratamos nos primeiros capítulos, há quem fuja de conflitos como o diabo da cruz. Há quem os tome por um debate em que um lado precisa sair vencedor. O processo do Action Learning inibe esses comportamentos automáticos, criando, com ajuda do *coach*, um ambiente positivo e aberto para a exposição de ideias, emoções, troca de experiências e aprendizados. A importância dada à etapa de divergência abre o caminho para a convergência com mais facilidade. Mais do que fluidez e agilidade, torna-se e/ou cria-se um campo de prosperidade de ideias, parceria e aprendizados.

Diante de uma reclamação, a reação instintiva de qualquer ser humano é se fechar e defender. Um praticante do método, contudo, sabe que o problema é uma porta não só para a solução mas também para a descoberta de outros benefícios.

Para resolver o problema daquele programa *trainee*, nós rodamos duas sessões, com dois grupos de seis pessoas cada um. Além de *trainees*, dois convidados foram selecionados, um em cada sessão, sendo eles pessoas de fora da empresa, com perfis e experiências distintas. O objetivo era mergulhar em uma investigação sobre a causa da insatisfação deles, além da consequente falta de iniciativa ou motivação, como acusavam os líderes. O problema apresentado aos times foi a dificuldade de conciliar a expectativa de todos.

A injustiça em qualquer lugar
é uma ameaça à justiça em todo lugar.
Nós estamos presos
numa mesma teia inescapável de mutualidades,
entrelaçadas num único tecido do destino.
O que quer que afete um diretamente,
afeta a todos indiretamente.
Martin Luther King, pastor e ativista político[167]

Entre perguntas e respostas, os grupos refletiram sobre as expectativas em relação ao programa e à empresa. Descobriram, obviamente, que a insatisfação estava emaranhada em outras questões. Assim, acolheram a dificuldade em perguntar abertamente suas dúvidas, em receber *feedback*, em agir com coerência, em lidar com

---

167. GREY, A. 7 Martin Luther King Jr. quotes that resonate today. *World Economic Forum*, [s. l.], 16 jan. 2017. Disponível em: https://www.weforum.org/agenda/2017/01/7-martin-luther-king-quotes-that-resonate-today/. Acesso em: 19 ago. 2021.

conflitos. Reconheceram, enfim, que o sucesso do programa não se restringia ao RH — todos, inclusive eles e a liderança, eram partes do problema e da solução.

A partir das duas sessões, dois planos de ação foram desenhados: um, para os *trainees*; outro, para a organização. Para muitos deles, porém, de acordo com os depoimentos dados após a atividade, o maior aprendizado foi de que a desejada autonomia não se limita à liberdade para fazer o que se bem entende, mas à capacidade de lidar com situações indesejadas. O protagonismo não reside somente na vitória, mas principalmente em como lidar com o erro e, eventualmente, com o fracasso.

> Quero lhe implorar para que seja paciente
> com tudo o que não está resolvido em seu coração
> e tente amar as perguntas como quartos trancados
> e como livros escritos em língua estrangeira.
> Não procure respostas
> que não podem ser dadas
> porque não seria capaz de vivê-las.
> E a questão é viver tudo.
> Viva as perguntas agora.
> Talvez assim, gradualmente,
> você sem perceber,
> viverá a resposta num dia distante.
> **Rainer Maria Rilke, poeta**[168]

Essa pausa em meio à correria do dia a dia para fazer perguntas, refletir e colaborar pode ser estranha para quem nunca participou de uma reunião como esta. Pela minha experiência pessoal e profissional, como praticante, *coach* e certificadora, vejo que o método acaba provocando naturalmente uma alteração no *mindset*.

---

168. RILKE, R. M. *Cartas a um jovem poeta*. 2. ed. Rio de Janeiro: Globo, 2001. E-book.

É claro que isso não acontece de uma hora para outra — acredite, até os *coaches* têm, no início, a tendência a saltar direto para a solução. Não é fácil resistir à tentação!

A boa notícia é que, ao contrário do que pensamos ou declaramos, nós podemos mudar e aprender em qualquer idade. Temos a tendência a achar que na vida adulta qualquer mudança de comportamento, assim como o desenvolvimento ou aperfeiçoamento de uma nova habilidade ou comportamento, é complicada, mas volto a lembrar do nosso "sistema operacional" poderoso. Certamente você já ouviu falar da neuroplasticidade, isto é, da nossa capacidade cerebral de aprender e se reprogramar, inclusive, em situações de traumas e lesões.

Além disso, em uma sessão de Action Learning, o *coach* é um grande aliado para inibir o cérebro primitivo e ajudar o grupo a ter consciência não só da sua responsabilidade mas também do seu poder para mudar situações. Como já foi dito, essa figura zela pelo aprendizado, colaborando para a clareza acerca da questão trabalhada.

Ao procurar diferentes perspectivas ou olhares sobre um problema, nosso *mindset* vira uma chave — de fixo para de crescimento, como diz Carol Dweck. Em seu livro, ela menciona vários estudos e exemplos. Não importa a natureza dos problemas, do casamento à carreira, as pessoas de *mindset* fixo fogem da confusão, atribuindo a responsabilidade ou a culpa por uma situação ou questão a outras pessoas. Já as de *mindset* de crescimento não se eximem da (co)responsabilidade pelo ocorrido e pela solução.

Para mergulhar ainda mais nesse apetite, ou abordagem, dos praticantes de Action Learning por problemas, resolvi abrir um diálogo com a minha mentora Marina Mazi, referência no Brasil na aplicação do método, com quem tive a minha primeira certificação. Além de consultora, ela trabalhou por vários anos como *executive coach* e tem uma carreira incrível.

Diálogo e Conexão com Marina Mazi

Magali: Queria conversar com você sobre problemas. Por que a gente não enxerga o problema?

Marina: Eu percebo um aspecto cultural muito forte, com foco em solução apenas. Desde que comecei minha carreira, sempre ouvi "ah, um gestor não quer saber de problema, quer saber de solução. Não leve um problema, leve uma solução". Então, este é um ponto — o *mindset* de achar que problema é um problema e tem que se ir rapidamente para a solução. Eu acho que isso é uma crença, um valor que a gente tem instalado e nem percebe. E o outro é o próprio desconforto — nenhum ser humano gosta de ficar em uma situação incômoda, a gente busca sempre bem-estar físico, emocional, mental.

Magali: Até neurologicamente, os neurônios, as conexões sinápticas, a nossa preguiça mental de ficar nesse desconforto.

Marina: É, e é natural, não tem nada de errado com isso. O cérebro procura fugir da dor. A gente sobreviveu e chegou aqui por conta disso. Mas exige um esforço consciente para sair desse padrão.

Magali: O Action Learning ajuda nesse processo de encontrar a causa raiz, de ir fundo no problema. Você poderia compartilhar um exemplo de como isso se dá numa sessão?

Marina: Eu me lembro de uma sessão em que o problema trazido foi que a diretoria estava estourando o orçamento planejado ainda em setembro. O problema era: precisamos rever a peça orçamentária. Isso não é um problema — "precisamos rever" já é uma ação. Eles já chegaram com esse movimento. E durante a sessão a gente foi explorando, explorando, até chegar ao real problema, depois de três rodadas de exploração, que era uma deficiência do fluxo de caixa, que causava um descompasso. Eles estavam tão acostumados todo ano a "não estamos cumprindo o orçamento, vamos ver o que cortar", que às vezes eliminavam o que não precisava. Só precisaram rever o processo.

Magali: Como o Action Learning ajuda nessa questão, a descobrir a raiz do problema?

Marina: Há uma fase que chamamos de Exploração do Problema. Só fazemos perguntas, é explorar mesmo, sem partir para a solução. Isso, de alguma forma, limita o grupo a refletir e a se aprofundar o problema.

Magali: E o *coach* de Action Learning tem um papel fundamental nesse processo de conter o grupo para não ir direto para a solução.

Marina: Nossa, isso é tão importante, porque a gente, enquanto *coach*, também tem esse modelo mental. Várias vezes eu me via ali, também querendo ir para a solução. Então, é fundamental essa autorreflexão, esse autoconhecimento do *coach*. E saber, acreditar e valorizar a importância dessa fase de exploração, fazer intervenções por meio de perguntas, para que o grupo reflita a importância de explorar o problema antes de ir para a solução. Às vezes, essa posição não é tão simpática porque você tem que chamar a atenção do grupo, mas eu tenho consciência de que o meu papel como Action Learning *coach* não é ser chata, não é cumprir uma estrutura, mas é ajudar o grupo a obter o melhor resultado naquela reunião, naquela situação, em relação ao problema.

Magali: Hoje a gente vê muitos métodos de identificação de causa raiz, como o espinha de peixe (*Ishikawa*), além de outros, como análise de *stakeholders*. Qual seria o diferencial do Action Learning?

Marina: A meu ver, temos duas razões principais: primeira, o Action Learning utiliza perguntas e, com isso, a gente é mais inovadora ao olhar o problema, enxerga questões que, de outra forma, não estaria vendo. A segunda razão é que **o Action Learning é a única abordagem que valoriza a aprendizagem do grupo**. Se estou olhando o problema e o impacto do meu comportamento em relação àquele problema, o comportamento do grupo potencializa a solução. Esses são os principais diferenciais, mas eu queria acrescentar que o Action Learning combina com tudo.

Magali: Eu amo tanto essa frase que até coloquei no livro!
Marina: Então, é lindo de ver, porque você usa *Ishikawa* e potencializa esse método junto com o Action Learning. Fica maravilhoso! Há exemplos de área de qualidade e de processos que usam os dois métodos, e um potencializa o outro. Então, dá para usar tudo, dá para usar *brainstorm* na fase de busca de solução também. **O Action Learning potencializa as demais abordagens**.

Magali: E isso me faz lembrar a fórmula de Reg Revans, de a aprendizagem ter um componente, que é o conhecimento programado. Então, se eu conheço *Ishikawa*, por que não vou usar *Ishikawa* dentro desse processo de aprendizado? Além disso, tem o momento do consenso, da diferença de trazer meu problema para o grupo, compartilhar e ver a inteligência coletiva em ação.
Marina: Para mim, esse é um diferencial da abordagem do Action Learning, porque a gente explora o problema enquanto grupo, cada um com o seu ponto de vista. Cabe aqui a metáfora dos seis cegos e o elefante: cada um toca um pedaço do elefante e enxerga uma realidade. O Action Learning é exatamente isso: cada pessoa do grupo enxerga um pedaço, tem um ponto de vista do problema. Quanto mais perspectivas, mais abrangente; quanto mais abrangente, melhor a solução, isto é, ela será mais adequada, mais duradoura, mais sustentável. E a visão compartilhada é fundamental para o problema ter mais profundidade e abrangência. É para isso que o consenso serve — estamos enxergando o mesmo problema? Ou a gente ainda tem perspectivas diferentes? Não tem ninguém certo nem errado; nem quem trouxe o problema é

considerado o dono, com a visão correta. Uma vez na mesa, todos têm a sua perspectiva, com o seu conhecimento programado. Então, todos estão certos, e a melhor visão do problema é a compartilhada. Para buscar a solução, há um combinado de um problema em comum. Se um enxerga um aspecto e o outro, outro, a solução será desalinhada.

Magali: Como olhar para problemas cada vez mais bastante complexos e ambíguos?

Marina: Este mundo BANI *(Frágil, Ansioso, Não linear, Incompreensível)* é o da complexidade, da dualidade, do paradoxo, da incerteza. Eu sempre digo: no mundo onde não se têm as respostas, a melhor coisa a se fazer são perguntas — juntos, para daí descobrir o melhor caminho. É por isso que o Action Learning é a melhor alternativa. **Quanto mais complexos os problemas, quanto menos eu souber dos caminhos e as respostas, mais efetivo é o Action Learning**. Se a gente conversar, há algumas possibilidades. Por exemplo, imagine um mesmo grupo trabalhando num problema bem complexo, num desafio corporativo, de mercado, bastante intrincado. Complexo não é necessariamente difícil e complicado significa que ele tem muitas inter-relações em que eu não consigo determinar causa e efeito porque um efeito é multicausal. Então, o Action Learning, por conta das perguntas, da diversidade do grupo, das etapas que tem, é o caminho para fatiar esse problema complexo e resolver uma parte por vez. Implementa uma ação, já mudou; implementa outra ação. E assim, aos poucos, a gente consegue se adaptar a este mundo BANI que a gente está vivendo.

Magali: Você teria um exemplo?

Marina: Tive vários exemplos com grupos, inclusive de uma organização onde os problemas eram escondidos. Isso é muito comum. Há aquelas reuniões de apresentação de indicadores em que tudo parece bem, mas as pessoas meio que escondem o que está diferente do planejado, ou o justificam. Por causa disso, eles perdiam muito dinheiro. E eram problemas terríveis, ao ponto de se perguntar como se chegou a tal ponto. Problemas de equipamento, trabalhistas, de todas as naturezas. E devagarzinho, com as sessões, com pessoas de todas as diretorias, de todos os níveis, os problemas foram trazidos e conversados, ações passaram a ser implementadas. As pessoas falavam: "nossa, como é possível falar de problemas e ter ideias?". O medo de falar de problemas e ser punido naquela organização era tão grande que bloqueava as pessoas. Elas não enxergavam a possibilidade de olhar para o problema e conversar com outras pessoas, de outras áreas, para criar uma solução conjunta. E daí surgiram exemplos de mudanças, de economia, de diminuição de acidentes de trabalho, de absenteísmo e de perda com retrabalho, com manutenção de equipamentos etc. É lindo ver esses resultados e como o grupo chega a isso, por conta da abordagem de Action Learning.

Magali: Em poucas palavras, como você definiria o que é um problema de fato?

Marina: O problema é sempre um *gap*. O que é um *gap*? É dificuldade, necessidade, diminuição, insatisfação. Em geral, o problema é trazido como meta, com o verbo no infinitivo, então meu problema é priorizar, meu problema é implantar, meu problema é reduzir. Não, isso é a sua meta. É comum também ser apresentado como uma estratégia: "meu problema é como aumentar a minha participação no mercado" ou "meu problema é como perder peso". Então se eu trago o problema assim, um "como", um monte de ideias surgem, e o *brainstorm* poderia até ser mais eficaz. Só que a gente perde a riqueza e a potencialidade do Action Learning. Então, eu falo: perder peso vai resolver qual problema? Qual é o *gap*? Isso muda tudo, e, a partir disso, eu posso ter soluções bem diferentes do que se partisse da meta ou da estratégia. Essa é a riqueza e a beleza de Action Learning.

Magali: Qual a diferença entre um problema e um dilema?

Marina: Com o problema, eu tenho um *gap*, uma necessidade, uma diminuição, uma diferença de onde estou e para onde eu gostaria de estar. Um dilema é uma situação em que tenho duas possibilidades e estou em dúvida para qual caminho seguir. É a encruzilhada: eu centralizo ou descentralizo a minha operação; eu desligo o funcionário ou vejo uma transferência, por exemplo. Por que é muito bacana usar Action Learning para dilemas? Normalmente, diante de um dilema, eu vejo duas possibilidades e, com o Action Learning, eu percebo os 50 tons de cinza entre o branco e o preto. Eu não preciso escolher entre um e outro, mas ter algo diferente, uma terceira opção.

Magali: O que mudou para você olhar problemas com esse conhecimento que você tem e, inclusive, ensina?

Marina: No início, quando eu aplicava Action Learning, eu não tinha essa visão. Na verdade, eu até incentivava as pessoas a trazerem o problema de uma forma até mais elaborada, o "como" é meio caminho andado. O que me sensibilizou muito foi quando a Bea Carson trouxe um problema pessoal de saúde, de perda de audição. Ela foi ao médico que tratou o sintoma de perda de audição sem explorar a causa. Um ano depois, ela percebeu que estava com câncer no cérebro e disse que, se talvez tivesse tido uma exploração adequada, talvez o percurso fosse diferente. E isso me sensibilizou muito porque, **em geral, a gente trata um sintoma, não se aprofunda e o problema persiste**, pode até voltar pior. Por isso eu estimulo muito as pessoas a pensarem de outro jeito.

Magali: O mundo e as organizações precisam dessa nova liderança, que consegue entrar nesse lugar vulnerável, reconhecer que tem dificuldades, que não sabe fazer as coisas, que não sabe como resolver. Como é que ter esse novo olhar para o problema ajuda nesse processo?

Marina: As organizações e os líderes querem inovação. Só que você não inova estando no mesmo lugar — é preciso mudar o olhar, mudar a atitude, colocar-se vulnerável e separar problema de pessoas, isto é, olhar o problema de uma forma dura, objetiva e tirar a mentalidade de juiz, aquela em que acuso as pessoas por conta dos problemas. E é por isso que a gente não quer falar de problemas, porque não quer se sentir culpado, se sentir incompetente, se sentir julgado. Eu costumo dizer que **o Action Learning tem elegância para tratar os problemas e conflitos grupais porque protege as pessoas e ataca o problema**.

Magali: Como você vê o diálogo e a conexão nesse cenário?

Marina: Não tem outro caminho. A inteligência artificial está aí, mas a máquina não consegue fazer conexão nem fazer relacionamento. Então, o caminho é esse, esse é o diferencial do ser humano, a humanidade é isso, é fazer conexão, olhar para si mesmo, se autoconhecer, olhar para os relacionamentos que estabelece — todos eles, familiares, de trabalho, sociais, como se relaciona consigo e com o mundo. Esse é o principal fator, é o elemento-chave.

Magali: Que dica você daria para quem está trabalhando assim, procurando novas perspectivas para os problemas?

Marina: Venha fazer formação em Action Learning — é parruda, consistente e, conforme avança e reflete, muda-se o modelo mental. É para a vida, não para uma sessão. Eu uso na vida, em grupos, relacionamentos; é um método transformador. Vale a pena ser treinado porque é um processo de reflexão, mudança de paradigma e de autoconhecimento, para contribuir para o mundo, olhar os problemas de forma produtiva, olhar as relações e torná-las mais harmoniosas.

Ao ampliar a capacidade de observação e avaliação de um problema, constrói-se uma nova forma de pensar, cujos benefícios podem agregar mais qualidade não só à carreira mas também à vida como um todo. Afinal, fomenta:

- Consciência e autonomia
- Aceitação a vulnerabilidades
- Pertencimento
- Criatividade
- Pensamento crítico
- Curiosidades
- Conexão
- Visão estratégica e do todo
- Coragem para assumir riscos
- Inteligência emocional
- Segurança na tomada de decisão
- Flexibilidade cognitiva

Este último ponto, o da flexibilidade cognitiva, é um dos mais importantes para lidar com as complexidades e incertezas do mundo em que vivemos. Diria que é um dos principais desafios do ser humano do século 21 e a força motriz da nossa contínua evolução. "A disposição para admitir ignorância tornou a ciência moderna mais dinâmica, versátil e indagadora do que todas as tradições de conhecimento anteriores. Isso expandiu enormemente nossa capacidade de entender como o mundo funciona e nossa habilidade de inventar novas tecnologias, mas nos coloca diante de um problema sério que a maioria dos nossos ancestrais não precisou enfrentar. Nosso pressuposto atual de que não sabemos tudo e de que até mesmo o conhecimento que temos é provisório se estende aos mitos partilhados que possibilitam que milhões de estranhos cooperem de maneira eficaz", ressalta um dos principais pensadores contemporâneos, já citado aqui, o historiador Yuval Noah Harari, em *Sapiens*.[169]

E é justamente por isso que é tão importante batermos um papo sobre aprendizagem, tema do próximo capítulo.

Dicas da Maga

O que você não pode esquecer deste nosso papo:

1. O Action Learning lida com problemas reais, importantes e urgentes, daqueles de tirar o sono, tamanha a sua complexidade.
2. Após identificar a causa raiz, busque consenso para encontrar alternativas de solução.
3. A urgência lança sobre o grupo uma pressão ou estresse bom, elevando o engajamento e a criatividade.
4. A busca por diferentes perspectivas sobre um mesmo problema fomenta o *mindset* de crescimento.

---

169. HARARI, Y. N. *Sapiens*: uma breve história da humanidade. São Paulo: Companhia das Letras, 2020. E-book.

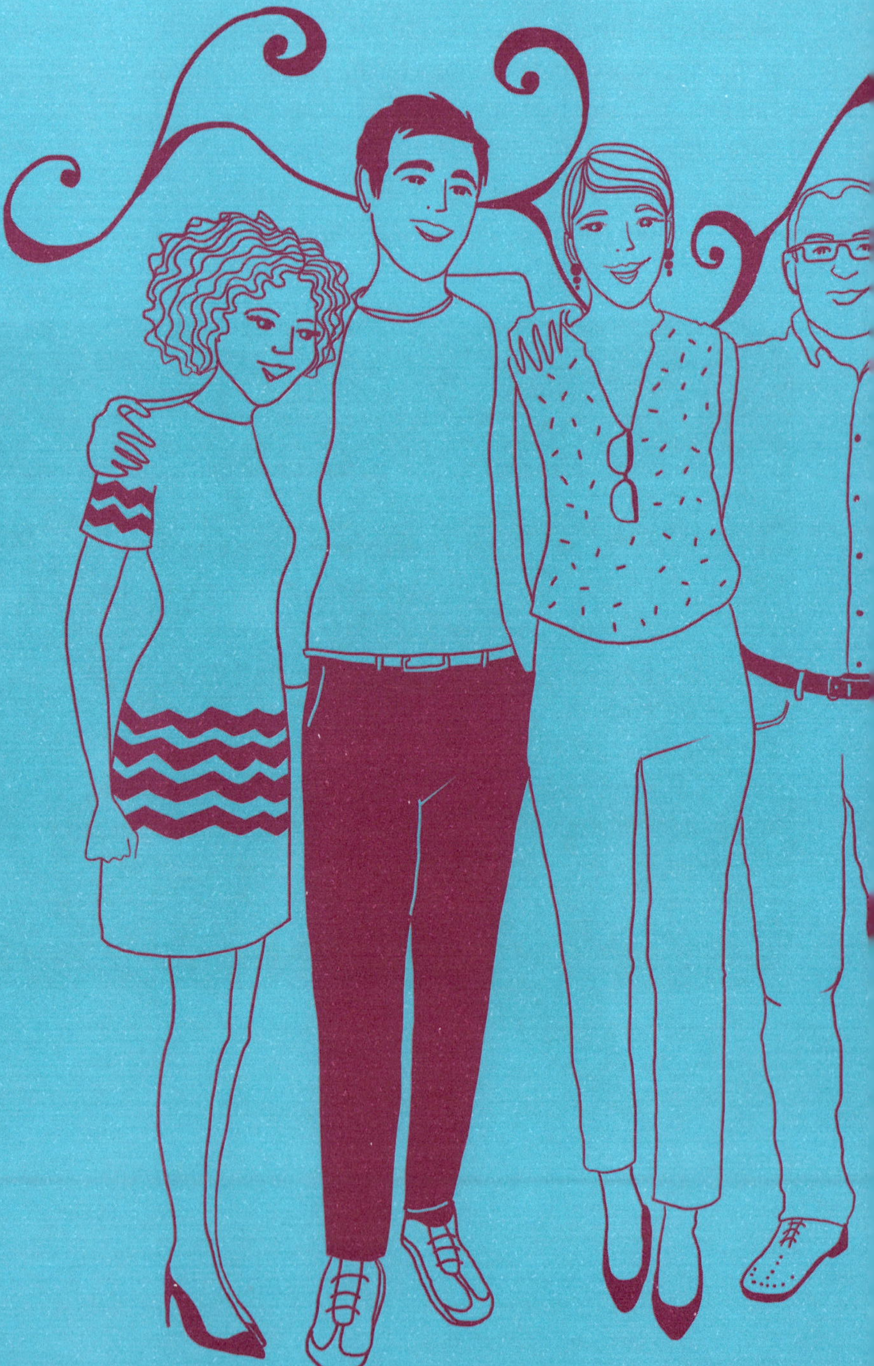

8

Aprendizado: um estilo de vida:
vencendo o piloto automático da rotina

É preciso curiosidade para aprender.
É preciso coragem para desaprender.
Aprender requer humildade para admitir
o que você não sabe hoje.
Desaprender requer integridade para
admitir que você estava errado ontem.
Aprender é como você evolui.
Desaprender é como você acompanha a
evolução do mundo.
Adam Grant, psicólogo organizacional[170]

---

170. 50 SIR , 2015, on-line.

Um dos momentos mais tensos do universo corporativo é a hora do planejamento estratégico. O processo segue, em muitas companhias, um ritual: os principais executivos são isolados em um resort para "estressar" o futuro da empresa. O que poderia ser um exercício de diálogo e conexão é, em muitos casos, momento de confronto e competição. É a hora de defender o território, de brigar pelo *budget*, de exercer o poder e a influência. Qualquer semelhança com uma partida de *War*, o clássico jogo de estratégia, não é mera coincidência.

Em 2020, em plena pandemia de covid-19, um cliente me chamou para rever esse processo mais desgastante do que criativo. A empresa já conhecia o Action Learning e teve a coragem de refletir sobre o que poderia ser diferente. Esta foi a primeira pergunta poderosa feita pela liderança daquela companhia.

Até então, o *modus operandi* convidava o time a olhar as tendências, a identificar pontos fortes e fracos e a defender planos construídos, muitas vezes, menos por "necessidade" e mais por "dever". O que eu quero dizer com isso?

Nada expressa melhor o sentimento da equipe em relação a esse processo do que o desabafo de um líder logo na primeira sessão: "Eu faço porque tenho que fazer".

> **MAGA PERGUNTA**
> - Que prazer há em "fazer por fazer"?
> - Quantas vezes você se sentiu assim na sua empresa?

E aí residia o principal problema dessa empresa: o planejamento estratégico havia se tornado um pedágio inevitável, custoso, burocrático e praticamente dispensável, afinal vivemos em um mundo e em um país nada monótonos. Essa constatação nos levou à segunda pergunta poderosa da sessão: A que esse plano serve?

A resposta, quase unânime, foi a de que, em um mercado volúvel e instável, parte intrínseca de um mundo complexo e líquido, aquele planejamento pouco ajudava. O arquivo em PowerPoint moldava-se ao desejo da matriz, não às necessidades do corpo executivo local. Produtos eram lançados, por exemplo, não para atender a um *gap* do mercado, mas para cumprir tabela.

A terceira pergunta poderosa foi: "Como aproveitar melhor esse momento em que as principais mentes da empresa estão reunidas?".

Insights valiosos começaram, então, a surgir, um completando o outro, como em um jogral.

- "Em vez de somente apontar barreiras ou pontos fracos, poderíamos mergulhar mais nos problemas."
- "Poderíamos aproveitar o momento para repensar o portfólio."
- "Poderíamos refletir sobre mudanças já feitas."
- "Poderíamos olhar para problemas reais — e não para aqueles que não atendem às especificações vindas de fora."
- "Poderíamos pensar em como construir um planejamento que atendesse a todos os envolvidos, matriz e filial."
- "Poderíamos fazer um balanço e aprender com o que deu errado."
- "Poderíamos aprender com os erros uns dos outros."

Releia, por favor, o último item.

MAGA PERGUNTA
- Quantas vezes você fez isso na sua empresa?
- Quantas vezes reuniu pessoas para aprender, inclusive com os erros?

Pouco, aposto. A jornada de aprendizagem de muitas organizações continua limitada à universidade corporativa, entre outras iniciativas, pouco permeando as rotinas e os processos das companhias. Embora o modelo 70-20-10, tão comum nas empresas, proponha a valorização das experiências pessoais (70%) e da troca (20%), ele se mostra insuficiente diante de uma cultura engessada, com pouco espaço para o diálogo e a conexão.

No mundo de hoje, o aprendizado acontece no dia a dia, individualmente e em grupo, em um movimento orgânico que retroalimenta não só o indivíduo, mas todo o sistema, em um ciclo virtuoso de constante atualização. Logo, o planejamento estratégico continua a ser uma parada importante: é o momento da revisão, da manutenção, de se certificar dos recursos necessários para uma viagem segura. É o momento de levantar hipóteses, de conferir desvios de rota e de imaginar futuros.

A essa altura – espero – você já está convencido da importância das perguntas, que sistematizam a curiosidade tão patente no ser humano. O reconhecimento de um problema é o estopim para uma boa conversa, já que aporta o conflito e a urgência para solucionar as mais diferentes questões. Seja na ciência ou nas empresas, a inovação surge dessa compreensão ou, ainda, de palavras temidas no mundo organizacional, como erro e fracasso.

O planejamento estratégico pode ser o momento adequado para olhar para questões que a maioria das empresas prefere varrer para debaixo do tapete, uma atitude inconcebível com o desejo de se aperfeiçoar e de crescer, seja como indivíduo ou como grupo. Geralmente, só se olha para o erro na hora da avaliação de performance, para justificar ou até para punir, não para assimilar, para elaborar, para (se) desenvolver e para coconstruir.

A consultora Betania Tanure, referência em gestão no Brasil, chamou a atenção, em artigo no *Valor Econômico*, para essa disfuncionalidade organizacional: "Entre as características comuns à cultura das empresas brasileiras, está a tendência de esconder os erros. Devido ao medo de retaliação, sobretudo a emocional, eles não são abertamente discutidos e, portanto, não servem de aprendizado. Isso impede a criação de espaços para o crescimento, para a inovação e para cometer novos erros — isso mesmo, estou falando de novos erros".[171]

O que ela defende, obviamente, não é uma aceitação inconsequente do erro, mas a desmistificação, com uma boa dose de responsabilidade. "O erro exige a correção de rumo, o acerto da rota e o reparo do dano, quando possível", explica. "A atitude de se culpar ou de culpar os outros é uma forma de fugir da responsabilidade dos próprios atos, de fazer-se vítima dos acontecimentos. Com a culpa, a pessoa não toma o leme do seu viver nas próprias mãos, deixa de ser protagonista de sua história e da história do mundo."[172]

Durante a sessão de Action Learning, aquela empresa percebeu que o planejamento estratégico era feito no piloto automático. A inovação não depende de um hotel com ambientes bem decorados e intervalos *relax*, mas de uma nova forma de pensar que faça jus aos desafios contemporâneos e a um mundo em constante transição. Antes de preencher tabelas e lutar por *budgets*, é preciso perguntar, refletir, desenvolver, aprender. Às vezes, nem questionamos o que "os gringos" querem — simplesmente assumimos o que devemos fazer ou o que precisamos entregar. E isso não acontece só em multinacionais mas também em empresas dos mais diferentes perfis e tamanhos. Deixa-se, assim, de exercitar a mente, de desenvolver novas habilidades, de imaginar o futuro.

---

[171]. TANURE, B. Você se culpa por seus erros ou aprende com eles?. *Valor Econômico*, [s. l.], 3 out. 2019. Disponível em: https://valor.globo.com/carreira/coluna/voce-se-culpa-por-seus-erros-ou-aprende-com-eles.ghtml. Acesso em: 4 out. 2021.
[172]. *Ibid*.

Quatro skills para um mundo pós-covid

Alfabetização do Futuro Capacidade de imaginar, dar sentido e criar o futuro	**Pensamento Sistêmico** Capacidade de solucionar problemas a partir do reconhecimento da interdependência
Antecipação Capacidade de prever e se adaptar a um mundo em constante mudança	**Previsão Estratégica** Capacidade de investigar, influenciar e criar um futuro "possível, plausível, provável e preferido"

Fonte: Adaptado de Oliveri[173]

Uma das competências mencionadas, o pensamento sistêmico, é a base da educação dos países nórdicos, onde a prioridade não é o ensino de habilidades específicas, como acontece em nossas escolas. Mais importante é mostrar o mundo como ele é — um emaranhado de sistemas complexos interconectados. Assim, de acordo com o colunista do *The New York Times* David Brooks, os alunos são estimulados a desenvolver um senso de pertencimento não só consigo mesmos mas com os grupos dos quais fazem parte — família, comunidade, empresa e nação. Observa-se nas crianças, consequentemente, mais autorresponsabilidade e mais facilidade para transitar

---

173. OLIVERI, S. These 4 skills can make the world better after COVID-19. *World Economic Forum*, [s. l.], 5 ago. 2020. Disponível em: https://www.weforum.org/agenda/2020/08/the-four-skills-to-make-the-world-better-after-covid-19/. Acesso em: 5 out. 2021.

por um mundo plural e em constante mutação. "Eles [os países nórdicos] perceberam que teriam que fazer da aprendizagem ao longo da vida uma parte da estrutura natural da sociedade", explicou o jornalista.[174]

Como diz o ditado,
A pressa é inimiga da perfeição.
Acredite no que falo,
a pressa também restringe as perguntas,
a escuta e a colaboração.
Você pode fazer o que faço
e ter fome de cognição.
Um grande achado,
Uma grande satisfação!

O que a Escandinávia percebeu é que o aprendizado não se restringe à educação formal, a títulos e a certificados. Também não está limitado, como a sabedoria oriental sempre alertou, a períodos específicos da vida. No mundo de hoje, o aprendizado não é tendência, nem sai de moda; está sempre na pauta. Afinal, como profetizou Reg Revans: "não há aprendizagem sem ação, nem ação sem aprendizagem".

Não tenho compromisso com o erro.
Juscelino Kubitschek, ex-presidente do Brasil.

A famosa frase do ex-presidente brasileiro JK já foi repetida com exaustão — da empresária Donata Meirelles[175]

---

174. BROOKS, D. This Is How Scandinavia Got Great. *The New York Times*, Nova York, 13 fev. 2020. Disponível em: https://www.nytimes.com/2020/02/13/opinion/scandinavia-education.html. Acesso em: 5 out. 2021.
175. RIBEIRO, B. A festa da diretora da Vogue e a importância de debater racismo nas escolas. *Estadão*, São Paulo, 14 de fev. 2019. Disponível em: https://www.estadao.com.br/emais/bruna-ribeiro/a-festa-da-diretora-da-vogue-e-a-importancia-de-debater-racismo-nas-escolas/. Acesso em: 3 jan. 2023.

ao ex-presidente Michel Temer[176]. Contudo, o "erro" ainda não foi ressignificado pela nossa cultura. Nas organizações, há uma preocupação maior em descobrir *quem* cometeu o equívoco do que em localizar a verdadeira raiz do problema, ou seja, *o que* aconteceu e *por que* aconteceu.

Não que isso seja fácil. Operar dentro desse olhar generoso exige, praticamente, uma reconfiguração do modelo mental. Funciona mais ou menos assim:

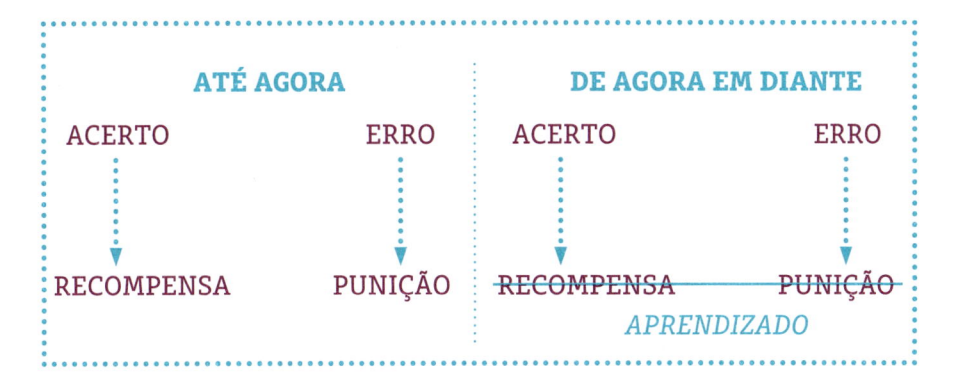

ATÉ AGORA		DE AGORA EM DIANTE	
ACERTO	ERRO	ACERTO	ERRO
↓	↓	↓	↓
RECOMPENSA	PUNIÇÃO	~~RECOMPENSA~~	~~PUNIÇÃO~~
			APRENDIZADO

Exagero?
Nada!
Pensem bem: na escola, na faculdade e no trabalho, nós fomos educados para evitar o erro a qualquer custo. Ele sempre foi sinal de nota baixa, de performance inadequada, de demissão, de vergonha. A reação química que promovemos no nosso corpo diante de um erro é completamente diferente daquela que vem de um acerto, que aciona diretamente o sistema de recompensa — afinal, nota alta está associada a reconhecimento, a alta performance, a uma possível promoção e, claro, a orgulho. O erro, ou até a possibilidade dele, gera uma reação de estresse, de ameaça. Repare bem como seus músculos ficam tensos, o

---

[176]. TEMER bate na mesa e diz que sabe o que fazer no governo: 'Eu tratava com bandidos. *Veja*, [s. l.], 24 maio 2016. Disponível em: https://veja.abril.com.br/politica/temer-bate-na-mesa-e-diz-que-sabe-o-que-fazer-no-governo-eu-tratava-com-bandidos/. Acesso em: 3 jan. 2023.

ritmo cardíaco se altera, a capacidade de responder ou reagir racionalmente aos eventos também sofre uma redução.

Da mesma forma, não fomos ensinados a refletir sobre os nossos aprendizados. Por que não ponderar sobre o que foi feito de forma a aproveitar a oportunidade de reforçar caminhos de sucesso que poderiam nos ajudar a fazer de novo e a fazer melhor?

Quando comecei a trabalhar com Action Learning, resolvi buscar uma mentoria com duas profissionais mais experientes, capazes de me ajudar a refletir sobre as sessões e maximizar a aprendizagem. O objetivo não era "estressar" possíveis erros, mas transformar essa experiência em uma verdadeira jornada de conhecimento para mim. Assim, eu não só me sentiria mais confiante como também poderia elevar a potência da aprendizagem nas sessões seguintes. Psicóloga de formação, eu me inspirei na supervisão feita com profissionais mais experientes.

Hoje eu coordeno grupos de *coaches* de Action Learning, que compartilham dúvidas comigo e com os demais participantes. Em um desses encontros, um dos participantes revelou a dificuldade de rodar uma sessão quando o dono da empresa ou o chefe está presente. Segundo ele, a equipe fica tensa e perde a espontaneidade. Com a liberdade limitada, as sessões se tornam mais limitadas.

Nesse mesmo dia, nesse mesmo grupo, outra participante da mentoria desabafou que seu desafio era facilitar um grupo autônomo, que já conhecia as regras e o roteiro de uma sessão, o que reduziria a necessidade de intervenção ou de facilitação da *coach*.

Nas duas situações, os dois profissionais, embora experientes em facilitar a aprendizagem, questionaram a própria capacidade e efetividade no papel que lhes tinha sido confiado — enquanto um se sentia em falta com o grupo, a outra se sentia dispensável. A postura deles, na verdade, é muito comum: quando algo foge do *script*, a reação mais comum é, naturalmente, nos perguntarmos "onde foi que eu errei?".

O reflexo físico é inevitável: nós nos encolhemos e a energia despenca, junto com a moral. Quando algo sai muito bom, diferente do esperado, nossa tendência também é achar que deveria haver algum erro, e perdemos a oportunidade de olhar com generosidade para a beleza da realização e, claro, do acerto.

Só que há uma terceira via, e a psicóloga Carol Dweck, autora de *Mindset*, explica: "Quando adotamos um *mindset*, ingressamos num novo mundo. Num dos mundos — o das características fixas —, o sucesso consiste em provar que você é inteligente ou talentoso. Afirmar-se. No outro mundo — o das qualidades mutáveis — a questão é abrir-se para aprender algo novo. Desenvolver-se".

É isso o que quero dizer quando falo que ainda não ressignificamos o erro. Nosso compromisso não deve ser evitá-lo, como concluímos a partir das experiências que tivemos, nosso compromisso deve ser em aprender — e, nesse contexto, até o fracasso, essa palavra tão espinhosa, ganha outro sentido, pois nos dá a oportunidade de aprendizagem e de crescimento, mesmo com dor.

"Você tem escolha", reforça Dweck em seu livro. "Os *mindsets* nada mais são do que crenças. São crenças poderosas, mas são apenas algo que está em sua mente, e você pode mudar sua mente. Enquanto lê, pense aonde gostaria de ir e que *mindset* pode levá-lo até lá."

> Toda criança quer
> Toda criança quer crescer
> Toda criança quer ser um adulto
> E todo adulto quer
> E todo adulto quer crescer
> Pra vencer e ter acesso ao mundo
> **Palavra Cantada, dupla musical infantil**[177]

---

177. TODA criança quer. Compositor: Péricles Cavalcante. Intérpretes: Palavra Cantada. [S. l.]: [s. n.], 2006. 1 canção (3 min).

Parece impossível?

Então, assim como fiz no início deste livro, quando falamos sobre resgatar características humanas existentes dentro de você, quero recordar que o aprendizado faz parte, também, da nossa natureza — e não me refiro ao inevitável processo de envelhecimento, que deveria ser acompanhado de mais maturidade e até de sabedoria.

O que eu quero é ajudá-lo a recuperar a reação espontânea, "de berço", de todos nós, as falhas, os erros ou as disfuncionalidades: a curiosidade. Pense no bebê que recebe, pela primeira vez, em suas mãos, um brinquedo. O que ele faz? Explora. Aperta, morde, abraça. A criança aprende com os barulhos. Até a dor, que tanto tentamos evitar, é uma fonte de aprendizado: um choque na tomada é suficiente para entender que colocar o dedo ali não é legal.

Logo, o que precisamos é driblar a dualidade a que nos apegamos, a essa vontade de definir tudo, inclusive a nós mesmos, como bem ou malsucedido. Criamos a nossa realidade quando entendemos, enfim, que até o que poderia nos enfraquecer nos fortalece. Uma mudança de *mindset* poderosa, um novo estilo de vida.

Para mim, aprender é entrar em uma dança e me deixar levar por um movimento fluido. Fui lembrada disso ao fazer aulas de surf. O mar de um dia não é o mesmo do outro: às vezes muda de uma hora para outra, e exige atenção o tempo todo, pois uma onda inesperada pode nos engolir e derrubar. Com presença e consciência, aprendemos; com presença e consciência, lidamos com as situações, não da forma como queremos, mas da forma como elas são; com presença e consciência, aprendemos a viver em transição, a lidar com a vida como ela é — uma grande oportunidade de aprendizagem.

Nada é absoluto.
Tudo muda, tudo se move,
tudo gira, tudo voa e desaparece.
Frida Kahlo, pintora

Esse novo *modus operandi* ganhou o nome de *lifelong learning*, ou aprendizagem ao longo da vida. Conversei com Conrado Schlochauer, empreendedor e autor de *Lifelong Learners — o poder do aprendizado contínuo*, com quem trabalhei na minha transição para a carreira de consultora. Ele me contou que duas variáveis reforçaram a necessidade de se manter ativo no que diz respeito à aprendizagem: a velocidade de mudança do mundo, que exige também mais agilidade de adaptação, e a tecnologia. "Ela funciona", disse em entrevista exclusiva, "como um dos alavancadores dessa mudança, mas um dos potencializadores do aprendizado — antes os meios de produção do conhecimento eram da escola. [...] Tem uma terceira coisa que é a longevidade, hoje nós estamos vivendo mais. [...] A necessidade de interagir com o mundo gera a necessidade de aprendizagem".

Sete elementos principais dos *lifelong learners*

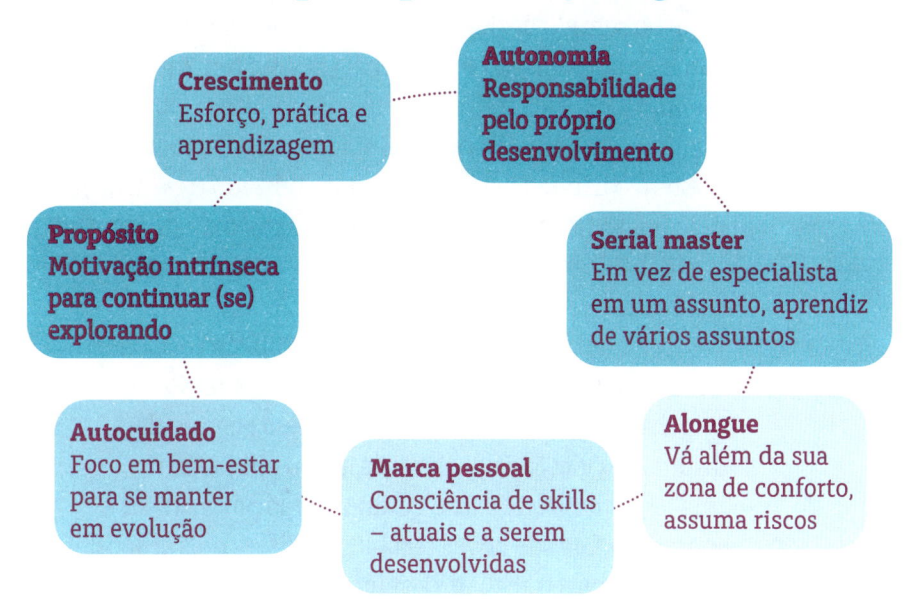

Crescimento
Esforço, prática e aprendizagem

Autonomia
Responsabilidade pelo próprio desenvolvimento

Propósito
Motivação intrínseca para continuar (se) explorando

Serial master
Em vez de especialista em um assunto, aprendiz de vários assuntos

Autocuidado
Foco em bem-estar para se manter em evolução

Marca pessoal
Consciência de skills – atuais e a serem desenvolvidas

Alongue
Vá além da sua zona de conforto, assuma riscos

Fonte: Adaptado de Brassey, Dam, Coates[178]

[178.] BRASSEY, J.; DAM, N. V.; COATES, K. Seven essential elements of a lifelong-learning mindset. *McKinsey*, [s. l.], 19 fev. 2019. Disponível em: https://www.mckinsey.com.br/capabilities/people-and-organizational-performance/our-insights/seven-essential-elements-of-a-lifelong-learning-mind-set. Acesso em: 7 out. 2021.

Essa abordagem para a vida é o segredo de sucesso de muitas figuras de destaque. O talento é refinado por horas e mais horas de estudo e prática. Várias pesquisas corroboram isso — inclusive uma de 2018, que atestou que três entre dez dos melhores jogadores de xadrez tinham um QI abaixo da média.[179] Eles atingiram a excelência ao treinar de 10 a 50 mil horas, até dominar a habilidade e, claro, o jogo.

Schlochauer também gosta de usar o movimento como paralelo para adotar o *lifelong learning* como estilo de vida. "A gente sabe que se fizer uma atividade física, a gente vai viver melhor e de maneira mais longeva. Para isso acontecer, a gente precisa considerar que na nossa vida a gente vive momentos na semana em que precisa, com mais ou menos prazer, fazer uma caminhada, ir para a academia, jogar tênis ou futebol. A única maneira de ter uma atividade física frequente é ter isso encaixado na sua vida", explica. "Com o aprendizado começa por aí, no sentido de que uma parte importante é o que a gente chama de aprendizado intencional [...], mas tem também o aprendizado incidental, que é um subproduto de outras coisas e está presente em todo lugar. Então, da mesma maneira que você tem o hábito para botar esse aprendizado três ou quatro horas por semana, você precisa ter o hábito de vestir uma lente para identificar as oportunidades de aprendizado que estão espalhadas por aí."

É esta também a experiência do Hospital Sírio-Libanês. Em 15 de outubro de 2020, o então diretor-geral, Paulo Chapchap, hoje conselheiro estratégico do negócio de Hospitais e Oncologia da Dasa, destacou em artigo no jornal *O Estado de S.Paulo* o desafio vivido por médicos e desenvolvedores de novas tecnologias. Esses dois grupos de profissionais trabalham por um mesmo propósito, em caminhos completamente distintos, desde a formação. E se invertêssemos essa lógica? E se os cursos de medicina

---

179. MACKINTOSH, N. *IQ and Human Intelligence.* Oxford: Oxford University Press, 1998.

redesenhassem sua grade curricular para pensar, junto com os futuros engenheiros, o desenvolvimento de tecnologias capazes de salvar mais vidas? O próprio Paulo fez o exercício de imaginar "como poderia ser" e concluiu: "Como um médico vindo de uma família de engenheiros, sinto não poder ter tido essa chance quando me formei, mas vejo, agora, uma nova oportunidade que se abre para atender a esses antigos anseios familiares e às novas demandas para o futuro da medicina".[180]

É por isso que eu insisto na importância do diálogo e da conexão para romper amarras e silos que construímos em nossas mentes, escolas, organizações, comunidades e nações. O poder das perguntas, da escuta e da colaboração aflora nossa capacidade de aprendizado e nos recorda da nossa natureza humana.

> **Você precisa de pensamentos frescos se quiser evitar responder aos problemas de hoje com as soluções de ontem, enquanto os desafios de amanhã nos engolfam.**
> Robert L. Dilworth, autor[181]

Uma sessão de Action Learning, em razão das condições criadas para a aprendizagem (que é um dos principais objetivos do método), é sempre um convite a sair da zona de conforto — não só para solucionar um problema mas também para descobrir algo em si, no outro, no contexto.

No Capítulo 6, apresentei a fórmula criada por Reg Revans para o aprendizado.

Aprendizagem = **C**onhecimento **P**rogramado x **Q**uestionamento x **R**eflexão

---

180. CHAPCHAP, P. O médico e a tecnologia. *O Estado de S.Paulo*, São Paulo, 15 out. 2020. Disponível em: https://economia.estadao.com.br/noticias/geral,o-medico-e-a-tecnologia,70003475768. Acesso em: 7 out. 2021.
181. DILWORTH, R. L. Action Learning in a Nutshell. *Performance Improvement Quarterly*, v. 11, n. 1. p. 28-43, 1998. Disponível em: https://onlinelibrary.wiley.com/doi/abs/10.1111/j.1937-8327.1998.tb00076.x. Acesso em: 24 jan. 2022.

O que isso quer dizer?

Em cada sessão, uma silenciosa revolução de aprendizagem acontece em quatro etapas.

1. Cada participante utiliza o conhecimento obtido por meio da formação e das experiências a que foi exposto ao longo da vida, incluindo comportamentos e crenças.
2. Esse conteúdo ajuda a moldar perguntas capazes de ampliar o entendimento sobre o problema apresentado.
3. A inevitável reflexão, essência dos seres racionais que somos, ajuda a contemplar o impacto não só do problema, mas desse novo conhecimento adquirido nas mais diferentes esferas — pessoal, grupal e organizacional.

Vamos fazer uma pausa para avaliar as três primeiras. Como a solução do problema tem, para o método, o mesmo peso que a aprendizagem, busca-se um efeito multiplicador, ampliando o custo-benefício não só de estruturar e promover uma sessão mas também de reunir talentos, com conhecimentos e experiências diversos, em torno de uma questão. Dessa forma, o método prevê que o aprendizado se dê em três níveis:

Coach: O guardião da aprendizagem também aprende

ORGANIZAÇÃO
▶ Uma cultura de aprendizagem e inovação
Como internalizar esse aprendizado e continuar fomentando o desenvolvimento de indivíduos e times?

GRUPO
▶ Um novo olhar para o problema e vias de solução
Como podemos trabalhar melhor juntos e resolver o problema?

INDIVÍDUO
▶ Autoconsciência e competências de liderança
Como estou me saindo no aprendizado dessa competência?

4. Finalmente, é desse processo que surge a ação, com repercussão também nos três campos. Afinal, o indivíduo que se propôs a desenvolver uma competência de liderança deixa a sessão com um *input* capaz de incrementar sua vida ou carreira. O grupo reuniu recursos para resolver o problema; a organização tem mais insumos para desenvolvimento do capital humano e intelectual.

Esse aprendizado em três níveis é o resultado de "uma estrutura projetada para capturar e construir sobre o que existe no mundo real, em vez de no mundo puro, independente, analítico e racional do que *deveria ser*", destaca Marquardt e coautores em *Optimizing the Power of Action Learning*. Dinâmica e multilateral, essa combustão de forças e aprendizados é tão única que dificilmente pode ser reproduzida com outras ferramentas e métodos, seja na leitura de um livro ou no acompanhamento de uma palestra ou aula.

Pelo exposto, fica evidente que os *coaches* são os catalisadores dessa jornada de aprendizados, pois provocam, por meio das perguntas, novos olhares sobre questões e competências trabalhadas durante a sessão. Só que eles também não ficam imunes.

Naquela sessão de mentoria, os dois *coaches* foram lembrados do presente oferecido pelos dois grupos: a possibilidade de aprender a facilitar o trabalho de uma forma diferente. Os incômodos relatados, semelhantes ao sentimento de fracasso —, pois assim aprendemos a rotular essa emoção ou sensação — nada mais eram do que o chamado para uma revolução interna, para desenvolver um novo olhar ou buscar uma nova via.

> Coisas externas o distraem? Então dedique tempo a aprender algo bom e novo. Pare de ser passivamente arrastado em todas as direções. Por outro lado, tenha cuidado com o excesso, pois

semelhante tolo é aquele que se esgota à vista de sua atividade. Aquele carece de um propósito para o qual direcionar seus impulsos e pensamentos.

Marco Aurélio, imperador romano[182]

Imagine uma ambulância em uma avenida engarrafada. Para chegar ao hospital no menor tempo possível, o motorista precisa ceifar os estímulos, as propagandas espalhadas pela cidade, a música que toca no rádio e focar os obstáculos — dos carros aos pedestres — e as oportunidades à frente — como desvios ainda desconhecidos.

Qualquer semelhança com a nossa vida não é mera coincidência. Somos alvejados por conteúdo — das mensagens de WhatsApp, que pipocam no celular, às notificações das demais redes sociais, incluindo o e-mail e as notícias 24/7. É fácil se perder nesse congestionamento: um *break* de 20 minutos, só para checar uma "coisinha", em um piscar de olhos vira um intervalo de uma ou duas horas. Quem nunca, hein?

A ambulância liga a sirene e lança automaticamente para longe de si todos os estímulos evitáveis, contornando obstáculos para avançar no seu objetivo. Pelo rádio, o motorista faz perguntas para abrir caminhos; o semáforo é a pausa para respirar, para refletir, para assimilar o que está acontecendo e o que pode acontecer à frente; o aplicativo de trânsito é a colaboração, a ajuda mútua para executar tarefas com rapidez e agilidade.

Nós também podemos ligar nossas sirenes, desviar das distrações e, por meio das perguntas, da escuta e da colaboração, chegar ao nosso destino com escolhas e decisões amparadas por escolhas e decisões conscientes, a partir do conhecimento formado ao longo do caminho. É possível usar a mesma rota uma, duas, três vezes. O trajeto fica tão seguro que brincamos com a possibilidade de fazê-lo de olhos

---

[182]. AURÉLIO, M. *Meditações*: o diário do imperador filósofo. [S. l.]: Editora Nova Stoa, 2021. E-book.

fechados. O que acontece, na verdade, é que nos tornamos míopes — para o pedestre que atravessa fora da faixa, para a bola perdida da criança, para as sinapses que deixam de acontecer, para o cérebro que começa a morrer.

> // Quando nasci, fui registrada no cartório
> não como um ratinho de laboratório
> nem nada simplório
>
> Com nome e sobrenomes únicos
> ingressei por um caminho lógico
> mas desalinhado com esse mundo caótico
>
> Em meio a uma sociedade abatida
> por uma realidade líquida
> cocriei minha vida
>
> Não foi rebeldia
> mas uma consciência tardia
> a cada novo dia, mais lições aprendidas //

Essa abertura para atualizar conhecimento ou para se abrir a novas oportunidades é exigida de todo e qualquer profissional, independentemente da posição na cadeia alimentar corporativa. "A Microsoft me acessou pelo LinkedIn, eu já era uma profissional bem-sucedida, e uma das perguntas que me fizeram era por que a essa altura da carreira eu ia querer aprender coisas novas", revelou Tania Cosentino, hoje presidente no Brasil da companhia criada por Bill Gates, em entrevista ao jornal o *Estado de S.Paulo*.[183]

[183] BONI, A. P. Habilidade de continuar aprendendo vira regra de ouro no mercado de trabalho. *O Estado de S.Paulo*, São Paulo, 3 out. 2020. Disponível em: https://www.estadao.com.br/economia/sua-carreira/habilidade-de-continuar-aprendendo-vira-regra-de-ouro-no-mercado-de-trabalho/. Acesso em: 7 out. 2021.

O *lifelong learning* pode ser um desafio e tanto para quem é apaixonado pelo que faz. Nosso cérebro preguiçoso está sempre disposto a economizar energia e seguir pela mesma rota, todo santo dia. Assim como Tania, uma cliente de *coaching* resolveu olhar não para suas competências técnicas, mas para as tais *soft skills*. Era conhecida no mercado por liderar operações de *turnaround,* isto é, por sua capacidade de recuperar empresas ou gerenciar crises com maestria, revertendo resultados ou exposições negativas dentro de um intervalo de tempo. Parte do sucesso de profissionais como ela reside na habilidade de olhar para os números sem interferência de emoções. A pergunta que ela teve a coragem de se fazer em uma de nossas sessões foi: "Essa é uma fortaleza minha, mas não quero operar mais nesse modo. Que novas condições de trabalho eu posso desenvolver?".

Se preciso, releia a reflexão dela. Não operar mais nesse modo significa considerar o contexto, não só os números. Se você já trabalhou em uma empresa adquirida por outra, sabe o vulcão de sentimentos que essa operação provoca na equipe. O mesmo vale para uma companhia em crise.

Em um primeiro momento, o questionamento dela parecia colocar em risco justamente as características que a tornavam tão competente e reconhecida. Este é o *mindset* fixo, de Carol Dweck. O que a minha cliente fez foi justamente o contrário — exercitar o olhar para o horizonte.

O seu erro foi assistir tantas vezes ao pôr do sol e nunca ver o sol nascendo.
Liliane Prata, escritora[184]

Aprender pode parecer arriscado, mas é um dos investimentos mais seguros que uma pessoa pode fazer, mesmo quando a aposta não é tão calculada. Uma jogada feita no escuro pode gerar resultados inesperados. Foi o que aconteceu com o

---

184. PRATA, L. *Post*. [S. l.] 6 out. 2021. Instagram: @liliprata. Disponível em: https://www.instagram.com/p/CUsKlf9rmGt/. Acesso em: 6 out. 2021.

escritor e palestrante Simon Sinek. Por sugestão de amigos, por exemplo, ele começou a fazer aulas de dança e logo percebeu que sua postura no palco havia mudado. O pulo do gato, como já dito anteriormente, é que há diferentes formas de aprender — basta não estacionar, isto é, manter-se em movimento. "Eu não consigo ler um livro por semana. Eu aprendo através de conversas", disse ao *The New York Times*. "Gosto de conversar com pessoas que sabem mais do que eu sobre qualquer assunto em particular. Adoro enchê-las de perguntas. E adoro tentar dizer com minhas próprias palavras o que acho que eles estão me dizendo para ver se eu entendo."[185] Cada conhecimento que adquirimos, seja de uma conversa, seja de uma notícia lida em um jornal, seja em um curso formal, seja em um *workshop* ligado a um *hobby*, por exemplo, ajuda a expandir nosso horizonte. Quanto mais repertório criamos, mais desenvolvemos pensamento crítico, mais criativos ficamos, mais ricas ficam as nossas conversas e as nossas vidas.

Aliás, em tempos de polarização, negacionismo e *fake news*, vale sempre lembrar:

> **Diferenças de opinião não precisam ser ameaças. Elas podem ser oportunidades para aprender. O atrito intelectual não é um bug de relacionamento. É uma característica da educação.**
> **Adam Grant, no Twitter**[186]

Além de Conrado, tive a oportunidade de bater um papo com outro especialista em *lifelong learning*. Alex Bretas é escritor, estudioso e palestrante com foco em aprendizagem autodirigida.

---

185. HANNON, K. To Build Emotional Strength, Expand Your Brain. *The New York Times*, Nova York, 2 set. 2020. Disponível em: https://www.nytimes.com/2020/09/02/health/resilience-learning-building-skills.html. Acesso em: 7 out. 2021.
186. GRANT, A. *Tweet*, 1 set. . [*S. l.*] 2021. Twitter: @AdamMGrant. Disponível em: https://twitter.com/adammgrant/status/1433040219289366528. Acesso em: 7 out. 2021.

Diálogo e Conexão com Alex Bretas

Magali: Alex, um diploma na mão não é mais garantia de emprego, de estabilidade, você concorda?

Alex: Concordo. Não sei se algum dia já foi, mas hoje em dia, realmente, não é.

Magali: E como você vê a questão do *lifelong learning*?

Alex: Eu trabalho com essa ideia já há vários anos e entendo que, se você olhar para a aprendizagem ao longo da vida historicamente, esse é um conceito que surgiu na década de 1970, com a Unesco, que percebeu, já naquela época, que a gente não daria conta, como civilização, de se atualizar e de aprender as coisas importantes — do ponto de vista da economia, da vida pessoal, do ponto de vista político, social, enfim, a gente não conseguiria acompanhar o ritmo das mudanças já aceleradas. Hoje, com o mundo digital, com a pandemia, com tudo o que está acontecendo, a única certeza que a gente tem é a incerteza. Então, nesse cenário, especialmente, eu acho que aprender ao longo da vida, contínua e intencionalmente, ter essa intenção de aprender sempre que possível e a partir daquilo que é significativo para você, é fundamental. Nessa pegada do *lifelong learning*, um conceito muito importante, que é o cerne dessa capacidade, é a aprendizagem autodirigida, um dos temas que mais trabalho. O aprendiz autodirigido é uma pessoa que entende que é a principal responsável pelo próprio processo de aprendizado. Ele não terceiriza essa responsabilidade. É lógico que pode recorrer a outras pessoas para aprender, pode recorrer a iniciativas estruturadas, como cursos e qualificações, mas sempre mantém essa responsabilidade, essa condução da aprendizagem na mão dele, em última instância. E a partir disso cria ativamente oportunidades para aprender aquilo que entende que é significativo, que é necessário para desempenhar na carreira, para conquistar um sonho ou para adquirir uma habilidade, seja porque aquilo é um desejo, por ter uma curiosidade que pulsa na direção daquele tema, seja porque tem um propósito muito forte. E, para conquistar esse propósito, precisa criar esse percurso de aprendizagem antes e durante a construção do propósito. Então, na aprendizagem autodirigida, essa percepção, essa crença de que o aprendizado é responsabilidade do próprio indivíduo, indelegável, digamos assim, é fundamental para que a pessoa seja capaz de habilitar essa aprendizagem ao longo da vida dela por inteiro.

Magali: Como é que você associa essa aprendizagem autodirigida com a questão da meta-habilidade? Quer dizer, você está consciente do que aprende, do que está em curso. Alguns chamam também de metanálise.

Alex: Dentro da aprendizagem autodirigida, da forma como eu a entendo, a gente tem o conceito de meta-aprendizado ou, de uma maneira mais ampla, a metacognição. Acho que é justamente o que você trouxe.

Magali: Exato.

Alex: Eu acho que é fundamental e é uma capacidade que você adquire, conquista, constrói, na medida em que experimenta esse caminhar de aprender de maneira autodirigida. Entra naquele rol de habilidades como empatia e colaboração, de cunho muito emocional, além de cognitivo. Eu sinto que é uma atividade muito prática, que você precisa vivenciar para poder construir. Para resolver o problema, você busca o conhecimento, porque está curioso com isso, é importante para você, e nesse processo você junta com a ação e a reflexão. A práxis é o caminho para desenvolver isso. Você reflete e sistematiza o que aprende por meio da prática. Há diferentes estratégias para fazer isso, mas essa reflexão, essa sistematização, esse "dar--se conta", é o que faz com que você, de fato, incorpore e consiga devolver sua ação de maneira ainda mais efetiva.

Magali: No Action Learning, isso ocorre de forma muito consciente, porque cada um desenvolve uma habilidade comportamental que ajuda a si próprio e ao grupo a se desenvolver melhor, além de resolver o problema. Para você, a aprendizagem em grupo é diferente da aprendizagem individual?

Alex: Eu entendo que há alguns arranjos, algumas formas de interação, que privilegiam o aprendizado coletivo; outras, o aprendizado individual. Eu tenho um trabalho que chamo de arquiteturas de comunidades de aprendizagem autodirigidas. São "jogos", no sentido de realidades vividas, que fazem com que as pessoas tendam para determinados caminhos em detrimento de outros. Existe um, por exemplo, que é a "arquitetura de pedido de ofertas", em que elas são estimuladas a pedir aquilo de que precisam, que gostariam de aprender e, assim, a ofertar ações dentro daquilo que elas gostariam e podem. Isso é uma arquitetura que privilegia o aspecto coletivo de aprendizado. Há outro, por exemplo, que eu chamo de "jornadas individuais em comunidade", que é um jogo em que cada uma das pessoas tem o próprio percurso de aprendizagem autodirigida dentro do tema, dentro daquilo que faz sentido para ela, mas existem interações, pontos de contato, de conexão, como ocorrem com quem vive em comunidade. Essa é uma arquitetura que privilegia o aprendizado individual — não é que não acontece o aprendizado coletivo nela, mas a tendência é para outra pegada. Então, dentro dessa linha, dessa lente das arquiteturas, você vai ter algumas que privilegiam determinados aspectos, coletivos ou individuais. No fundo, a minha crença filosófica é que todo aprendizado é social. Pensar já é um ato social. A gente vive nossa realidade em interação com os ambientes, com o outro, com a gente mesmo, o tempo inteiro. Então a gente vive "em relação". Se você pensar sob essa perspectiva mais conceitual, filosófica, o aprendizado individual não existe.

Magali: É muito interessante esse aspecto que você trouxe, do aprendizado social. No Action Learning, existe o desafio individual, mas ele impacta o grupo. Tudo que está em você impacta o grupo, e tudo que está no grupo impacta você. Quando eu aprendo a fazer melhor uma escuta no grupo, eu consigo trazer isso para o grupo, e o grupo aprende diferente com a habilidade que está em mim. Quando o outro aprende a fazer uma pergunta mais poderosa, ele impacta a minha atuação também. Por mais que você possa ter objetivos de aprendizagem individual, você está impactando o contexto em que está vivendo e as relações com as quais está interagindo. No seu ponto de vista, nessas culturas que engessam o aprendizado, as pessoas que estão nesse processo de pouca busca por conhecimento ainda podem aprender?

Alex: Essa pergunta é curiosa. Eu entendo que a gente não estaria vivo se a gente não pudesse aprender.

Magali: Principalmente no mundo atual, onde cada mergulho é um *flash*.

Alex: Exatamente. O mundo cobra, demanda que a gente mude a lente o tempo inteiro, resolva urgências o tempo inteiro. Então, para isso, a gente precisa aprender. O que eu quero dizer é que eu tenho uma perspectiva ontológica do aprendizado, ontológica da realidade, de configuração da realidade. O aprendizado para o ser humano é uma característica ontológica. A gente não sobrevive sem aprendizado, a gente não consegue dar sentido à nossa realidade sem aprendizado. Quando a gente nasce, o ser humano talvez já seja o ser mais social que existe. Diferentemente dos outros mamíferos, a gente demora muito tempo para construir a independência como ser adulto, como ser funcional na sociedade, diferente de cavalinhos, cachorrinhos, gatos, que logo que nascem já caminham, comem. O ser humano é o mamífero que mais demora para desenvolver suas habilidades, construir a sua cognição, construir a sua independência. Mesmo na idade adulta, na vivência em sociedade, a gente depende dos outros também. Nesse sentido, como você constrói esse processo? Você aprende. Eu tenho uma sobrinha pequena, de três meses, e é impressionante. Às vezes ela está mamando — ato de nutrição fundamental — e se algo lhe chama a atenção, ela para e olha. É um exemplo empírico, mas já estudado por experiência científica, de que isso é fruto de uma característica nossa, porque quando ela vira para olhar, ela está curiosa com o ambiente, está entendendo que ali pode ter uma novidade, que pode ser importante para ela. Muitas vezes não é, é só barulho, mas às vezes pode ser importante. Nosso cérebro é treinado para isso desde que nascemos, é treinado para concatenar nossas percepções e construir a própria realidade a partir disso. Ele se aprimora ao longo dos anos até a nossa morte. Quando adulto, nosso cérebro fica um pouquinho menos plástico, mas a gente continua aprendendo especialmente por meio de outros *drives* ou motivações. Enfim, essa é a parte conceitual. O aprendizado autodirigido pode ser dividido em dois grandes terrenos: um é o intencional, isto é, quando você tem uma necessidade, um desejo, alguma coisa importante que você quer alcançar ou construir, você vai lá e, intencionalmente, cria oportunidades, manipula seu ambiente para aprender; o segundo terreno é a aprendizagem incidental ou até acidental, ou seja, você não está intencionando, não está planejando, está vivendo no seu ambiente, de alguma forma, mas uma conversa, uma interação, um erro que você comete no trabalho, essas coisas o tempo inteiro podem te trazer aprendizado, te trazer percepções importantes que te transformam, desde que você esteja atento a isso. Mas, voltando à sua pergunta, todo mundo pode aprender. Talvez algumas estejam "enferrujadas" por não estarem atentas a esse potencial do aprendizado autodirigido. E, aqui, a gente precisa chamar atenção para outro ponto: a influência escolarizante dos nossos corpos e mentes que faz com que, ao longo dos anos, a maioria de nós vivencie a experiência escolar tradicional, composta de professor despejando conteúdo, enquanto você não pode sair da sala, não pode perguntar para não correr riscos, em um sistema de compensação extrínseca, com punição e recompensa, opressor e impositivo. Muita gente conserva isso, permanecendo muitos e muitos anos. Até as universidades são estruturadas da mesma forma, assim como treinamentos e convocações das organizações. Todas essas características moldam culturalmente as pessoas para o enferrujamento em relação ao aprendizado autodirigido, porque a crença básica é "eu dependo de um treinamento, de alguém me ensinando para que eu possa aprender". Embora o ensino possa ser muito benéfico em relação ao aprendizado, não é sempre que isso acontece, muitas vezes é prejudicial, especialmente quando as pessoas alimentam essa crença de depender da direção de outro, controlando o que pode ou não fazer, quando e como fazer. Isso simplesmente não é verdade; se fosse assim, a espécie humana não teria chegado ao ponto em que chegou. A gente vem com esse *drive* de aprender continuamente, desde bebezinho, desde que nasce.

Magali: O que eu acho, não sei se você concorda, é que muitas vezes as pessoas não têm consciência de que elas estão aprendendo, de que estão ganhando mais condição e experiência, até com erros. Você escreveu um artigo sobre isso, sobre o prazer de estar errado. Como a gente adquire essa habilidade, essa liberdade?

Alex: Estou escrevendo um livro sobre isso, e acho a questão do erro muito curiosa na sociedade. Na verdade, na minha verdade, o erro no sentido absoluto não existe — você sempre precisa analisar o erro diante de uma determinada expectativa que existia antes, *a priori*. O erro é aquilo que saiu diferente do planejado. O erro, conceitualmente, é sempre algo que se dá em relação a alguma percepção, a alguma expectativa que alguém depositou na situação — esse alguém ou esses "alguéns" estavam embebidos em determinado contexto cultural, social, econômico. Então, é uma questão profundamente contextual e intersubjetiva em que não dá para você dizer que está errado, pronto, acabou. O que está errado para a minha cultura como brasileiro, mineiro, pode ser certo para o árabe, ou para o chinês, ou para o tailandês. Esse é um primeiro ponto. Embora a gente tenha até uma compreensão conceitual disso, falar é mais fácil que fazer, né? "O prazer de estar errado" é uma provocação, uma brincadeira semântica, possível em determinadas ocasiões, quando você vai se tornando alguém tão permeável à realidade mutante, tão desapegado em relação às expectativas, tão aberto ao que é, no sentido do que está sendo continuamente nas suas situações de vida. Você começa a perceber que, quando erra ou quando alguém diante de você erra, isso quase te gera um prazer, pois o erro é sempre uma possibilidade de enxergar diferente. Eu tenho um outro texto, que dizia que o erro é sempre a realidade te dando um tapa, te mostrando alguma coisa, de maneira muito explícita, abrupta. A gente ouve que o erro é uma oportunidade de aprendizado, mas, para mim, ele já é um aprendizado, é sempre a percepção do erro. É essa abertura radical para a experiência do presente, para a experiência da realidade mutante, que já muda a sua percepção, a sua capacidade de discernir, de distinguir. Então, isso gera um prazer: "nossa, legal, agora eu consigo ir aqui para uma outra direção que vai ser melhor, vai ser mais adequada, vai ser mais eficiente".

Magali: Diante disso tudo, é permitido dizer "eu sei" na nossa cultura?

Alex: Permitido, eu não sei, mas eu tenho algumas ressalvas com relação a "eu sei" ou à variação mais extrema "eu domino esse assunto". É uma coisa que faz parte do repertório linguístico da nossa cultura, em que a linguagem expressa a cultura, expressa premissas por trás. Toda vez que a gente manifesta essa certa arrogância em face ao que a gente sabe sobre o mundo, perde uma oportunidade de aprender mais sobre essa situação, sobre o próprio mundo. É uma vigilância constante, porque a nossa cultura dominante, ocidental, patriarcal, capitalista — enfim, todos os adjetivos possíveis — nos leva a essa posição de "eu sei" o tempo inteiro, de "eu não preciso mais investigar essa questão, eu já sei, eu já domino", pouco permeável ao erro, à dúvida, à pergunta. Ninguém ganha pontinho na escola porque fez uma pergunta boa ao professor, você é cobrado e a resposta é medida em uma escala numérica de acordo com a expectativa do professor. Você vai ganhar dez se colocar na prova o que o professor quer que você coloque, o certo, de acordo com a visão dele. Eu não estou aqui querendo cair num relativismo extremo; é claro que há fatos ou questões que precisam ser compreendidos, mas não há espaço para viver o não saber. E, quando ele se manifesta na nossa vida, não sabemos o que fazer, ficamos angustiados, ansiosos, nos debatemos e acabamos escolhendo qualquer saber que aparece na nossa frente. Os repertórios linguísticos são um pouco perigosos. Se quisermos sustentar uma conexão profunda conosco mesmos, com o outro, com o mundo, e nos manter aprendendo, frescos na nossa percepção de realidade, precisamos ficar muito atentos.

Magali: Se você pudesse dar três dicas para o leitor de como "reiniciar o seu sistema operacional", quais seriam?

Alex: Tem uma indicação, que é o Yaacov Hecht, um educador israelense que eu adoro, traduzido há poucos anos para o português, autor de *Educação democrática*. No Capítulo 3, ele fala de escolas que operam muito com a base da aprendizagem autodirigida — as crianças escolhem o que vão aprender, as decisões são tomadas coletivamente. E ele criou uma teoria para explicar o que acontece com as pessoas que se aventuram nesse território do aprender autodirigido. Até então, muitas das teorias de aprendizagem focavam a relação ensino-aprendizagem, o lugar privilegiado do educador como transmissor de conhecimento. Esse cara cria essa teoria, da educação democrática, para explicar, de forma muito original e autêntica, o raciocínio dele. A segunda dica é experimentar a partir da curiosidade, uma energia da qual a gente fala muito mais do que a vive de fato. Paulo Freire dizia da curiosidade epistemológica. A curiosidade, para mim, é um motorzinho que não te leva só de um caminho para o outro, que te faz abrir um monte de abas no navegador, é um exercício profundo de construção de realidade. Quando eu estava escrevendo o livro *Doutorado informal,* do kit "Educação fora da caixa", foi exatamente isso que aconteceu: eu estava fascinado com esse universo do aprendizado livre, não entendia direito o que era, mas queria muito descobrir. Além do motorzinho, outra metáfora ainda mais interessante é a do novelo da curiosidade: eu fui puxando o fio e me permitindo fazer isso, arrumando tempo na agenda para seguir esse novelo. Então, experimentar aprender e seguir esse modelo da curiosidade é uma coisa que eu acho muito importante. A terceira dica é o CEP + R, que criei junto com o Conrado Schlochauer, uma sigla com as quatro fontes disponíveis de aprendizado: C = Conteúdo, E = Experiências, P = Pessoas e R = Redes. Então, a partir desses quatro caminhos, você pode aprender absolutamente qualquer coisa. O mais legal do CEP + R, a primeira provocação que ele costuma gerar nas pessoas, é que o aprendizado vai muito além de conteúdo. Conteúdo é uma das fontes, mas há outras três e, talvez, outras que a gente ainda nem imaginou. Há múltiplos caminhos para manifestar os seus "comos" na hora de aprender alguma coisa. Variar e usá-los é algo bem interessante.

Magali: Dentro disso que está falando, qual é o espaço para o diálogo e a conexão no mundo em que vivemos?

Alex: Sem diálogo e conexão, ou a gente fica isolado, negligenciado por um monte de coisas importantes para um ser social nas múltiplas esferas, ou a gente vai por um outro caminho, talvez até pior, ou tão ruim quanto, que é o da opressão dos outros, porque tentamos impor a nossa visão. Então, a gente precisa desses "inéditos viáveis", para usar outro termo do Paulo Freire, e eu acho que isso só se constrói com a conexão, com o diálogo.

"O que aprendi hoje?"

Essa questão deveria ser a pergunta a se fazer todos os dias. De acordo com vários especialistas, há muitos motivos para adotar essa mentalidade de desenvolvimento contínuo.

- O aumento da expectativa de vida.
- A longevidade no mercado de trabalho.
- As mudanças tecnológicas e comportamentais constantes, em intervalos cada vez mais curtos de tempo.
- Um mercado de trabalho cada vez mais dinâmico — inclusive em oportunidades.
- Um déficit de talentos em determinadas áreas.
- Uma sociedade cada vez mais plural.

Há 2.500 anos, o filósofo Heráclito escreveu, em um mundo ainda tão analógico a ponto de boa parte dos seus ensinamentos terem sido deixados em barras de ouro, que neste mundo "tudo flui e nada permanece".[187] Hoje, mais do que nunca, o conhecimento é polissinodal, isto é, já não se bebe mais de uma única fonte. É possível acessá-lo de diversas formas, a qualquer momento. E atenção: não o fazer, se não nos mata, nos arruína lenta e silenciosamente.

> Nosso mundo ainda não está completamente formado. Está em processo de vir a ser, e nós o estamos criando à medida que caminhamos, não apenas através de como intervimos, mas através do modo como apreendemos o sentido daquilo que tudo emerge.
> **Allan Kaplan, escritor e ativista**[188]

Entre 2017 e 2019, fiz um curso chamado "Artistas do Invisível". Inspirado em Goethe, o programa visa ampliar

---

187. "TUDO flui e nada permanece", Heráclito: entenda o que ele quis dizer com essa frase. *Superinteressante*, [s. l.], 4 jun. 2018. Disponível em: https://super.abril.com.br/ideias/tudo-flui-e-nada-permanece-heraclito/. Acesso em: 7 out. 2021.

188. KAPLAN, A. *Artistas do invisível*: o processo social e o profissional de desenvolvimento. São Paulo: Editora Peirópolis, 2012. E-book.

a consciência de quem trabalha com desenvolvimento.[189] Tive muita dificuldade para digerir uma conversa sobre distração — não entendia seu propósito, tampouco sua conexão com o que estava sendo tratado. Esse conhecimento, porém, foi plantado em mim, como uma sementinha, e só germinou muito tempo depois.

Isso foi compreendido por mim, por exemplo, enquanto escrevia este livro. Como se não fosse um desafio suficiente para preencher minha mente e meu tempo, resolvi mergulhar em uma reforma. Entre empreiteiro, pedreiro e o senhorzinho do carreto que deveria somente deslocar alguns itens de um lugar para outro, houve um ruído que me gerou muita dor de cabeça. Ocupada com diversas demandas de trabalho, minha reação instantânea foi apontar os erros de todos os envolvidos, em um tom alterado pela emoção. Posso ter resolvido o problema, mas à custa de uma carga adicional de estresse, e não só para mim.

Em outra situação, anos antes, fui eu, a perfeccionista, a cometer um erro. Ao facilitar uma sessão de Action Learning em um banco, eu me distraí com a minha aparência, pois meu cabelo estava caindo por causa da quimioterapia. Minha preocupação era: como respeitar o *dress code* de um cliente tão tradicional? Como não chamar a atenção?

Com o foco dividido, algo sempre escapa. Nesse caso, eu deixei passar uma etapa importante da sessão, o momento em que cada participante escolhe que habilidade quer desenvolver. Ao me dar conta do furo, eu tomei fôlego, interrompi a sessão e lancei para o grupo: "Podemos voltar duas casas?". A pausa foi feita, o roteiro respeitado e o processo retomado, sem prejuízos, em menos de dez minutos.

Exponho esses dois exemplos corriqueiros para reforçar como é fácil nos distrairmos e focarmos questões específicas

---

[189]. ARTISTAS do Invisível. *Instituto Fonte para o Desenvolvimento Social*, [s. l.], c2023. Disponível em: https://new.institutofonte.org.br/formacao/artistas-do-invisivel/#atuacao. Acesso em: 3 jan. 2023.

em vez de aprender com o todo. Perdemos a visão macro, isto é, como um helicóptero, ou, para ser mais moderna, como um drone que se distancia do objeto para obter uma visão mais ampla e completa da situação, considerando a autoanálise dos sentimentos e emoções por diferentes ângulos envolvidos. Perdemos a nossa autonomia, de seres racionais e interdependentes que precisam aprimorar as formas de convivência, seja dentro de casa, do escritório ou do planeta.

A sociedade plural e pujante que temos hoje nos desafia o tempo todo a abandonar rótulos, a desativar o piloto automático, a prestar atenção e a refletir sobre o que acontece à nossa volta. Sem essa consciência, não há mudança; sem essa consciência, não há aprendizado; sem essa consciência, não há espaço para diálogo e conexão, dentro e fora das empresas. É por isso que Schlochauer fala em *lifewide learning*, ou seja, é preciso aprender ao longo e ao largo da vida, para viver mais plenamente.

Ele até tem uma pergunta poderosa, para "chacoalhar mente e corpos", que pode ajudar a colocar a intenção e definir a direção: "Onde, na sua vida você poderia se beneficiar se fosse capaz de fazer algo diferente?". O especialista exemplifica com dois itens da própria lista: investir em fonoaudiologia para articular melhor palavras e ministrar palestras (ainda) melhores; e em inglês, para obter a desejada fluência. "Identificar necessidades é importante — e pode ser epistemológica, que é simplesmente a vontade de aprender alguma coisa", explicou-me. Para Schlochauer, isso ajuda, inclusive, a driblar o excesso de informação e a focar o que realmente importa.

Eu acredito que a abertura para aprender, inclusive, com as situações mais inesperadas pode, junto com o poder das perguntas, da escuta e da colaboração, resgatar a humanidade que tanto reivindicamos em nossas organizações ou sociedade. Foi esta, pelo menos, a lição deixada pela equipe da Azul de Governador Valadares (MG). A aeronave já estava na pista, prestes a decolar para Belo Horizonte, quando uma passageira atrasada apareceu. À equipe de solo, ela disse que precisava embarcar naquele voo para chegar até a mãe, em estado grave na UTI de um hospital.

O time acionou o comandante da aeronave, que informou a tripulação e os demais passageiros sobre a sua decisão de atrasar a partida e retornar, assumindo a responsabilidade pelos possíveis impactos. Garantir o encontro de mãe e filha, durante uma pandemia e em uma situação de crise, era mais urgente e importante que simplesmente cumprir regras.[190]

MAGA PERGUNTA
- Quantos "futuros" deixamos de mudar por falta de tranquilidade ou coragem para tomar decisões?

É por isso que, para mim, essa mentalidade de aprendizado contínuo tem o potencial de gerar outros benefícios.

- Visão panorâmica e estratégica
- Pensamento crítico
- Criatividade e inovação
- Lembrete da importância da diversidade e inclusão
- Novas competências e habilidades
- Ética
- Autorresponsabilidade e senso de pertencimento
- Mais confiança e alta performance
- Autoconhecimento

---

190. BASSETO, M. Piloto da Azul retorna para buscar senhora que havia perdido o voo. *Aeroin*, 21 nov. 2020. Disponível em: https://www.aeroin.net/piloto-azul-retorna-buscar-senhora-perdido-voo-governador/. Acesso em: 7 out. 2021.

Quando há diálogo e conexão, potencializamos a aprendizagem e multiplicamos os benefícios, já que todo o sistema é automaticamente exposto a essa energia positiva e transformadora.

Para mim, há, ainda, um benefício adicional. E vamos conversar sobre eles no próximo capítulo.

> **Dicas da Maga**
>
> O que você não pode esquecer deste nosso papo:
>
> 1. Aprender não é uma obrigação ou tarefa, é um movimento orgânico de um ser naturalmente curioso, autônomo e interdependente.
> 2. O desenvolvimento contínuo independe de cursos formais. Nossas relações e rotina, por exemplo, são grandes fontes de aprendizagem.
> 3. O aprendizado vira um estilo de vida quando deixamos de ver o erro ou o acerto como punição ou recompensa, respectivamente.
> 4. O Action Learning pressupõe que todo problema gera automaticamente ações e aprendizados em três níveis, para pessoas, grupos e organizações, além do coach, que facilita e também aprende com cada sessão.

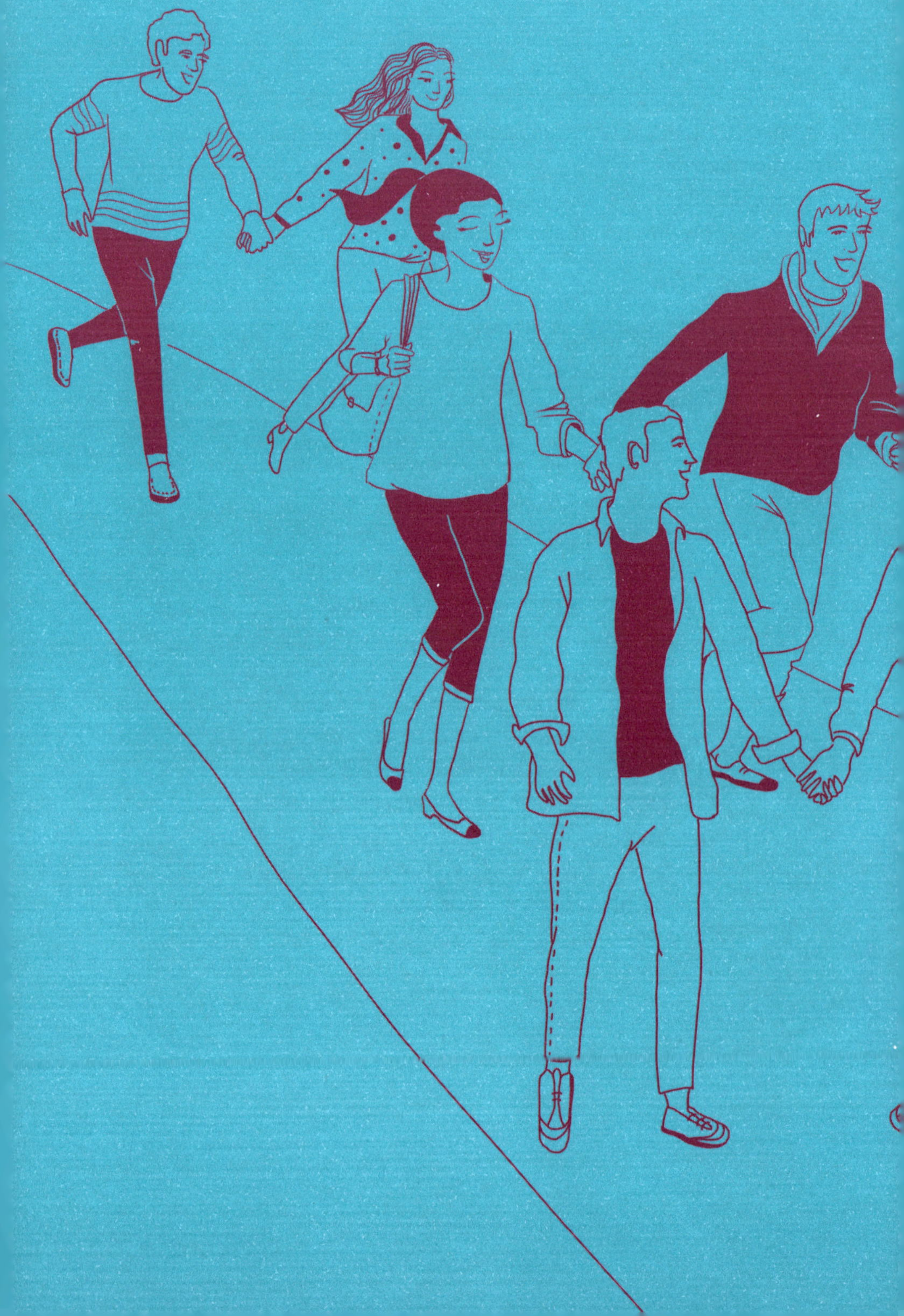

9

O poder da confiança:
um benefício extra para quem aprende

Se queremos que as pessoas
realmente apareçam
e tragam todo o seu ser,
incluindo seus corações inteiros e
sem armadura,
para que possamos inovar, resolver
problemas e servir às pessoas,
temos que estar vigilantes para
criar uma cultura
na qual as pessoas se sintam
seguras, vistas, ouvidas e
respeitadas.
Brené Brown, pesquisadora[191]

---

191. BROWN, B. *Tweet*. [S. l.], 29 set. 2020. Twitter: @BreneBrownr. Disponível em: https://twitter.com/BreneBrown/status/1311061975393337345. Acesso em: 16 nov. 2021.

Assim que aquele projeto pousou no meu colo, eu escolhi quem seria o meu parceiro de trabalho: uma pessoa com quem mal tinha interagido, quase um desconhecido, mas cujas credenciais e referências eu admirava.

Loucura? Talvez. Eu reconheço que o mais comum seria uma aposta segura, isto é, convidar um parceiro já conhecido para ter fluidez no processo e garantir o resultado.

Para que arriscar em tempos incertos? Não é assim que a maioria das pessoas escolhe os integrantes do seu time ou seus fornecedores?

Pois é, eu não. E não por vontade de contrariar ou de subverter a ordem. Como expliquei anteriormente, minha curiosidade é tão forte quanto a minha intuição, e ambas guiam muitos dos meus passos. Está na minha natureza, portanto, confiar nas pessoas e experimentar, ao lado delas, novos caminhos. Sendo assim, escolher o "desconhecido" não é assumir riscos, como várias pessoas entenderiam, mas ter a chance de fazer diferente e, acima de tudo, de aprender.

Lembra-se do aprendizado como estilo de vida?

Pois é, eu pratico isso. Diariamente. E confiar no outro, conhecido ou desconhecido, é sempre um processo cheio de aprendizados.

Escolhi aquele parceiro justamente para ter a oportunidade de criar com ele uma conexão; afinal, fazíamos parte da mesma rede e tínhamos competências e experiências complementares.

Não, eu não sou inocente, se é isso que você está pensando. Eu sei que a confiança não é gratuita — é verdade que a neurociência demonstra que nós podemos ser iludidos por uma imagem e até por um sorriso, entre outras percepções e gatilhos.[192]

Contudo, a confiança é construída na convivência e se firma com o resultado prático das ações.

---

[192]. BARTOSIK, B. *et al*. Are You Able to Trust Me? Analysis of the Relationships Between Personality Traits and the Assessment of Attractiveness and Trust. *Frontiers in Human Neuroscience*, [s. l.], 26 jul. 2021. Disponível em: https://www.frontiersin.org/articles/10.3389/fnhum.2021.685530/full. Acesso em: 16 nov. 2021.

// Será que a primeira impressão é a que fica?
Pois deixo aqui uma dica:
Insista!
Invista!

Acredite no desconhecido
Esse elemento tão temido
Tão cheio de ruído
E, por vezes, doído

Lembre-se:

Qualquer relação pressupõe doação
A conexão nasce da dedicação
E a dedicação é uma decisão

De abrir o coração
De trabalhar a audição
De exercitar a atenção

Só tem satisfação
E gera repercussão
Quem vive com emoção
Quem cocria o cotidiano
 Só mesmo o ser humano! //

    Eu sei que a teoria é linda; a prática, um desafio e tanto!
    Sinto isso na pele, já que sou essa pessoa sem muito filtro, louca para cometer o "sincericídio" ao compartilhar, em uma relação profissional, o que acho ou o que penso que precisa melhorar. É claro que, ao longo de todos esses anos, entendi que essa "forma entusiasmada de ser" pode cativar ou assustar as pessoas — e foi esta última a reação que causei no então desconhecido.
    Nossas formas de trabalhar a informação e transformá-la em ação eram muito diferentes, o que dificultava a conexão

e a evolução do trabalho. Quando as diferenças aparecem, a reação automática é nos fecharmos em nosso mundo, criando julgamentos ou justificativas em relação ao que não condiz com nossas expectativas, crenças e convenções.

Nesse ambiente, é impossível não pensar em Marshall B. Rosenberg, que nos recorda, em *Comunicação não violenta*, como os pedidos logo se tornam exigências, corroendo o diálogo e a conexão. De um lado, quem tem o pedido negado pode se sentir rejeitado; de outro, quem negou teme uma punição. A solução para o impasse, segundo ele, estaria na empatia. "Escolher pedir em vez de exigir não significa que devamos desistir sempre que alguém disser *não* à nossa solicitação. Significa que não tentaremos convencer a pessoa antes de oferecermos nossa empatia para com o que a está impedindo de dizer *sim*", explica.[193]

Convenhamos: na velocidade dos dias atuais, ou na ansiedade em que vivemos, esse exercício não é tão praticado. Acostumamo-nos a colocar rótulos e a criar, ainda que inconscientemente, distância. Sem tolerância e sem legitimar o outro, não há diálogo, tampouco conexão. Prova disso está na polarização que corrói nossa sociedade e democracia. Esse fenômeno foi explicado por Maisa Diniz e Mariana Fernandes, líderes do *Despolarize e Politize!*, em artigo publicado no portal *Nexo*:

> Polarizar, então, não é simplesmente discordar ou pensar diferente, é se fechar nas próprias convicções. Sob o ponto de vista democrático, seja na escola, no playground, nas redes sociais ou nas eleições, a polarização costuma ser um sintoma de que algo não vai bem.[194]

---

193. ROSENBERG, 2021
194. DINIZ, M.; FERNANDES, M. O papel da educação cidadã no combate à polarização. *Nexo*, [s. l.], 27 jun. 2021. Disponível em: https://www.nexojornal.com.br/ensaio/2021/O-papel-da-educa%C3%A7%C3%A3o-cidad%C3%A3-no-combate-%C3%A0-polariza%C3%A7%C3%A3o?posicao-home-direita=1&utm_source=NexoNL&utm_medium=Email&utm_campaign=anexo. Acesso em: 16 nov. 2021.

É por isso que, para mim, a confiança é o ativo mais importante para qualquer ser humano. É o ponto de conexão mais importante de uma sociedade globalizada como a que vivemos; é o motor de mudança para indivíduos, instituições e nações; é o fator de sucesso para uma relação pessoal e profissional.

Eu sei que vivemos em uma era em que a confiança está em xeque — ou, talvez, em transição. O Estado ou a Igreja, por exemplo, já não ocupam mais um papel tão central, influenciando nossas escolhas e decisões ou inspirando ações e comportamentos, como no passado. Pesquisas, como o estudo global Edelman Trust Barometer, já citado, mostram que tanto no Brasil quanto no resto do mundo as organizações privadas se sobrepõem às demais, ganhando, mais do que influência, responsabilidades. O empregador é, agora, a fonte mais confiável, apesar de todos os ruídos ou desafios embutidos na relação.

No Brasil, empresas se firmam como a única instituição de confiança, segundo Edelman Trust Barometer. A confiança no empregador se destaca.

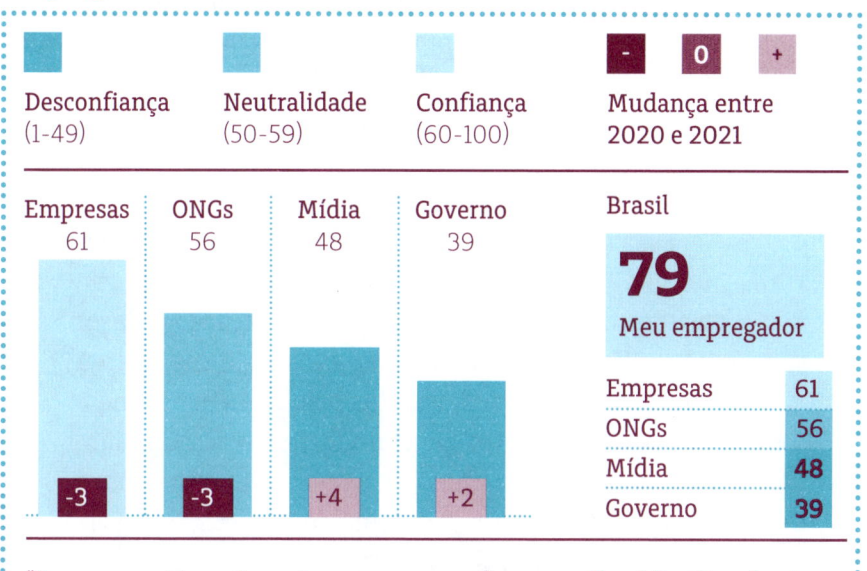

| ■ Desconfiança (1-49) | ■ Neutralidade (50-59) | ■ Confiança (60-100) | - 0 + Mudança entre 2020 e 2021 |

Empresas	ONGs	Mídia	Governo
61	56	48	39
-3	-3	+4	+2

Brasil

79
Meu empregador

Empresas	61
ONGs	56
Mídia	48
Governo	39

"As pessoas estão muito mais propensas a confiar no que lhes é familiar e local, caso do 'meu empregador' e do 'CEO do meu empregador', esse último com 66%"
Natalia Martinez, vice-presidente executiva da Edelman Brasil, em *press release*.

Fonte: Adaptado de Barometer[195] e EMPRESAS[196]

Quando olho esses resultados, noto como a confiança é um processo que exige contato humano. É mais difícil confiar em quem está distante, como o governo, uma instituição cujos valores estão em crise, cujas ações geram descrença e se mostram, muitas vezes, desconectadas das reais necessidades da população. Na contramão, está o "meu empregador", como denomina o

---

195. BAROMETER, 2021.
196. EMPRESAS são a única instituição considerada confiável, competente e ética pelos brasileiros, aponta o estudo global *Edelman* Trust Barometer 2021. Edelman, São Paulo, 11 mar. 2021. Disponível em: https://www.edelman.com.br/sites/g/files/aatuss291/files/2021-03/Edelman%20Trust%20Barometer%20Brasil%202021_Press%20Release_Final_0.pdf. Acesso em: 16 nov. 2021.

estudo, alguém que me conhece, com quem compartilho uma experiência humana, com quem divido uma rotina, com quem tenho um objetivo em comum. Com esse voto de confiança, sobe também a expectativa: de acordo com a Edelman, nove em cada dez brasileiros gostariam que as empresas fossem mais presentes em questões sociais, metendo a colher, inclusive, nos problemas que o governo não resolve[197].

Essa minha tese encontra eco no historiador holandês Rutger Bregman, que defende, em *Humanidade: uma história otimista do homem*, que a construção de laços de confiança faz parte da nossa essência, mas sofreu avarias com as escolhas feitas pelo homem ao longo dos anos. "Por um longo período, nossa desconfiança instintiva de estranhos não resultou em problemas. Conhecíamos o rosto e o nome dos amigos, e se nosso caminho se cruzasse com um estranho era fácil encontrar algo em comum com ele", explica. "Não havia anúncios ou propaganda nem notícias ou guerras que criassem confrontos entre as pessoas. Tínhamos liberdade para sair de um grupo e entrar em outro, aumentando nossas redes de relacionamento no processo."[198]

De acordo com ele, isso começou a mudar há 10 mil anos, quando abandonamos a vida nômade, fincamos raízes e criamos uma nova organização de vida e de trabalho. As hierarquias e a competição surgiram, criando espaço para que a desconfiança se alastrasse silenciosamente entre nós. Qualquer semelhança com um vírus não é mera coincidência. Seus sintomas, porém, são claros. "Nesse novo mundo de guerreiros e agricultores, de cidades e de Estados, ultrapassamos a linha tênue que dividia a amizade da xenofobia. Em busca de pertencimento, logo nos tornamos propensos a

---

197. EMPRESAS..., 2021.
198. BREGMAN, R. *Humanidade*: uma história de esperança. São Paulo: Planeta, 2021. E-book.

repelir forasteiros. Começamos a ter dificuldade para dizer 'não' a nossos líderes — mesmo quando nos faziam marchar para o lado errado da história",[199] diz Bregman.

A boa notícia? Nós podemos mudar o fim desta história – e esse *plot twist* precisa (e pode!) começar agora.

> Enquanto isso, não nos custa insistir
> Na questão do desejo, não deixar se extinguir
> Desafiando de vez a noção
> Na qual se crê que o inferno é aqui.
> **Lulu Santos**[200]

Diante da confiança global e local nas empresas, gostaria de fazer um breve *assessment* com você. Responda-o sinceramente:

Aproxime a câmera do seu celular do QR Code para ter acesso ao formulário.

Quando puxo uma conversa sobre saúde e segurança, muitos clientes e conhecidos listam iniciativas ligadas à integridade física. A associação mais comum é com aqueles painéis enormes, visíveis dentro e fora dos muros das fábricas, contando o número de dias sem acidentes de trabalho. Há companhias que traçam planos elaborados a partir da análise de riscos das mais diferentes atividades. Daí nasceram, por exemplo, programas preventivos e de bem-estar capazes de causar inveja pelos cuidados e serviços oferecidos aos funcionários. Para essas empresas, há uma relação direta entre melhorar a experiência dos colaboradores e medir a performance dos times.

---

199. BREGMAN, 2021.

200. A CURA. Compositor e intérprete: Lulu Santos. Rio de Janeiro: Sony Music, 1988. 1 canção (6 min).

> **MAGA PERGUNTA**
> - Qual é a relação entre experiência e performance para você?

Ao se debruçar sobre a pesquisa de clima, um dos maiores grupos administradores de shopping centers encontrou uma questão interessante: o time mais conhecido pelos resultados também acumulava a pior avaliação sobre o ambiente interno.

A pergunta que pendia era: a que custo esse resultado era entregue?

Muitas empresas, talvez, não tenham coragem de fazer essa pergunta poderosa, porque não colocaram na ponta do lápis os custos crescentes com afastamento de profissionais ou com serviços de saúde, por exemplo. Pouca gente sabe que o estresse no ambiente de trabalho, gerado por uma série de fatores, da competição às longas jornadas, pode ser tão prejudicial à saúde quanto o tabagismo passivo.[201] O acúmulo ou o excesso pode levar ao esgotamento e até à morte, como mostra a experiência japonesa com o *karoshi*.[202]

Esse adoecimento do ser humano ocorreu bem debaixo do nariz das organizações, que disseminaram mensagens equivocadas, relacionadas a executivos e líderes invulneráveis, impermeáveis às emoções e às flutuações do mercado. "Com a faca entre os dentes", "sangue no olho" e muita "vontade de fazer acontecer", as pessoas começaram a ultrapassar limites éticos e... humanos!

---

201. PFEFFER, J.; WILLIAMS, L. Mental health in the workplace: The coming revolution. *McKinsey & Company*, [s. l.], 8 dez. 2020. Disponível em: https://www.mckinsey.com.br/industries/healthcare-systems-and-services/our-insights/mental-health-in-the-workplace-the-coming-revolution. Acesso em: 16 nov. 2021.

202. GORVETT, Z. Morrer de tanto trabalhar' gera debate e onda de indenizações no Japão. *BBC* News Brasil, [s. l.], 1 de outubro de 2016. Disponível em: https://www.bbc.com/portuguese/vert-cap-37463801. Acesso em: 16 nov. 2021.

Assim, a rotina dentro das empresas tornou-se repleta de medo, julgamento, punição, competição, comparações, desconfiança e desgaste energético e financeiro. Cansei de ouvir relatos de gestores que não conseguiam mais dormir, tamanho o pavor do que estava por vir. Um deles, da área comercial, vivia preocupado em não ocupar "a lanterna". A cobrança para vender, para entregar números, influenciava diretamente a sua escolha, por exemplo, entre usar o tempo para ajudar os colegas a solucionar problemas ou para garantir o próprio bônus.

Ainda hoje, em muitas organizações, não há nada mais desatualizado do que o lema de Os *três mosqueteiros*:

"Um por todos, todos por um".[203]
Na prática, é "cada um por si, todos por um".

Não demora para o desequilíbrio romper as fronteiras da empresa, afinal os problemas, ou a pesada carga mental, não são aliviados quando tiramos o crachá. Levamos tudo para casa, o que afeta a convivência social e familiar. A gota d'água para um executivo do mercado financeiro,[204] que já sofria de tiques nervosos e perda de peso por estresse, foi o dia em que explodiu com a filha de seis meses e com a esposa. O motivo? Ele precisava atender uma ligação de trabalho e a mãe não conseguia controlar o choro ininterrupto da nenê.

Exagero? Pode parecer que sim. Mas como cobrar agilidade emocional de um ser exausto?

Aquele time da administradora de *shopping centers* não parecia ter atingido o limite. Formado por sete lindas mulheres, a equipe mantinha o foco nos resultados. A área de RH, porém, não estava disposta a correr riscos — com saúde mental não se brinca.

---

203. *Os três mosqueteiros* é um dos romances mais famosos do francês Alexandre Dumas.
204. SANCHÉZ, M. S. Existe vida além do trabalho: por que cada vez há menos pessoas dispostas a ceder aos excessos da vida profissional. *El País*, [s. l.], 15 nov. 2021. Disponível em: https://brasil.elpais.com/estilo/2021-11-15/existe-vida-alem-do-trabalho-por-que-cada-vez-ha-menos-pessoas-dispostas-a-ceder-aos-excessos-da-vida-profissional.html. Acesso em: 16 nov. 2021.

O Action Learning tinha sido adicionado à arquitetura de educação do grupo anos antes, em reconhecimento à abordagem empática, colaborativa e ágil do método. Para a diretora de RH, a cultura do diálogo permite endereçar os desafios desse momento complexo da humanidade ao obrigar cada ser humano, líder ou não, a assumir a própria vulnerabilidade.

> **MAGA PERGUNTA**
> - Quantas vezes você disse "eu não sei" no trabalho?
> - E o seu chefe ou o CEO da empresa?

Essa posição de vulnerabilidade é, ainda, terminantemente proibida em algumas organizações. Demonstrar-se humano é um sacrilégio. Durante muito tempo, o mundo corporativo buscou eliminar emoções, valorizando profissionais cheios de respostas — ainda que equivocadas, como muitas se mostraram. Escritórios tornaram-se linhas de produção, com pessoas com comportamentos padronizados, praticamente sem vida. Com a "humanidade" em baixa, a imunidade começou a cair, junto com a criatividade e a inovação.

Sem emoção, os colaboradores foram transformados em homens de lata, e suas habilidades intrínsecas enferrujaram.

Isso começou a mudar com o reconhecimento de que, quando não há verdade absoluta, ou respostas suficientes, é preciso fazer perguntas para cavar hipóteses. Essas perguntas, sempre acompanhadas de uma boa escuta, ajudam a criar confiança, a acessar a inteligência coletiva e a encontrar respostas, de acordo com cada situação.

Dentro de uma organização, há, obviamente, times com experiências, demandas, clientes e perfis completamente diferentes. Esse mix pode ser desafiador para o gerenciamento do RH ou da liderança. Contudo, a diversidade cognitiva é um dos elementos fundamentais para times de alta performance, capazes de solucionar problemas complexos.

Os times mais bem-sucedidos são diversos cognitivamente e psicologicamente seguros
Eles também compartilham emoções e comportamentos positivos.

		Segurança Psicológica Baixa	**Segurança Psicológica Alta**
DIVERSIDADE COGNITIVA	**Alta**	**OPOSITIVO**: cauteloso, controlador, flexível, hierárquico, racional, resistente.	**GENERATIVO**: curioso, encorajador, experimental, vigoroso, questionador, acolhedor.
	Baixa	**DEFENSIVO**: cauteloso, conformado, controlador, direcionador, hierárquico, resistente	**UNIFORME**: Apreciativo, reconhecido, controlador, competitivo, flexível, hierárquico

Pesquisa de Alison Reynolds e David Lewis usando o QI Index.

De acordo com estudo publicado na *Harvard Business Review*[205], realizado a partir de entrevistas com 150 executivos de diferentes companhias, a diversidade cognitiva pode impulsionar comportamentos relacionados à aprendizagem, à criatividade e ao cuidado quando aliado a outro traço comportamental diretamente associado à alta performance e ao bem-estar, mesmo em organizações hierarquizadas.

Veja: esses ambientes não passam ilesos à correria para fechar uma venda, melhorar a produção, elaborar um plano

---

205. REYNOLDS, A.; LEWIS, D.The Two Traits of the Best Problem-Solving Teams. *Harvard Business Review*, [s. l.], 2 abr. 2018. Disponível em: https://hbr.org/2018/04/the-two-traits-of-the-best-problem-solving-teams#:~:text=You%20need%20both%20diversity%20and%20safety.&text=Imagine%20you%20are%20a%20fly,%2C%20uncertain%2C%20and%20complex%20problem. Acesso em: 16 nov. 2021.

ou relatório. A pressão e o estresse estão lá, com atenção especial aos excessos. Afinal, o cortisol também ajuda a espantar a procrastinação e a gerar inovação. O outro traço comportamental a que o estudo se refere ajuda a fazer essa delicada regulação — e ela não é feita somente pelo líder, mas também pelos integrantes do time ao prestar atenção em:

- como estão reagindo aos erros;
- como estão lidando com questões do dia a dia.
- como aceitam a diversidade;
- como gerenciam riscos ou tentam algo novo, sem medo de punição;
- como os pedidos de ajuda para solucionar problemas são acolhidos;
- como o suporte mútuo é oferecido;
- como e se o reconhecimento pelo esforço, trabalho e presença do outro é manifestado.

Todas essas questões estão relacionadas a uma expressão com nome feio, mas que precisa ser mais conhecida e empregada nas empresas: a segurança psicológica de times.
Será que você já ouviu falar disso?

// Parece que temos aversão a tudo que é feio,
a tudo que é diferente, a tudo que provoca medo.

Palavras, ideias, conceitos, opiniões, pessoas.
É assim que reduzimos nosso vocabulário,
repertório, conexões, redes.

Sabia que dá para mudar esse comportamento,
deixar de ser omisso e assumir um
novo compromisso?
Abandone sua câmara de eco.

Espie, pergunte, escute, descubra, aprenda,
colabore, cocrie, evolua. //

Vamos fazer um novo *assessment*?

Desta vez, eu gostaria de saber se você já usou em seu ambiente de trabalho alguma das frases que colocamos no formulário, que você pode acessar pelo QR Code a seguir.

Quantos *sim* você respondeu?

Aposto que não muitos. E não há nada de errado com você.

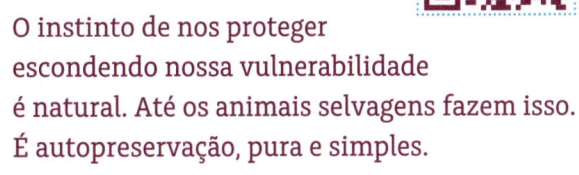

> O instinto de nos proteger escondendo nossa vulnerabilidade é natural. Até os animais selvagens fazem isso. É autopreservação, pura e simples.
>
> **Marc Brackett, psicólogo e pesquisador**[206]

Nós crescemos em sistemas que repelem não só a sinceridade mas também a confiança. Isso começa lá na escola, quando aprendemos que levantar a mão para responder uma pergunta é um risco enorme; afinal, além de virar o centro da atenção, podemos virar alvo de zombaria. Colocar-se nessa posição de sentir vergonha é desagradável, de se expor ao ridículo então… S-O-C-O-R-R-O!!!

Por isso não nos sentimos confortáveis em expor nossas dificuldades, quanto mais nossos erros. Essa é a realidade de mais de 60% dos brasileiros entrevistados por um estudo global conduzido pela Happiness Business School Global Partnership, em parceria com a Reconnect — Happiness at Work.[207] A maioria não encontra uma brecha para abordar diferentes temas, incluindo necessidades, anseios e desejos, com o chefe,

---

206. BRACKETT, M. *Permissão para sentir*: como compreender nossas emoções e usá-las com sabedoria para viver com equilíbrio e bem-estar. Rio de Janeiro: Sextante, 2021. E-book.

207. FONSECA, A. Brasileiro está ansioso mas sente orgulho e realização no trabalho. *Valor Econômico*, São Paulo, 11 out. 2021. Disponível em:https://valor.globo.com/carreira/noticia/2021/10/11/brasileiro-esta-ansioso-mas-sente-orgulho-e-realizacao-no-trabalho.ghtml. Acesso em: 17 nov. 2021.

seja por não confiar ou não ter liberdade com a figura que, de alguma forma, influencia o seu destino.

Isso também acontecia em uma organização não governamental cuja missão era justamente desenvolver lideranças e gerar engajamento na sociedade em torno de suas causas. O elefante branco vivia no centro do escritório, espremendo o time contra a parede ao inibir a livre expressão.

Não me entenda mal, o que acontecia lá é muito comum nas mais variadas instituições públicas e privadas, com diferentes perfis e tamanhos. A censura é velada, centrada nem sempre em regras, mas em crenças formadas a partir do *modus operandi*.

- E se o outro não me achar capaz?
- E se minha dúvida for simplória?
- E se meu líder usar isso contra mim na avaliação de desempenho?
- E se meu colega se aproveitar dessa minha fraqueza?
- E se?
- E se?
- E se?

A verdade é que, em um ambiente onde não há confiança ou abertura, pisa-se em ovos o tempo inteiro, vive-se em eterna solidão — rodeado de pessoas, mas tentando domar sozinho desafios cada vez mais complexos e perpetuando uma cultura de recriminação e autorrecriminação que adoece funcionários e organizações.

Em um ambiente assim, sem liberdade, a criatividade é limitada. A energia da inovação é deslocada para a autopreservação. Perde-se muito em propósito, em (auto)realização, em eficiência. Nega-se, assim, a própria constituição humana, afinal a nossa biologia é de seres sociais que prezam, se nutrem e se beneficiam do convívio com seus pares.

Sem segurança psicológica em um time, as pessoas não assumem riscos, principalmente o interpessoal, relacionado às perguntas que fiz no início desta seção. Só toma uma iniciativa diante do chefe, do colega ou da equipe quem convive em um ambiente onde a hostilidade não tem vez, onde aquele sistema colonial de punição e recompensa foi engavetado, onde as armadilhas do ego e do medo são constantemente desarmadas, onde todo mundo tem voz, sentimento, direito e reconhecimento.

A segurança psicológica de times é o que nos permite:
- expor vulnerabilidades, seja para dizer "não sei" ou "sinto medo";
- envolver-nos em tarefas de outras pessoas ou equipes.
- pedir e dar *feedback;*
- encarnar o advogado do diabo e trazer outro ponto de vista ou até contestar o *status quo;*
- levantar a mão no meio da equipe e dizer "errei e não sei como corrigir".

Amy Edmondson, uma das principais especialistas no assunto e professora da Harvard Business School, explica que a segurança psicológica não é somente um fator básico de saúde e segurança, como a integridade física. Evitar acidentes de trabalho é fundamental para que o funcionário possa trabalhar em condições salubres. Contudo, a segurança psicológica de times vai além: não só atende a uma necessidade humana como também é um diferencial competitivo, pois fomenta uma cultura de diálogo, aprendizado e inovação.

Segundo Edmondson, a ausência de toxicidade no ambiente ou nas relações não é garantia de saudabilidade — um erro comum até entre grandes companhias, como Wells Fargo, VW e Boeing, que atravessaram grandes crises de reputação e imagem. "Nessas empresas, as metas comerciais ambiciosas não eram sustentadas pelo ambiente de trabalho aberto e franco que seria necessário para alcançá-las", explicou a especialista em artigo publicado no *Psychology Today*.[208] "O que aconteceu, em vez disso, foi que os executivos seniores viviam sob a ilusão de que tudo estava bem, quando na

---

208. WOODS, T. Psychological Safety Is Not a Hygiene Factor. *Psychology Today*, [s. l.], 7 set. 2021. Disponível em: https://www.psychologytoday.com/intl/blog/the-fearless-organization/202109/psychological-safety-is-not-a-hygiene-factor#:~:text=Psychological%20safety%20should%20not%20be,increase%20performance%20and%20achieve%20excellence. Acesso em: 16 nov. 2021.

verdade as más notícias simplesmente não eram divulgadas. A cultura invisivelmente quase garantiu o fracasso estratégico em cada caso."

A segurança psicológica de times está centrada em sete pilares:

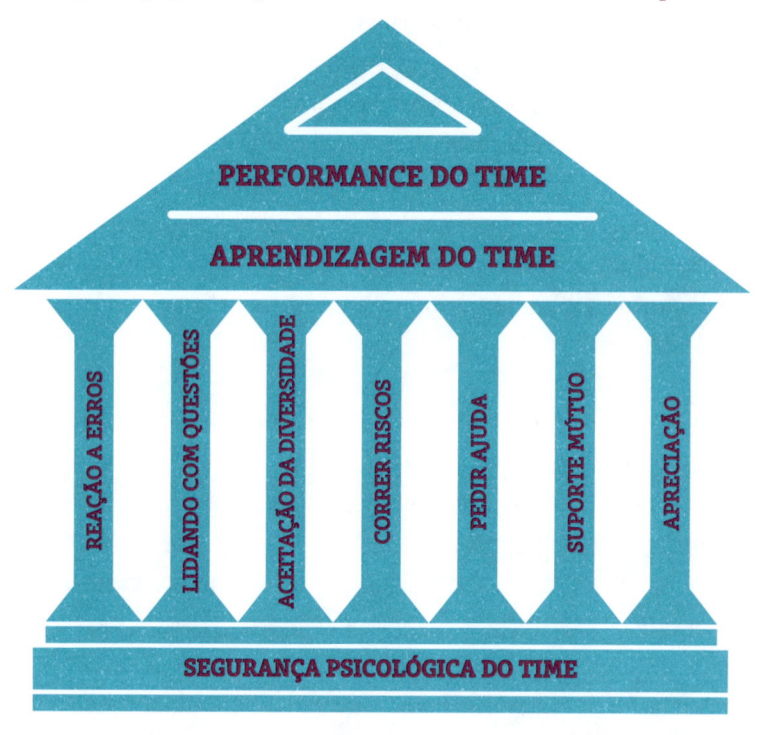

PERFORMANCE DO TIME

APRENDIZAGEM DO TIME

REAÇÃO A ERROS | LIDANDO COM QUESTÕES | ACEITAÇÃO DA DIVERSIDADE | CORRER RISCOS | PEDIR AJUDA | SUPORTE MÚTUO | APRECIAÇÃO

SEGURANÇA PSICOLÓGICA DO TIME

A forma como lidamos com cada uma dessas questões é um forte indicativo do espaço que criamos para a comunicação, a confiança e a aprendizagem florescerem. De forma simplificada, acontece assim:

Pilar SPT	Reação 1	Reação 2
Reação a erro	Quem fez isso?	Como faremos diferente da próxima vez?
Lidando com questões	Não vou ou não posso lidar com isso	Como podemos lidar com isso?
Aceitação da diversidade	Aqui fazemos desse jeito	Qual é a sua perspectiva ou ideia sobre este tema?
Correr risco	É assim que se faz	Como podemos fazer diferente?

Pedir ajuda	Eu tenho que resolver isso	Preciso de ajuda para entregar a fase A e B, você pode estar comigo nessa?
Suporte mútuo	Cada um se preocupa com o que é seu	Como posso ajudar?
Apreciação	Não fez mais que a obrigação	A maneira objetiva com que você falou me ajudou a compreender a problemática. Obrigado.

Para mudar a situação, aquela OSC colocou seus líderes para conversar. Durante quatro sessões de Action Learning, eles tiveram que trabalhar um problema que competia contra a missão da entidade: a falta de confiança. Ao lançar perguntas e ativar a escuta, começaram a colaborar por uma nova ordem em seu microcosmo. Entenderam, por exemplo, que:

- expor fraquezas é parte do reconhecimento da nossa própria humanidade;
- o desconforto é ruim mas importante;
- uma conversa difícil pode ser conduzida com curiosidade e gentileza;
- o time cresce junto quando a base das relações é a confiança.

Decidiram juntos, como grupo, trabalhar algumas ações.
- Solicitar *feedback* e criar espaço para recebê-lo.
- Ser mais acessível e julgar menos.
- Aumentar a convivência ao promover encontros fora do trabalho.
- Investir mais na inteligência coletiva.

Colocar essas ações em prática exige a quebra de diversos paradigmas, afinal a convenção até então era outra e foi ela que moldou os comportamentos. Em uma das quatro sessões, por exemplo, o grupo resolveu tratar como ceder em favor do grupo, isto é, como impedir que o individualismo se sobrepusesse ao coletivo. Chegaram ao consenso de que o futuro da organização e a realização de sua missão não dependem de uma pessoa, e é por isso que a agenda pessoal não pode interferir no futuro e na perenidade da entidade.

Como driblar essa saia justa?

O grupo apostou no diálogo e na conexão, por meio de ações como:

- buscar entender as expectativas de cada um e a melhor forma de direcionar esforços;
- questionar e desabafar para alinhar e construir;
- derrubar silos para que as informações entre as áreas fluam melhor;
- ter uma visão universal, buscar isso nas reuniões de time.

Quero reforçar que, como se vê na experiência dessa OSC, a responsabilidade pela segurança psicológica de times não é só do líder, mas de cada membro da equipe, que precisa ter consciência sobre os próprios sentimentos, necessidades e atitudes. É preciso humildade e curiosidade para olhar para si e para o outro, para se desafiar diariamente, para tirar proveito de cada oportunidade e dar o primeiro passo, mesmo que pequeno ou solitário. É preciso ter coragem para desaprender e aprender.

A melhor história que conheço nesse sentido foi contada por Amy, a professora de Harvard, no TED *Como transformar um grupo de estranhos em um time*:

> Abraham Lincoln disse: "Eu não gosto muito daquele homem. Preciso conhecê-lo melhor". Pensem nisso. Eu não gosto dele, significa que não o conheço suficientemente. É extraordinário. [...] Essa é a mentalidade que você precisa para formar equipe eficaz. Nos nossos silos, podemos fazer as coisas. Mas, quando recuamos e estendemos a mão, milagres podem acontecer.[209]

---

209. EDMONDSON, A. How to turn a group of strangers into a team. *TED Salon*, Nova York, 2017. Disponível em: https://www.ted.com/talks/amy_edmondson_how_to_turn_a_group_of_strangers_into_a_team?language=pt-br. Acesso em: 17 nov. 2021.

Será que você está pronto para dar esse salto?

> **E-mails geram reações. Ligações iniciam conversas.**
> **Simon Sinek, escritor**[210]

Por telefone. Por vídeo. Pessoalmente. Temos hoje várias opções, mas não tenho dúvidas de que a ferramenta mais simples para gerar conexão real ainda é o diálogo. É por meio dele que nós são desfeitos e desconhecidos tornam-se, mais do que conhecidos, humanos.

Foi esta a aposta que fiz com aquele parceiro. Nós deixamos as diferenças de trabalho e os julgamentos de lado para reconhecer a humanidade no outro. Como? Ora, em um encontro presencial em que o relógio foi deixado de escanteio e as nossas percepções e dores da breve experiência foram colocadas sobre a mesa, com empatia e coragem, com perguntas e escuta.

À minha frente, vi um profissional com experiência e perspectivas diferentes das minhas, uma fonte de aprendizado para mim, de criatividade e inovação para os meus projetos. Aos poucos, à medida que evoluímos na conversa, os monstros que ele criara sobre mim também foram reduzindo de tamanho. Meu "sincericídio" passou a ser visto pelo que é: transparência.

É claro que, ao longo dos anos, eu entendi que preciso tomar cuidado para não assustar as pessoas com esse meu "jeito de ser". Ainda assim, não tenho 100% de controle sobre a percepção do outro, cujos gatilhos desconheço. Daí não me deixar dominar pelo ego, seja me ofendendo ou julgando o outro rapidamente. O diálogo e a conexão criam esse campo fértil para a confiança, o ponto de virada em qualquer jogo, em qualquer relação.

---

210. SINEK, S. Publicação. [*S. l.*], 2021. LinkedIn: Simon Sinek Disponível em: https://www.linkedin.com/posts/simonsinek_emails-get-reactions-phone-calls-start-conversations-activity-6863685340851388416-ogzK?trk=posts_directory. Acesso em: 18 nov. 2021.

À luz de tudo o que não sei,
lembro-me do que sei com certeza:
sempre terei algo a ganhar com as perspectivas dos outros.
Zachary R. Wood, escritor[211]

> Um vendedor associado da Apple teve coragem de arriscar ter uma conversa com Tim Cook logo depois de ele assumir o cargo mais cobiçado da Apple, em substituição ao fundador da empresa, Steve Jobs. E digo coragem porque ele o fez em auditório lotado, sob o olhar lívido do próprio chefe, temeroso do que o próprio funcionário aprontaria.
>
> Os olhares preocupados de meu chefe foram em vão. Para Tim Cook, não existem perguntas idiotas. Quando ele me respondeu, ele falou comigo como se eu fosse a pessoa mais importante da Apple. Na verdade, ele se dirigiu a mim como se eu fosse o próprio Steve Jobs. Sei que é uma grande declaração a se fazer, mas é o que senti e falei com outras pessoas que me disseram a mesma coisa. Só é preciso vivê-lo para entendê-lo totalmente, suponho.
> Seu olhar, seu tom, a longa pausa eram evidências suficientes de que ele genuinamente pensou na preocupação que eu mencionei. E foi nesse dia que comecei a me sentir mais do que apenas uma peça substituível. Eu era uma das dezenas de milhares de partes integrantes da Apple e foi a habilidade de liderança bruta, a confiança e o carisma sutil de Tim Cook que me fizeram perceber isso.[212]

> Muitos desconfiavam se a Apple sobreviveria a Jobs. Bem menos excêntrico, inclusive em seus arroubos criativos, Cook

---

[211]. WOOD, Z. R. *Uncensored*: my life and uncomfortable conversations at the intersection of black and white America. Waterville: Thorndike Press Large Print, 2018. E-book.
[212]. GROTHAUS, M. Tim Cook: my first-person impression of Apple's new CEO. *Engadget*, [s. l.], 25 ago. 2011. Disponível em: https://www.engadget.com/2011-08-25-tim-cook-my-first-person-impression-of-apples-new-ceo.html. Acesso em: 18 nov. 2021.

vem mantendo a empresa no topo das marcas mais valiosas do mundo com uma liderança completamente diferente. Ainda assim, enquanto escrevo este capítulo, seu nome e o da empresa são envolvidos em uma série de denúncias, incluindo a de falta de escuta, o que fez com que o movimento #AppleToo ganhasse visibilidade nas redes e na imprensa.

Em relacionamentos pessoais ou profissionais, muitos de nós nos deparamos com diversos dilemas. Alguns deles ganham corpo porque nos recusamos a abrir espaço para o diálogo e para a conexão. Essa situação poderia ser ilustrada da seguinte forma, segundo Bruce Patton, Douglas Stone e Sheila Heen, em *Conversas difíceis: como discutir o que é mais importante*[213]:

Será que eu devo:

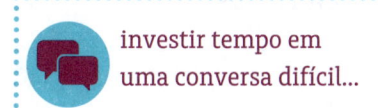

investir tempo em uma conversa difícil... **OU** ...esperar que ela se resolva por conta própria, como em um passe de mágica?

MAGA PERGUNTA
- Que escolha você tem feito?

É natural optarmos pela segunda. Muitos de nós não fomos educados ou treinados para essas conversas difíceis. Parece mais fácil, em casa ou na empresa, deixar o outro cuidar ou curar os próprios problemas. "Conflitos não resolvidos no trabalho e nos relacionamentos pessoais sugam energia e atenção de formas sorrateiras que muitas vezes passam despercebidas", alertam os autores.[214] Empurrar com a barriga, como nos acostumamos a fazer, pode transformar a

---

213. PATTON, B.; STONE, D.; HEEN, S. *Conversas difíceis:* como discutir o que é mais importante. Rio de Janeiro: Sextante, 2021. E-book.
214. PATTON, B.; STONE, D.; HEEN, 2021.

dor de cabeça em enxaqueca. "Quanto mais você permite que as coisas se deteriorem, mais o problema cresce. Portanto, investir sete minutos agora para descobrir por que você e o seu cliente parecem ter expectativas diferentes em relação ao escopo de um projeto vai economizar sete horas (ou sete meses) de confusão, frustração e excesso de custos ao longo do caminho", destacam.[215]

Para marcas e líderes, entre amigos e cônjuges, a construção da confiança está diretamente relacionada ao nível de comprometimento e engajamento. Requer investimento de tempo e de energia. Exige comunicação.

Por que duas pessoas confiam uma na outra em primeiro lugar? Experimentos em todo o mundo mostraram que os humanos são naturalmente inclinados a confiar nos outros, mas nem sempre o fazem.
Paul J. Zak, neuroeconomista[216]

Professor da Claremont Graduate e autor do livro *Trust Factor: the science of creating high-performance companies*, Paul J. Zak explicou, em artigo publicado na *Harvard Business Review*,[217] como a confiança está relacionada ao nível de oxitocina no corpo. Por meio de uma série de experimentos, ele conseguiu identificar que o hormônio do amor, como alguns chamam, não contribui somente para o relaxamento do corpo e a criação de conexões mas também para a redução do medo de confiar em outra pessoa.

Esse trabalho, corroborado por outros estudos, inclusive de empresas como o Google, possibilitou a identificação de oito comportamentos para cultivar a confiança.

---

215. *Ibid.*
216. ZACK, P. J. The Neuroscience of Trust: manegement behaviors that foster employee engagement. *Harvard Business Review*, [s. l.], jan./fev., 2017. Disponível em: https://hbr.org/2017/01/the-neuroscience-of-trust. Acesso em: 18 nov. 2021.
217. *Ibid.*

1. Reconhecer o resultado.
2. Induzir o "estresse do bem".
3. Dar autonomia.
4. Promover a criação do próprio trabalho.
5. Compartilhar a informação abertamente.
6. Criar relacionamentos intencionalmente.
7. Mostrar vulnerabilidade.
8. Facilitar o crescimento humano integral.[218]

Ao comparar o desempenho dos funcionários de empresas onde a confiança reina em relação às demais, Zak e seu time perceberam que estas apresentavam:
- mais energia (106%);
- mais engajamento (76%);
- mais produtividade (50%);
- mais lealdade (50%);
- mais prazer (60%);
- mais alinhamento com o propósito da organização (70%);
- mais proximidade com os colegas (66%);
- mais realização (41%).[219]

O trabalho de Zak parece comprovar que o tão desejado engajamento não reside em cobrir os times de recompensas, em pegar leve ou em esperar menos deles, mas em cultivar a confiança, com benefícios triplicados para organizações, times e indivíduos. Será que isso o recorda de algo?

> Culturas organizacionais que estimulam a curiosidade e as perguntas ajudam as pessoas a se desenvolverem. As pessoas que fazem perguntas têm mais autoconfiança, pois veem as pessoas que questionam demonstrarem apreço e respeito pela pergunta e pelo questionador. Quando um ambiente não ameaçador para questionamentos é uma realidade cotidiana,

---
218. ZACK, 2017.
219. *Ibid.*

as pessoas ficam mais à vontade consigo mesmas, conhecem melhor suas forças e ficam mais autoconfiantes.

Michael J. Marquardt, consultor[220]

Eu não deixei que a minha crença no Action Learning jogasse uma cortina de fumaça sobre o meu julgamento. Resolvi testar a efetividade dessa ferramenta para o desenvolvimento da confiança. Minha investigação incluiu a abordagem de dois grupos bem diferentes.

Ao primeiro, formado por 27 *coaches* do método, eu lancei a seguinte pergunta: você acredita que o Action Learning gera confiança entre os participantes de uma sessão?

A resposta:

99% 👍 👎 1%

Sim, 26 respondentes concordaram, destacando o favorecimento à abertura, à vulnerabilidade e à segurança psicológica das equipes. A visão contrária foi dada por um *coach* recém-formado, ainda em dúvida sobre a possibilidade de construir em uma sessão, logo em um curto espaço de tempo, um laço tão sensível quanto a confiança, que exige dedicação e esforço. Justo, certo?

Justamente por isso eu não podia deixar de abordar outro grupo, formado por líderes, mentores/*coaches*, consultores, gerentes e demais participantes de sessões de Action Learning. Essa abordagem ocorreu entre 2019 e 2021, com 83 participantes de 12 grupos.

A eles, eu perguntei: de 1 a 10, sua confiança nesse grupo aumentou?

Após uma ou 16 sessões, nenhum participante manteve a percepção de confiança no grupo. Não houve, também, redução.

---

220. MARQUARDT, 2014.

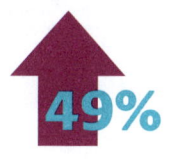

↑ 25% aumento mínimo   **↑ 76%** aumento máximo   **↑ 49%** aumento médio

Esse resultado foi alcançado não só entre pessoas que já se conheciam mas também entre total desconhecidos, corroborando os estudos de Zak. Para chegar a eles, fiz essa pergunta no início e no final da sessão ou após a última sessão, nos grupos que se reuniram mais de uma vez. O resultado detalhado pode ser conferido abaixo.

Grupo	Número de participantes	Descrição	Número de sessões	Incremento de confiança (%)
1	8	Consultores e *coaches* que não se conheciam	3	58%
2	9	Trabalhavam na mesma empresa, em diferentes unidades	10	26%
3	8	Gerentes comerciais da mesma empresa, mesma unidade	1	43%
4	7	Gerentes de RH da mesma empresa, mesma unidade	1	29%
5	4	Consultores e *coaches* que não se conheciam	4	32%
6	8	Consultores, *coaches* e profissionais de RH que não se conheciam	16	60%
7	6	Gerentes, coordenadores e especialistas de uma empresa de TI	12	25%

8	8	Consultores e *coaches* que não se conheciam	15	70%
9	7	Consultores e *coaches* que não se conheciam	12	60%
10	6	Gerentes de RH da mesma empresa, mesma unidade	1	76%
11	7	Consultores e *coaches* que não se conheciam	13	61%
12	5	Consultores e *coaches* que não se conheciam	12	50%

Foi isso também o que aconteceu com aquele time da administradora de *shopping centers*. Como sou suspeita, deixo que Vivian Broge, diretora de RH da empresa, conte a experiência.

A gente promoveu várias sessões de Action Learning para trabalhar o que acontecia dentro desse time. Em pouco mais de seis meses, ao refazer a pesquisa, essa equipe saltou para o segundo melhor clima da empresa. Isso mostra que, quando a gente cria esse lugar de confiança, em que as pessoas podem se expressar e fazer perguntas para entender as perspectivas dos outros, o engajamento aumenta e, com ele, você vai ter mais inovações, colaborações, cooperações, tudo que é necessário para uma empresa ser bem-sucedida nos dias de hoje, sem contar a conexão com todas as gerações, porque, afinal, todo mundo quer um trabalho com propósito e significado.[221]

Aliás, a própria Vivian deu o seu voto de confiança ao método ao buscar a certificação em Action Learning, que se tornou uma ferramenta ágil e eficaz dentro da sua organização, para construir relações, engajamento e caminhos para o crescimento e evolução de todos.

---

221. Este depoimento foi dado durante um *roadshow* promovido pela Eight∞ Diálogos Transformadores, em março de 2020.

> Quando a confiança existe em um relacionamento, estamos abertos a ideias, possibilidades e colaboração. Quando a confiança está ausente, ficamos fechados, defensivos e desconfiados. Onde existe um relacionamento de confiança, é provável que estejamos engajados — orgulhosos de pertencer a nossa organização, dispostos a ir além e comprometidos com a construção da nossa carreira aqui. A confiança melhora a eficiência, aumentando a velocidade com que trabalhamos e reduzindo a burocracia e os custos.
>
> **Nick Cowley e Nigel Purse, pesquisadores**[222]

A dupla acima, apresentada no Capítulo 2, resgatou em seu livro *5 conversations*, a Equação da Confiança, criada pelos consultores internacionais David H. Maister, Charles H. Green e Robert M. Galford.

Equação da confiança:

$$CONFIANÇA = \frac{CREDIBILIDADE + CONFIABILIDADE + INTIMIDADE}{AUTO\text{-}ORIENTAÇÃO}$$

Fonte: Adaptado de Cowley e Purse[223]

Enquanto Zak usa a ciência para explicar a confiança, conectando-a a nossos comportamentos, o trio de consultorias estabelece uma outra relação, relacionada a quatro fatores:

- credibilidade, pautada no que acumulamos de competências e experiências;
- confiabilidade, relacionada não só ao cumprimento das promessas mas também à nossa previsibilidade — o quanto é possível prever nossa reação a situações ou a pedidos, ou seja, está ligado ao nosso humor e às nossas emoções;

---

222. COWLEY; PURSE, 2019, online.
223. 2019.

- intimidade, como o nome já sugere, remete à conexão que criamos, que pode dar mais ou menos abertura;
- auto-orientação, ligada ao nosso altruísmo, isto é, se nossas práticas e ações visam somente o benefício individual ou também o mútuo ou coletivo, se jogamos pelo time ou não.

O Action Learning trabalha todas essas questões, dos fatores aos comportamentos que nutrem a confiança, tais como:
- reunir intencionalmente um grupo;
- reconhecer a importância da participação de cada integrante;
- dividir um problema/desafio;
- abrir mão de premissas e preconceitos e fazer perguntas;
- deixar de lado julgamentos e escutar;
- valorizar a diversidade de pensamento e de experiência;
- dar *feedback*;
- criar junto ações e soluções de crescimento;
- aprender.

Embora tenha criado esse método para solucionar problemas complexos, como aqueles ocorridos em uma mina de carvão, Reg Revans previu que as aplicações do Action Learning seriam universais.[224] E essa não é somente a minha opinião. Bati um papo rápido com Peter Cauwelier, presidente do World Institute for Action Learning (WIAL), que tem larga experiência em times multiculturais.

---

224. ACTION Learning - Introduction by Reg Revans. [*S. l.*: *s. n.*], 2012. 1 vídeo (3 min). Publicado pelo canal IFALOfficial. Disponível em: https://www.youtube.com/watch?v=2bJ9RXkYPSU. Acesso em: 18 nov. 2021.

Diálogo e Conexão com Peter Cauwelier

Magali: Uma equipe de alta performance sempre foi o sonho de muitas empresas. Hoje se sabe que depende de outros fatores, além de competências técnicas ou inovações tecnológicas. O que é uma equipe de alto desempenho para você? O que você recomenda para empresas com esse objetivo?

Peter: Existem, provavelmente, muito poucas organizações que não listam o trabalho em equipe, a colaboração ou o trabalho em conjunto como um de seus valores ou aspirações essenciais. Mas a lacuna em relação ao que realmente é feito para desenvolver o trabalho em equipe é significativa. A maior parte do esforço de desenvolvimento nas organizações concentra-se nos indivíduos, então presume-se que indivíduos bem desenvolvidos formarão automaticamente uma equipe de alto desempenho quando reunidos com outros. Não é tão simples: as equipes também precisam de desenvolvimento!

A chave para o desempenho da equipe é entender até que ponto a equipe pode aprender. Aprender significa que hoje trabalhamos com mais eficiência do que ontem e que as experiências de hoje nos ajudarão a trabalhar com mais eficiência amanhã. Não é apenas aprender com os erros ou acertos, é simplesmente aprender com tudo o que a equipe faz. Esse ciclo contínuo de aprendizagem é o que move o desempenho adiante. Aprender aqui é no sentido mais amplo da palavra: aprender sobre o trabalho e as responsabilidades, aprender sobre os desafios, aprender sobre a organização e aprender sobre si mesmo e as pessoas que trabalham ao redor.

A pesquisa acadêmica em torno da aprendizagem em equipe foi validada na investigação interna do Google sobre o que diferencia as equipes de alto desempenho das medianas: a chave para a aprendizagem em um contexto de equipe é o nível de segurança psicológica da equipe, até que ponto os membros da equipe se sentem à vontade para assumir riscos interpessoais. Esses riscos podem ser de compartilhar limitações, mostrar vulnerabilidades ou falar sobre preocupações. A segurança psicológica não é algo que pode ser exigido ou mesmo sugerido: ela realmente está ancorada em como os membros da equipe trabalham e interagem uns com os outros. E é aqui que o desenvolvimento da equipe precisa acontecer. O conceito de segurança psicológica de equipe precisa ser explorado e operacionalizado para que a equipe possa se desenvolver em um ambiente seguro, onde cada membro se sinta à vontade para assumir os riscos interpessoais que o ajudarão a ser autêntico e ajudar a equipe a avançar ao mesmo tempo.

Maga: Você sempre diz que confiança é a base de tudo. É possível resgatar esse elemento em qualquer ambiente? Se sim, como?

Peter: Confiança é uma palavra que usamos com frequência e entendemos claramente a importância da confiança em um time. Às vezes, em um ambiente de equipe, aconteceram coisas no passado que prejudicaram ou romperam a confiança entre os membros. Alguns podem propor que as questões do passado precisam ser revisitadas e discutidas a fim de criar uma plataforma para seguir em frente. Minha abordagem é diferente e não recomendo reanalisar o passado, porque o que aconteceu, aconteceu, e nenhuma análise ou discussão pode desfazer isso. Recomendo reconhecer que algumas coisas que aconteceram realmente aconteceram e impactaram a confiança dentro da equipe. Então, o foco, a energia e o compromisso devem estar no hoje e no futuro, para ver como a equipe pode trabalhar melhor dali em diante.

Nesse sentido, sou um grande defensor de focar o que as pessoas fazem (seus comportamentos) em vez de quem elas são (sua personalidade). Quando nos concentramos nas personalidades, vemos os outros através do filtro de nossa própria personalidade e preferências. Opiniões e emoções turvam a atmosfera. Quando pudermos nos concentrar nos comportamentos observáveis e factuais e garantir que esses comportamentos apoiem a equipe e o desempenho da equipe, a confiança — talvez lentamente — será reconstruída.

Maga: Como AL contribui para isso, tanto para desenvolver equipes quanto para trabalhar a segurança psicológica dos times?

Peter: Uso o método WIAL para o Action Learning há quase dez anos e, quando estudei a segurança psicológica de times como um tópico de pesquisa, pude ver imediatamente a conexão. Ela é discutida, mas muitas vezes permanece no nível conceitual e é algo que o líder deve desenvolver na equipe. Sim, o líder tem um papel fundamental a desempenhar, mas a segurança psicológica de times não está relacionada apenas ao que acontece entre o líder e cada um dos membros: é genuinamente um conceito de equipe e está relacionado a todos os integrantes. Além disso, há muita pouca pesquisa que realmente tente impactar a segurança psicológica da equipe e avaliar o progresso. É por isso que acho que o Action Learning é uma ótima maneira de executar ou operacionalizar a segurança psicológica de times. Em uma sessão de Action Learning, não há hierarquia, e cada participante desempenha um papel semelhante. Fazer perguntas e explorar não apenas o que sabemos, mas o que não sabemos, é uma ótima abordagem para explorar vulnerabilidades. Minha abordagem ao trabalhar com uma equipe é medir a segurança psicológica antes de realizar uma série de sessões de Action Learning e, em seguida, medi-la novamente. Em cada caso (quase 15 equipes diferentes até o momento), há uma clara melhora no nível de segurança psicológica do time. É importante notar que a discussão do grupo nas sessões de Action Learning não é sobre segurança psicológica: a equipe trabalha em um problema concreto proposto por um dos membros, ou um problema compartilhado por toda a empresa. O processo de Action Learning, com seu foco em perguntas, escuta ativa e aprendizagem, dá aos membros do time um ambiente seguro para explorar o próprio crescimento como indivíduos e membros da equipe, além de apoiar outros fazendo o mesmo.

Eu concordo com Peter. Pela minha experiência, além do relato de participantes e *coaches*, essa ferramenta tem transformado a forma de convivência de pessoas, famílias, times e organizações. Na confiança reside mais um poder humano que favorece o diálogo e a conexão, transformando situações e criando as soluções de que tanto necessitamos.

O poder da confiança é capaz de nos conceder:

- Empatia e conexão
- Autonomia e criativade
- Senso de pertencimento
- Alta performance
- Coragem para assumir riscos
- Segurança na tomada de decisão
- Flexibilidade cognitiva
- Bem-estar
- Colaboração

Quando há confiança, nós, automaticamente, cultivamos relacionamentos mais saudáveis, sejam eles pessoais ou profissionais. Como seres sociais, sentimo-nos mais nutridos, mais capazes de lidar com os desafios, alcançar nossas metas, realizar nossos sonhos.

> **! Dicas da Maga**
>
> O que você não pode esquecer deste nosso papo:
> 1. A confiança é a base principal de um time de alta performance.
> 2. A confiança é a alma da segurança psicológica de times, que permite que os membros de um grupo assumam riscos, sem medo de expor ideias e a própria identidade.
> 3. A confiança pode ser restituída por meio da adoção de novos comportamentos individuais e coletivos.
> 4. O Action Learning favorece o fortalecimento da confiança entre membros do grupo, facilitando o diálogo e a conexão, além do aprendizado e da inovação.

Obs: Você achou que tivesse me esquecido do convite? J-A-M-A-I-S.
Venha comigo para o próximo capítulo, no qual finalmente descobrirá a surpresa que reservei para você.

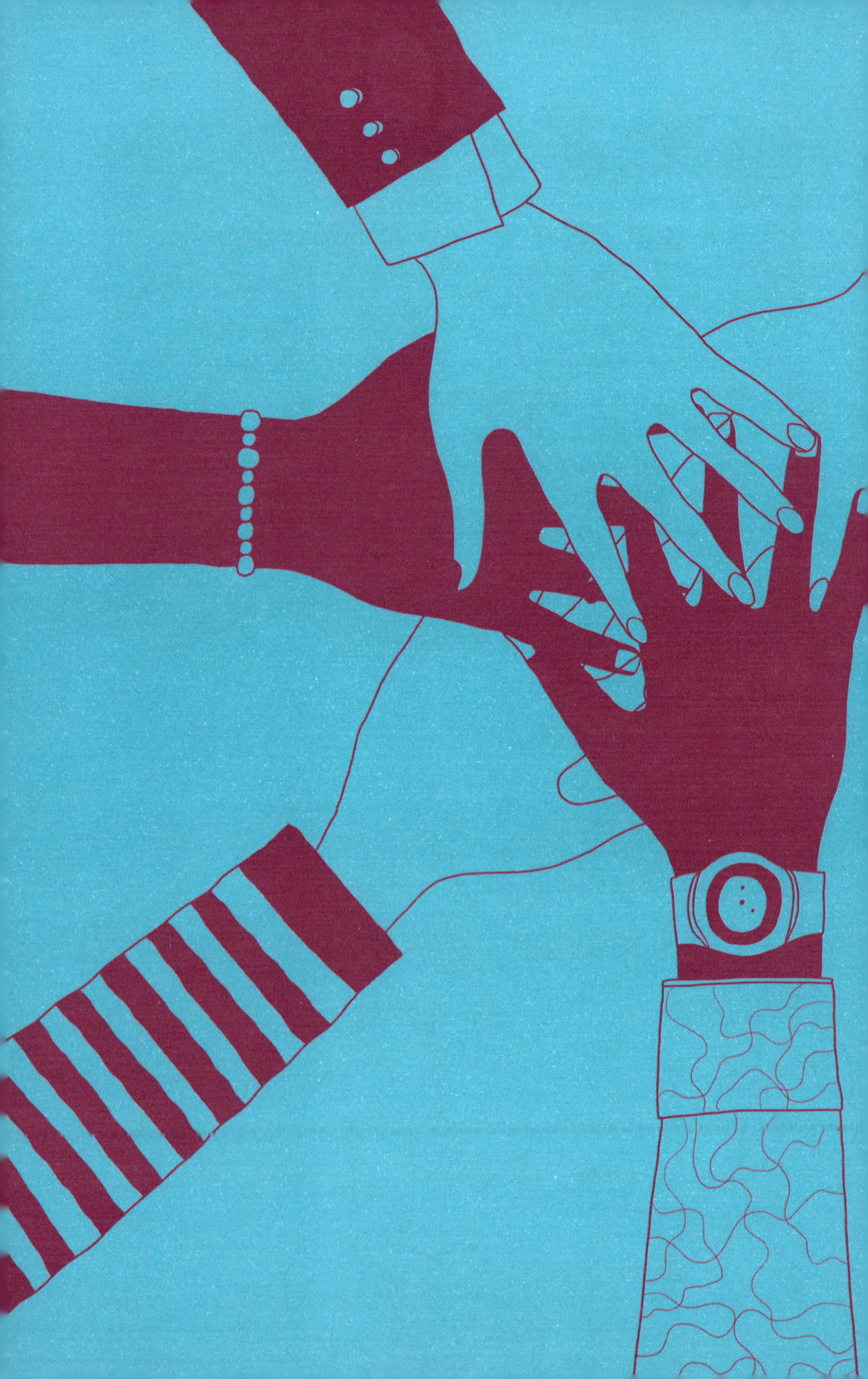

10

Diálogo e conexão:
agindo juntos na transformação do
presente e do futuro

Enfrentar a solidão no deserto pode ser mais assustador do que encarar outras dificuldades, como o calor ou o extremo frio, a fome ou a sede, o medo ou a insegurança. Quando temos com quem compartilhar pensamentos, ideias e apoio, todo obstáculo parece menor.
Ana Cláudia Quintanas Arantes, médica[225]

---

225. ARANTES, A. C. Q. A. *Pra vida toda valer a pena viver*: pequeno manual para envelhecer com alegria. Rio de Janeiro: Sextante, 2021. E-book.

Após finalizar o planejamento estratégico, a equipe da área industrial de uma multinacional química decidiu reunir 16 líderes para entender possíveis dificuldades do plano de negócios, especialmente aspectos relacionados à sustentabilidade do negócio, já que um dos principais projetos de expansão estava sendo questionado pelo corpo diretivo. O grupo foi, então, dividido em dois, para participar de sessões simultâneas de Action Learning — um time se encontrou virtualmente e o outro, presencialmente. Após lançar uma série de perguntas sobre possíveis dificuldades, cada um definiu aquela que lhe parecia mais urgente.

O primeiro grupo preferiu olhar para o volume e discutir ações mais estratégicas, como realizar um estudo do portfólio global para identificar oportunidades de melhorias e implementos locais, além de uma análise de viabilidade de exportação de produtos fabricados no país para outras unidades da empresa no exterior. Os participantes chegaram à conclusão de que eles não tinham conhecimento suficiente sobre políticas e práticas da matriz, capazes de direcionar o trabalho, de forma a dar mais visibilidade e previsibilidade ao plano de crescimento da empresa no Brasil.

Já o segundo grupo voltou-se para a viabilização de projetos, jogando luz sobre o portfólio e o mercado local. As grandes interrogações pousaram sobre *benchmarkings* locais e possibilidades de melhorias ou sinergias dentro da filial brasileira, de forma a alavancar a produção e a capilaridade, além da percepção de marca.

Por caminhos completamente diferentes, os dois grupos fizeram uma rica investigação, convergindo em uma causa-raiz única — a dificuldade de emplacar os projetos que dariam sustentabilidade e garantiriam a produtividade da empresa.

> **MAGA PERGUNTA**
> - Será que você consegue identificar o problema mais urgente da sua empresa?
> - Qual necessidade precisa ser suprida para que os projetos se desenvolvam e os resultados aconteçam?

O grande entrave identificado pelos dois times foi relacionado à comunicação, tanto dentro da empresa quanto fora. A filial brasileira acostumou-se a executar ordens e a tirar pedido, monitorando nada além dos sinais vitais. No passado, ela media o pulso do mercado: conhecia de perto os concorrentes e o cliente, antecipando-se às demandas. Também tinha um canal de comunicação mais forte com a matriz e demais unidades, o que ajudava a identificar oportunidades e a trocar melhores práticas.

A verdade é que a liderança não sabia mais se fazia o que fazia porque era importante ou para responder a uma expectativa do que eles achavam que era relevante para a matriz. Com essa postura, foram deixando de perguntar, de escutar, de descobrir, de colaborar. Nem perceberam que foram se isolando e perdendo o protagonismo. Atuar como coadjuvante era confortável e, aparentemente, bem menos arriscado. E era justamente isso que estava em questionamento agora.

A história só mudou quando a pressão aumentou: aquele planejamento precisava sair do papel, e os resultados precisavam ser alavancados.

Loucura?

Não. Costumo dizer que a falta de diálogo e de conexão é uma doença silenciosa que se alastra sem que ninguém se dê conta disso, tampouco da gravidade. Você pode até sentir um incômodo ou uma dor aqui e ali, mas dá para viver com ela e seguir em frente.

Quem quer se sentir frágil, afinal?

Quem gosta de assumir problemas?

> // Na cultura vigente
> nós valorizamos gente
> que não se queixa
> que não se limita
>
> Dentro e fora das organizações
> sufocamos emoções
> ignoramos informações
> evitamos conexões
>
> criando bloqueios
> talvez por medos
> gerando doenças
> fruto de nossas crenças
>
> Confie em mim
> não pode ser assim
> antes que a vida o confronte
> crie pontes //

Em vez de puxar papo, de falar sobre os problemas, de investigar as dores, sabe o que fazemos?

Deixamos de ouvir, enxergar e falar na expectativa de que os incômodos sumam e não sejam duradouros. Fazemos isso com aquela dor nas costas após um longo dia de trabalho em frente ao computador ou em cima de um salto alto. Fazemos isso com o colega de trabalho de cara amarrada, que preferimos ignorar mesmo quando precisamos de ajuda ou quando podemos "ser" ajuda. Fazemos isso com a queda abrupta de vendas de um produto, esperando que seja só uma marolinha desagradável.

Que mal há em deixar quieto, não é?

Deixe o vento levar embora como faz com a tempestade em dia de verão. Deixe cada um cuidar dos seus problemas. Amanhã é outro dia. Viramos mestres em inventar desculpas e acreditar piamente nelas. As dores? Uma boa noite de sono resolve. A ausência do colega? Ah, ele não acrescentaria muito mesmo. A queda de vendas? Faz parte.

Ignoramos, assim, a fragilidade da vida, ignoramos a complexidade cada vez maior do mercado. Abrimos mão de algo que o ser humano sempre fez por necessidade e/ou por amor: o cuidar.

> O custo do cuidado é sempre menor que o custo do reparo.
> Marina Silva, política[226]

Negligenciar a dor tem um custo alto. Ela não desaparece, às vezes se esconde e, quando volta, pode se revelar implacável. Aquela dor de cabeça pode virar uma enxaqueca consecutiva, que nos incapacita pouco a pouco, até se tornar algo pior, como um *burnout*. Por que deixamos chegar a esse ponto? Por que deixamos de nos ouvir?

Quando usou a frase acima, Marina Silva referia-se ao trabalho para zerar as emissões de carbono até 2050, ou seja, à escolha entre mudar a nossa forma de fazer ou gastar cada vez mais dinheiro remediando. Sua visão também se aplica a outras situações.

Ora, quando não cuidamos da nossa saúde, ficamos mais suscetíveis, por exemplo, ao desenvolvimento de doenças crônicas não transmissíveis, responsáveis por mais da metade das mortes no Brasil.[227] Elas debilitam, impactando

---

226. SILVA, M. *Post*,. [*S. l.*] 26 jan. 2022. Facebook: Marina Silva. Disponível em: https://www.facebook.com/marinasilva.oficial/photos/a.144793905532248/5203547929656795/. Acesso em: 26 jan. 2022.

227. BRASIL. Saúde apresenta atual cenário das doenças não transmissíveis no Brasil. *Ministério da Saúde*, Brasília, DF, 15 set. 2021. Disponível em: https://www.gov.br/saude/pt-br/assuntos/noticias/2021-1/setembro/saude-apresenta-atual-cenario-das-doencas-nao-transmissiveis-no-brasil#: :text=A%20coordenadora%20de%20Vigil%C3%A2ncia%20das,no%20Brasil%20e%20no-%20mundo. Acesso em: 28 jan. 2022.

não só a qualidade de vida dos doentes e de seus familiares, mas também dos cofres públicos.[228] Ao praticar exercícios físicos, esquivando-se de uma vida sedentária, é possível evitar a incidência de diversas enfermidades, incluindo doenças cardiovasculares (48%), diabetes (14%) e cânceres de cólon (16%) e de mama (10%)[229].

E eu posso falar disso com propriedade: afinal, descobri um câncer de mama por acaso. Até então, minha relação com atividade física não superou a adolescência. Não sentia necessidade de mexer o corpo, já que sempre fui magra. Além disso, não encontrava espaço na rotina. Minha paixão e meu vício eram o trabalho. E os finais de semana? Ora, se não estava trabalhando, o programa perfeito era conhecer um restaurante legal e curtir a vida ali. Eu não tinha consciência alguma do que fazia comigo mesma — até levar aquele susto. E que susto!

A gravidade da falta de diálogo e conexão também se acentua com o tempo. Em um primeiro momento, o funcionário de cara amarrada não o impede, por exemplo, de trabalhar. Você pode resolver o problema sozinho ou contar com o resto do time para chegar a uma solução. No longo prazo, porém, os efeitos são outros: afeta o clima organizacional, bloqueia a inteligência coletiva e impacta o bolso — afinal, a performance dele não é a mesma. O rombo pode ficar até maior se ele tiver que se licenciar por uma incapacidade qualquer, desfalcando a equipe por tempo indeterminado. Transtornos emocionais e comportamentais são considerados hoje doença ocupacional, com direito a afastamento, recebimento de auxílio-doença e direito à estabilidade provisória.

---

228. BRASIL. Cerca de R$ 290 milhões do gasto anual do SUS decorre de inatividade física, diz estudo da UFF. *Câmara dos Deputados*, Brasília, DF, 15 set. 2021. Disponível em: https://www.camara.leg.br/noticias/806112-cerca-de-r-290-milhoes-do-gasto-anual-do-sus-decorre-de-inatividade-fisica-diz-estudo-da-uff. Acesso em: 28 jan. 2022.

229. SÃO PAULO (município). Quer se prevenir das doenças crônicas não transmissíveis? Mude seu estilo de vida. *Cidade de São Paulo*, São Paulo, 17 ago. 2015. Disponível em: https://www.prefeitura.sp.gov.br/cidade/secretarias/saude/noticias/?p=201457. Acesso em: 28 jan. 2022.

Por isso, investir em diálogo e conexão é um trabalho profilático que atua contra vários males, alguns muito comuns nesta vida moderna, tecnológica e apressada. Um deles é a solidão. Antes mesmo da pandemia, o sentimento de isolamento social, que deteriora a saúde mental, já era notado não só no Brasil mas em vários países. A facilidade de acessar alguém com apenas um clique não substitui interações sociais significativas, uma ausência sentida por quase metade dos americanos participantes de uma pesquisa[230]. Somos seres sociáveis e independentes, alimentamo-nos de trocas reais. Contratar um serviço de aluguel de amigos[231] (sim, isso existe!) ou adquirir um robô assistente[232] pode até quebrar o galho, mas não se compara à convivência com outro ser humano.

É por isso que o cuidar é tão importante. Sem cuidado, vamos definhando, ainda que lentamente. Só cuidamos de nós mesmos quando nos ouvimos, quando nos conectamos com quem somos. Só cuidamos de nossas empresas, comunidades e famílias quando conversamos com outras pessoas e descobrimos afinidades e diferenças, capazes de ampliar nossos horizontes e detonar o nosso próprio Big Bang.

A Dra. Ana Claudia Quintana Arantes chama esse cuidado com o outro de altruísmo. De acordo com ela, essa preocupação com o bem-estar alheio é uma característica intrínseca nossa, como destacado no Capítulo 5. O que precisamos fazer é exercitar essa habilidade. "Como Michelangelo, que, diante da pedra bruta, dizia que suas maravilhosas esculturas já estavam ali, o papel dele era apenas libertar a obra que havia dentro dela", explica a médica especializada em geriatria e

---

230. MURPHY, K. You're Not Listening. Here's Why. *The New York Times*, Nova York, 11 fev. 2020. Disponível em: https://www.nytimes.com/2020/02/11/well/family/listening-relationships-marriage-closeness-communication-bias.html. Acesso em: 28 jan. 2022.
231. PADILLA, M. A solidão é uma epidemia e um negócio. No futuro, pagaremos para ter amigos?. *El País*, [s. l.], 30 out. 2021. Disponível em: https://brasil.elpais.com/estilo/2021-10-30/a-solidao-e-uma-epidemia-e-um-negocio-no-futuro-pagaremos-para-ter-amigos.html. Acesso em: 28 jan. 2022.
232. *Ibid.*

gerontologia, além de cuidados paliativos. "Nosso olhar para os outros seres humanos deveria ser o do grande gênio para a pedra: estamos diante de uma obra perfeita, que só precisa ser descoberta e libertada pelo olhar de quem contempla."[233]

> "Essas distâncias astronômicas não tão grandes assim: basta estenderes o braço e tocar no ombro do teu vizinho."
> **Mario Quintana, poeta**[234]

Como manter o clima organizacional diante de conflitos externos?

Este era o desafio para oito líderes de uma empresa de saúde que sentiam que existia um oceano entre eles, tamanha a distância existente nas ilhas ou silos formados dentro da organização. Esse ponto tão sensível não foi a problemática apresentada inicialmente pelo grupo, que se reuniu para discutir a principal dor de um líder.

Ao investigar a fundo, como quase sempre ocorre durante uma sessão de Action Learning, o problema foi redefinido. O conflito existente, nada raro dentro das organizações, estava relacionado aos papéis e às responsabilidades de cada área. Por não serem tão conhecidos, geravam desconfortos e frustrações nos times, além da percepção de que os líderes não estavam fazendo bem o seu papel de delegar atividades. Em casos assim, quando não há diálogo e conexão, a competição toma o lugar da colaboração. Os funcionários deixam de se ver como são — não só como colaboradores de uma mesma instituição, mas como humanos.

A falta de diálogo e conexão é uma verdadeira bola de neve colina abaixo: sem reconhecer o valor do outro, inicia-se um jogo nocivo de atribuição de culpas. Não há espaço para a curiosidade, para a colaboração, para a inteligência coletiva.

Quem perde?

---

233. ARANTES, A. C. Q. *Pra vida toda valer a pena viver*: pequeno manual para envelhecer com alegria. Rio de Janeiro: Sextante, 2021. E-book.
234. QUINTANA, M. *Para viver com poesia*. São Paulo: Globo, 2007.

Todos: empresas, times e funcionários.

Cortella, em *Qual é a tua obra?*, comenta o que acontece quando deixamos de legitimar ou simplesmente olhar a pessoa ao nosso lado. "Um ponto de vista é uma vista a partir de um ponto. Só é possível falar numa ética que promova a vida digna coletiva se eu for capaz de olhar o outro como outro, e não como estranho", explica. "Aliás, é necessário afastar qualquer forma de arrogância, porque coloca essa condição negativa: supor que só exista um jeito de ser. E a fratura ética se origina, em grande parte, da arrogância e da ganância. Não confunda ambição com ganância. A ambição faz a humanidade crescer, a ganância faz a humanidade regredir."

Carl Jung comparava o encontro de duas pessoas a uma transformação química em que as substâncias de origem nunca mais são as mesmas, pois se transformam. É exatamente isso que vejo acontecer nas sessões de Action Learning não só entre pessoas que trabalham juntas, mas muitas vezes entre total desconhecidos.

Foi isso o que aconteceu com uma alta executiva, extremamente prática, acostumada a tomar decisões sozinhas, ainda mais sendo mãe de duas crianças. Quando uma delas cresceu e a outra decidiu morar com o pai, ela se viu diante de uma situação inusitada: um vazio em sua casa e dentro de si mesma.

O que fazer com esse tempo a mais? Como lidar com essa emoção repentina que brotava dentro de si, roubando-lhe os pensamentos e o fôlego?

Ela tinha amigos e família com quem poderia conversar, mas interações como esta, que exigem a exposição da vulnerabilidade, não aconteciam com frequência. Pelo contrário, como ocorre com tantos homens e mulheres, por puro instinto de autopreservação, ela tinha construído alguns muros, mesmo com pessoas que estimava.

De repente, em um momento de aflição pessoal, em que tentava preencher seu tempo com mais uma formação, ela se viu diante de um desafio incomum: expor um problema real, importante e urgente diante dos demais participantes, três pessoas que ela nunca tinha visto. Eles já haviam sentado naquela cadeira e vivido a experiência até então inusitada para ela, tão acostumada a, simplesmente, resolver problemas — inclusive dos outros.

À medida que a sessão avançou, ela notou a combustão poderosa que ocorre a partir das perguntas, da escuta e da colaboração. Chegou a se emocionar com o acolhimento e com o entendimento do convite que a vida estava lhe fazendo: olhar para ela mesma e para as suas vulnerabilidades.

Ao final, quando os participantes podem compartilhar suas experiências durante a sessão de Action Learning, uma delas confidenciou como estava se sentindo no início da sessão. Tinha uma dor física, que foi desaparecendo diante da vontade de ajudar o outro, com uma aflição visivelmente muito maior que a dela.

Nas palavras daquela líder, o que aconteceu ali entre aquele pequeno grupo foi um retrato fidedigno de uma realidade que lutamos para evitar. "A vida também é emoção", definiu.

> Vida, minha vida
> Olha o que é que eu fiz
> Toquei na ferida, nos nervos, nos fios
> Nos olhos dos homens de olhos sombrios
> Mas, vida, ali eu sei que fui feliz
> Chico Buarque[235]

A professora da Harvard Business School Amy Edmondson nos provocou, ao participar de um TED Salon[236], a quebrar os silos e descobrir o desconhecido. A entrega à curiosidade é, segundo ela, o segredo de um dos grandes líderes americanos.

---

235. VIDA. Compositor e intérprete: Chico Buarque. Rio de Janeiro: Universal Music, 1980. 1 canção (3 min).
236. EDMONDSON, 2017, online

"Abraham Lincoln uma vez disse: 'Eu não gosto muito daquele homem. Preciso conhecê-lo melhor'", esclareceu durante a palestra. Essa abertura para a investigação diante do novo ou de algo conflituoso pode nos ajudar a tomar decisões melhores. Segundo artigo publicado na *Scientific American*, cientistas perceberam, ao estudar padrões de pensamentos de um grupo formado por mais de 600 pessoas, que a grande maioria toma decisões por impulso, confiando na própria bagagem e/ou na intuição diante de um desafio. Esse comportamento abre espaço para conclusões precipitadas ou um raciocínio equivocado sobre determinadas questões. Ao parar para ponderar e olhar para a situação sob novos ou diferentes ângulos, a possibilidade de tomar decisões enviesadas ou de se acreditar em teorias da conspiração, por exemplo, é bem menor. "O que a nossa pesquisa e outros estudos recentes mostram é que, às vezes, a decisão mais importante pode ser quando você deve reservar um tempo antes de decidir. Mesmo reunir um pouco mais de evidências pode ajudá-lo a evitar um grande erro", esclareceram Carmen Sanchez, da Universidade de Illinois, e David Dunning, da Universidade de Michigan[237].

Como defendi ao longo deste livro, a forma mais fácil e barata de acessar novos conhecimentos e buscar diferentes perspectivas é por meio de poderes humanos intrínsecos e, infelizmente, atrofiados, mas ainda recuperáveis. Não tenho dúvidas de que, ao resgatar essa essência humana, nós podemos mover barreiras aparentemente intransponíveis.

Harari, que além de historiador costuma jogar luz sobre o futuro, em *21 lições para o século 21*, alerta que temos à frente uma série de nós cegos a desatar: "Os grandes desafios do século XXI serão de natureza global. O que acontecerá quando a mudança climática provocar catástrofes ecológicas? O que acontecerá

---

237. SANCHEZ, C.; DUNNING, D. People Who Jump to Conclusions Show Other Kinds of Thinking Errors. *Scientific American*, 15 out. 2021. Disponível em: https://www.scientificamerican.com/article/people-who-jump-to-conclusions-show-other-kinds-of-thinking-errors/. Acesso em: 28 jan. 2022.

quando computadores sobrepujarem os humanos em uma quantidade cada vez maior de tarefas, e os substituírem em um número cada vez maior de empregos? O que vai acontecer quando a biotecnologia nos permitir aprimorar os humanos e estender a duração da vida?".

Para ele, "essas discussões e esses conflitos" só serão resolvidos com o reconhecimento da nossa interdependência. Eu não tenho dúvidas de que só conseguiremos fazer isso com muito diálogo, com uma conexão muito diferente daquela imediatista e superficial que nos acostumamos a alimentar não só nas redes sociais mas também nos círculos dos quais fazemos parte, da família aos amigos e colegas de trabalho.

Precisamos, urgentemente, nos enxergar para lidar com uma dor cada vez mais patente dentro e fora de casa.

// Quando ele quer falar
ela não quer ouvir
quando ela precisa se expressar
ele prefere dormir

Em casa e no trabalho
ninguém tem mais paciência ou tempo
com as emoções em frangalhos
não é de se admirar tantos contratempos

A vida entre extremos
não é para amadores
exaure até o Ser Supremo
diante da inversão de valores //

Ao realizar uma pesquisa com cerca de 70 líderes de duas empresas, de diferentes segmentos, sobre as dores atuais da liderança, uma se sobressaiu significativamente em relação às demais: como cuidar de pessoas dentro do novo modelo flexível de trabalho.

Ora, se antes da pandemia da covid-19, quando todo mundo frequentava o mesmo local de trabalho, nos mesmos dias e horários, o diálogo e a conexão já patinavam, como fica agora, no pós-pandemia, com esse "novo normal", de times cada vez mais diversos, trabalhando de diversas partes do mundo, em horários flexíveis?

Para muitas companhias, o trabalho remoto foi um tapa-buraco durante a pandemia; para outras, a porta da flexibilidade, até então entreaberta, foi escancarada, não dando chance de retorno ao "antigo normal". Para Larry Fink, presente do conselho de administração e CEO da BlackRock, a maior gestora de ativos do mundo, a rotina corporativa nunca mais será mesma.[238] O hábito de "bater cartão" no escritório cinco vezes por semana faz parte de uma era em que não existia preocupação com saúde mental ou com a criação de trabalhos significativos. Quatro entre cinco funcionários da Deloitte no Reino Unido, por exemplo, declararam que a sua performance é superior no modelo híbrido, o que fez com que a consultoria decidisse reconfigurar os escritórios, criar um pacote de benefícios diferentes para aqueles que decidirem trabalhar de casa e dar aos 22 mil colaboradores a chance de escolher quando folgar nos feriados.[239] É claro que essas mudanças têm um impacto considerável para o gestor de pessoas e para a liderança. Essa preocupação foi expressa na minha sondagem por meio de diferentes perguntas.

---

238. BIGARELLI, B. "O mundo do escritório cinco dias por semana acabou", diz Larry Fink. *Valor Econômico*, [s. l.], 18 jan. 2022. Disponível em: https://valor.globo.com/carreira/noticia/2022/01/18/o-mundo-do-escritorio-cinco-dias-por-semana-acabou-diz-larry-fink.ghtml. Acesso em: 28 jan. 2022.

239. CUNHA, J. Deloitte libera funcionário para escolher quando quer folgar os feriados. *Folha de S.Paulo*, São Paulo, 27 jan. 2022. Disponível em: https://www1.folha.uol.com.br/colunas/painelsa/2022/01/deloitte-libera-funcionario-para-escolher-quando-quer-folgar-os-feriados.shtml. Acesso em: 28 jan. 2022.

- Como eu engajo as pessoas?
- Como crio relacionamento entre os membros de um mesmo time?
- De que maneira eu crio senso de pertencimento?
- Como eu me mostro presente para tirar dúvidas e apoiar as atividades?
- Como compreender todas as implicações, positivas ou negativas, do trabalho remoto?
- Como gerenciar conflitos?
- O que fazer para alinhar expectativas de forma remota?
- De que forma desenvolvo a distância um colaborador?

Um escritório global, que trabalha no modelo híbrido, enfrentando os mesmos desafios e dilemas da gestão a distância, resolveu fazer um teste com um grupo de estagiários contratados em 16 cidades do mundo. Alguns deles foram selecionados para reuniões virtuais frequentes com um gerente sênior, uma conversa de 30 minutos para acompanhamento e esclarecimentos. Uma ação simples que elevou a avaliação dos jovens sobre a empresa, além de impactar o desempenho deles, aumentando a chance de efetivação.[240] É claro que não há uma fórmula única para resolver esses problemas, afinal a cultura das empresas e a das pessoas são diferentes. O que não dá para negar é que o diálogo e a conexão podem curar essas e outras dores. As perguntas, a escuta e a consequente colaboração advindas de uma conversa estruturada, como ocorre no Action Learning, podem gerar ações e aprendizados inesperados.

Foi esta a experiência de uma mentorada chamada às pressas para um comitê gerencial, para discutir uma situação de crise na empresa. O líder que lhe estendeu o convite não quis colocá-la em uma saia-justa, mas reunir um grupo que

---

240. CAMPOS, S. O que pensa um dos maiores gurus da gestão sobre home office e trabalho híbrido. *Valor Econômico*, [s. l.], 22 nov. 2021. Disponível em: https://valor.globo.com/carreira/noticia/2021/11/22/retorno-ao-escritorio-nao-garante-o-sucesso-no-modelo-hibrido.ghtml. Acesso em: 28 jan. 2022.

pudesse ajudá-la a lidar com a tal situação preocupante. Ela foi para a reunião completamente desarmada — não tinha muitas informações, mas contava com os três poderes aqui já discutidos. Foi assim que ela, que não estava no comando, decidiu contribuir.

Durante a reunião, ela não se portou como a especialista, que divide a opinião ou experiência, impondo regras e conclusões. Ela preferiu focar sua energia em entender bem o problema para ajudar a listar ações capazes ou de solucionar ou de delimitar melhor o problema.

Como ela fez isso?

Ora, aposto que você já sabe:

- fazendo perguntas poderosas;
- escutando atentamente;
- colaborando com o comitê.

Ao final, o líder se aproximou dela. "Foi muito bom te trazer para perto", disse. "Você aportou muito valor para a conversa e nos fez trabalhar melhor como um time."

Ela saiu satisfeita da reunião não só pelo *feedback* mas também pelo tanto de conhecimento que adquiriu naquelas duas horas, sobre o negócio, sobre a empresa, sobre as pessoas que fazem parte dela, sobre ela mesma.

Entenda: ela não rodou uma sessão de Action Learning, ela simplesmente utilizou os elementos, a lógica, a postura do Action Learning *coach*, tornando essa ferramenta um ativo próprio, em seu benefício e no de uma causa em comum.

Quando ela me contou isso, lembrei-me imediatamente de uma palestra de Marquardt em que ele associou o Action Learning a um jeito de ser: "é uma forma de viver", disse ele.

Sabe o que acontece quando nós nos abrimos para o diálogo e a conexão?

O nosso modelo operacional se transforma completamente, impactando nossos relacionamentos e nossa carreira.

Funciona mais ou mesmo assim:

Conversão automática

Problemas, desafios e dilemas → Objetos de estudo e aprendizagem

Um → Nós

Saber individual → Saber coletivo

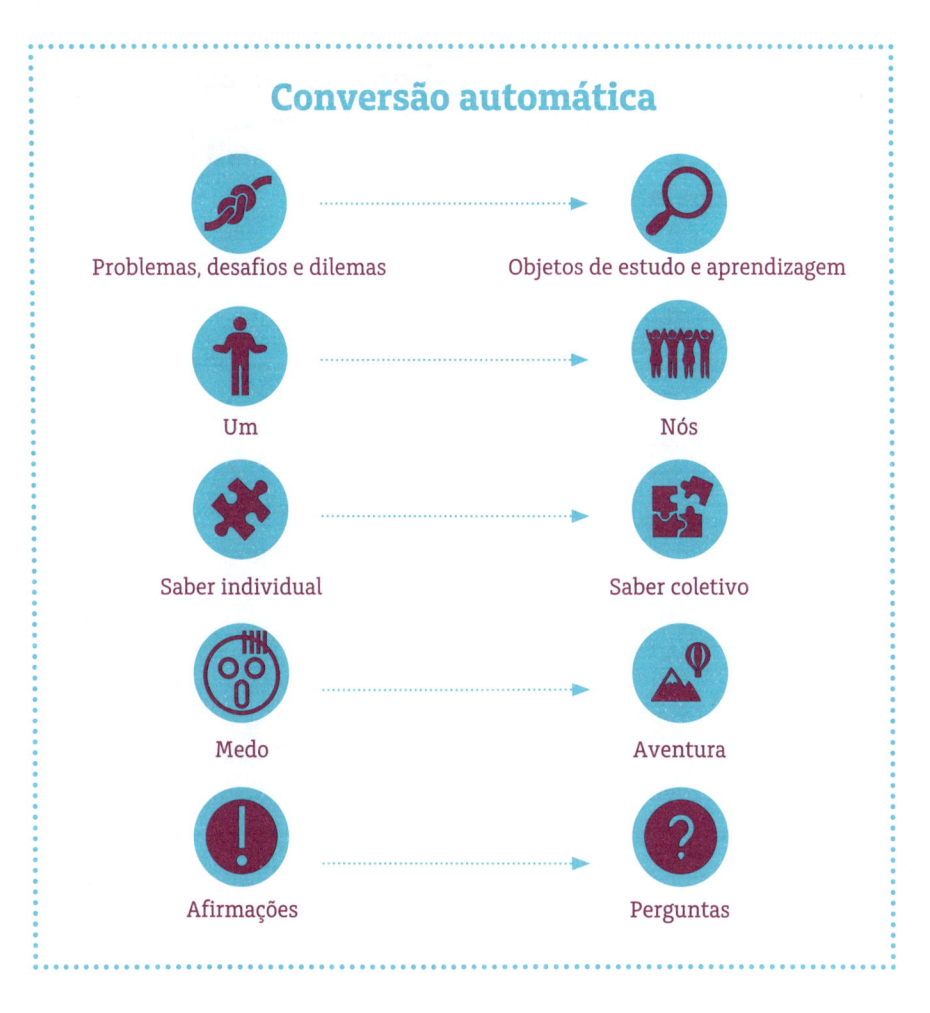

Medo → Aventura

Afirmações → Perguntas

As dificuldades já não são mais barreiras intransponíveis, mas uma interrogação a ser investigada e trabalhada, não individualmente, mas ao lado de nossas famílias, comunidades ou colegas de trabalho, e às vezes até desconhecidos. Afinal, a inteligência coletiva é bem mais potente, com capacidade de mudar os rumos da humanidade, como prova a história.

Sabendo disso, o medo torna-se não um bloqueio, mas um verdadeiro chamado à aventura.

> **Estamos a destruir o planeta e o egoísmo de cada geração não se preocupa em perguntar como é que vão viver os que virão depois. A única coisa que importa é o triunfo do agora. É a isto que eu chamo a cegueira da razão.**
>
> José Saramago, escritor[241]

Eu acredito que estamos vivendo um momento muito importante: os desafios que se acumulam, dos mais diferentes tamanhos e naturezas, nos convidam a resgatar nossa humanidade não pelo cognitivo ou pelo conceitual, mas pelas habilidades já existentes em nós.

É a chance que temos para redescobrir a nossa história, forjada por um saber coletivo que não nos reduz a uma engrenagem dentro de um sistema, como muitas pessoas se sentem hoje, mas nos tornam seres autônomos e interdependentes, capazes de, a todo e qualquer momento, redefinir e decidir o futuro.

Somos convidados a criar e a aproveitar o poder das máquinas e da tecnologia como seres inteiros. A verdadeira revolução reside na reconexão com os nossos poderes mais humanos — não só aquele proveniente do reconhecimento do que o nosso cérebro pode criar mas também da nossa sensibilidade e da nossa capacidade de colaborar, conviver, cuidar e cocriar.

A Universidade Stanford, nos Estados Unidos, resolveu dar um novo nome a esse líder sagaz e perspicaz que reconhece sua vulnerabilidade e que assume sua autenticidade com humildade, fomentando um ambiente de criatividade e segurança psicológica: é o *Sapient Leader*, ou líder sapiente.[242] É a versão contrária à

---

241. SARAMAGO, J. *Ensaio sobre a cegueira*. 2. ed. São Paulo: Companhia das Letras, 2020. E-book.

242. CHIMA, A.; GUTMAN, R. What it takes to lead through an era of exponential change. *Harvard Business Review*, [s. l.], 29 out. 2020. Disponível em: https://hbr.org/2020/10/what-it-takes-to-lead-through-an-era-of-exponential-change#: :text=Leader%20humility%2C%20authenticity%2C%20and%20openness,effectively%20navigating%203%2DD%20change. Acesso em: 7 mar. 2021.

de figuras como o presidente russo Vladimir Putin, adepto do antigo "controle e poder", sem chance e espaço para diálogo. Se você acompanhou as notícias, antes mesmo da invasão russa ao território ucraniano, em 24 de fevereiro de 2022, soube que líderes de outras nações foram recebidos em Moscou em uma sala com uma mesa longa. O russo sentou-se na ponta, impondo uma distância aos demais com um muro (in)visível, prova concreta de que aquele encontro era mais uma formalidade, um cumprimento de protocolo, não uma reunião entre iguais. O presidente da Ucrânia, Volodimir Zelenski, chegou a dizer em mais de uma oportunidade que, ao buscar o diálogo, deparou-se com o silêncio não de quem pondera, mas de quem não está disponível para o outro.

Enquanto escrevo este capítulo final, a Guerra na Ucrânia está longe de um fim, criando em mim a certeza de que esse episódio triste da humanidade é o exemplo mais forte e concreto da falta de diálogo e conexão, que começou bem antes de 2022. O perigo não se restringe a duas pessoas ou a uma comunidade, o impacto se estende, sem exagero algum, ao mundo inteiro, com reverberações profundas, a serem trabalhadas e curadas, provavelmente, por décadas e gerações.

Eu sei que não é fácil. Já conversamos sobre isso: a "programação original de fábrica" foi gradualmente apagada, dando lugar à competição. Crescemos acreditando que liderar é dominar, gerando muitas dores e traumas. Vidas foram perdidas, e continuam sendo.

Por meio da minha trajetória pessoal e profissional, eu fui redescobrindo o poder do diálogo e da conexão, do qual me tornei ativista. Para mim, é a forma mais antiga, e ainda a mais eficiente, para solucionar problemas, de toda e qualquer natureza, de uma forma humana, colocando quem verdadeiramente somos, com todas as nossas similaridades e diferenças, complexidades e ambiguidades, no centro das experiências e decisões.

Investir em diálogo e conexão pode parecer um caminho mais longo e até tortuoso. Contudo, espero que as histórias deste livro tenham convencido você, ou pelo menos plantado uma dúvida, da fragilidade desse argumento. Uma conversa só se torna uma DR quando não estamos dispostos a descobrir o outro e a criar algo novo, fechando-nos em nossas crenças, preconceitos e pretextos.

Nas últimas décadas, em uma velocidade inacreditável, nós erguemos barreiras invisíveis que só aumentaram as aflições humanas. É isso que faz com que nossas casas e organizações se tornem, à menor desavença ou desacordo, um campo minado, que as diferenças sejam inconciliáveis, que conflitos criem confrontos.

Você há de convir comigo: não dá mais para viver assim.

As mudanças que precisamos promover no mundo dependem mais de nós mesmos do que de novas tecnologias. E essa mudança pode começar pequena — comigo e com você, aqui e agora, com simples, mas sólidas transformações de atitudes, comportamentos e ações. Você nem precisa aprender novas competências, só redescobrir os poderes que já estão aí, guardadinhos dentro de você.

Por isso, penso que antes de sabermos para onde olhar é necessário que aprendamos a olhar. O que implica em abrir mão dos preconceitos, das razões preestabelecidas, focando aquilo que Oswald de Andrade nos chamou a atenção: que a nossa identidade cultural não era única, era múltipla e multifacetada, que era preciso olhar os muitos jeitos de falar e se expressar desse Brasil para vê-lo e compreendê-lo, e que somente assim poderíamos entender o papel de cada um de nós nesse caldo cultural.
Januária Cristina Alves, educomunicadora[243]

---

243. ALVES, J. C. Para ver com olhos livres é preciso olhar, focar e reparar. *Nexo*, [s. l.], 6 jan. 2022. Disponível em: https://www.nexojornal.com.br/colunistas/2022/Para-ver-com-olhos-livres-%C3%A9-preciso-olhar-focar-e-reparar. Acesso em: 31 jan. 2022.

O Action Learning é uma das formas de resgatar e cultivar os poderes humanos necessários para responder aos problemas complexos que tanto nos afligem. É um dos caminhos para recuperar a confiança que perdemos na nossa própria espécie e de impedir que a história fique confinada aos livros, sem conexão com o presente, sem transformar o futuro após ser assimilada pelo homem.

É por isso que eu não posso terminar este livro sem lhe estender o convite para participar de uma sessão de Action Learning. Como apresentador de um problema ou participante, você aprenderá que o protagonismo reside em olhar cada situação e pessoa com curiosidade. Ao exercitar as perguntas, a escuta e a colaboração, você passará a enxergar o mundo — o seu e o dos outros — por outra perspectiva, muito mais generosa, regenerativa e próspera. Seu jeito de ser muda, seus relacionamentos se transformam, sua atuação ganha novo propósito.

Confie em mim: com diálogo e conexão, estamos mais preparados para os desafios do século 21.

Por isso, faço agora a pergunta mais poderosa de todo o livro: e, então, vamos conversar?

Eu espero sua resposta no @magalilopes.

Este livro foi composto pela fonte Charlie
e impresso em janeiro de 2023 pela Edições Loyola
em papel Alto Alvura 75g (miolo)
e Supremo 250g (capa).